U0516107

权威·前沿·原创

皮书系列为
"十二五""十三五"国家重点图书出版规划项目

BLUE BOOK

智库成果出版与传播平台

江苏法治蓝皮书

BLUE BOOK OF
RULE OF LAW IN JIANGSU

江苏法治发展报告 *No.7*
（2018~2019）

ANNUAL REPORT ON THE RULE OF LAW IN JIANGSU No.7
(2018-2019)

南京师范大学法学院
南京师范大学江苏法治发展研究院
主　　编／蔡道通　龚廷泰
执行主编／倪　斐　侯菁如

社会科学文献出版社
SOCIAL SCIENCES ACADEMIC PRESS（CHINA）

图书在版编目（CIP）数据

江苏法治发展报告. No.7，2018－2019 / 蔡道通，龚
廷泰主编. －－ 北京：社会科学文献出版社，2020.4
（江苏法治蓝皮书）
ISBN 978－7－5201－6506－8

Ⅰ. ①江… Ⅱ. ①蔡… ②龚… Ⅲ. ①社会主义法制
－建设－研究报告－江苏－2018－2019 Ⅳ. ①D927.53

中国版本图书馆 CIP 数据核字（2020）第 058564 号

江苏法治蓝皮书
江苏法治发展报告 No.7（2018~2019）

主　　编 / 蔡道通　龚廷泰
执行主编 / 倪　斐　侯菁如

出 版 人 / 谢寿光
组稿编辑 / 刘骁军
责任编辑 / 关晶焱
文稿编辑 / 郭锡超

出　　版 / 社会科学文献出版社（010）59367161
　　　　　　地址：北京市北三环中路甲 29 号院华龙大厦　邮编：100029
　　　　　　网址：www. ssap. com. cn
发　　行 / 市场营销中心（010）59367081　59367083
印　　装 / 三河市东方印刷有限公司

规　　格 / 开　本：787mm × 1092mm　1/16
　　　　　　印　张：19.25　字　数：287 千字
版　　次 / 2020 年 4 月第 1 版　2020 年 4 月第 1 次印刷
书　　号 / ISBN 978－7－5201－6506－8
定　　价 / 138.00 元

　　本报告获得了"江苏省法学优势学科建设项目"的资助！

主　　　编　蔡道通　龚廷泰

执 行 主 编　倪　斐　侯菁如

编委会成员　（按照姓名汉语拼音排列）

程德文　季金华　李　力　刘　远　庞　正
秦　策　眭鸿明

学 术 编 辑　（按照姓名汉语拼音排列）

侯菁如　倪　斐

撰稿人名单　（按照姓名汉语拼音排列）

陈　平　陈天笑　方　乐　冯　驰　龚晓梅
顾群丰　韩玉亭　郝明月　何　瑞　黄立家
赖传成　李　兵　李明洪　李　祥　刘元平
鲁海军　陆晓彬　逯鑫赫　吕宁华　毛志成
邱　雷　屠振宇　王晓芸　王亚林　王政昱
吴　迪　谢　健　徐浩忠　徐义刚　殷婉璐
张敢冲　朱晓伟

主要编撰者简介

主　　编：

蔡道通　男，1965 年生，现任南京师范大学法学院院长，教授，博士研究生导师。兼任江苏省刑法学研究会副会长，南京市哲学社会科学界联合会常务理事，受聘担任江苏省人民检察院、江苏省监狱管理局、南京市人民检察院等单位专家咨询委员。曾被评为江苏省"青蓝工程"高等学校优秀青年骨干教师，江苏省"333"工程第三层次培养人选，江苏省"五个一批"人才培养人选，江苏省"333 高层次人才培养工程"中青年科技带头人。研究领域为：中国刑法学、刑事政策学。

龚廷泰　男，1948 年生，江苏南京人，中共党员，南京师范大学法学院教授，博士研究生导师。现任江苏省人民政府参事、南京师范大学江苏法治发展研究院院长；兼教育部高等学校法学学科教学指导委员会委员、中国法学教育研究会常务理事、中国法理学研究会常务理事、江苏省高等学校法学学科教学指导委员会副主任等职。主持国家社科基金项目 2 项，其中重点项目 1 项。承担并完成了全国教育科学"八五"规划项目、国家教育部教改项目、江苏省社科规划项目多项。先后获得江苏省普通高校优秀"园丁奖"银奖（1999 年）、江苏省普通高校优秀教学成果奖二等奖（2001 年）、江苏省普通高等学校优秀教学成果一等奖（2004 年）、国家级教学成果奖二等奖（2009 年）各一次。其个人专著《列宁法律思想研究》于 2001 年获江苏省政府哲学社会科学优秀成果一等奖。2002 年获国务院政府特殊津贴，2004 年被评为江苏省"全省优秀哲学社会科学工作者"。研究领域为：马克思主义法律思想史与法哲学。有《列宁法律思想研究》《法治文化建设与区域法治》《从马克思到德里达》《社会研究方法导论》等著作 20 余部（含合著），在《中国法学》《法学家》《法学评论》《法律科学》《政治与法律》《江海学刊》《江苏社会科学》等学术刊物上发表学术论文 90 余篇。

执行主编：

倪　斐　男，1982 年生，南京师范大学江苏法治发展研究院研究人员，南京师范大学法学院教授。研究领域为：法理学、经济法学。

侯菁如　女，1978 年生，南京师范大学法学院副教授。研究领域为：行政法学。

摘　要

　　《江苏法治发展报告（2018～2019）》集中介绍和评析了2017～2018年江苏在民主科学立法、法治政府建设、公正廉洁司法、区域治理等法治领域的进展情况。本年度报告共分为总报告、分报告、专题报告、法治调查报告、基层法治报告和附录六个部分。

　　总报告以进一步加快建设"强富美高"新江苏为时代背景，分析了江苏在地方立法、法治政府、公共司法、全民守法等方面取得的新进展和仍面临的问题。分报告关注了2017～2018年江苏省人大、法治政府、法院和检察院的工作进展。专题报告侧重反映法治江苏建设在一些重要领域的进展情况和创新实践，内容涉及生态环境损害赔偿、政社互动、基层社会综治、社区治理、国家公祭保障立法等地方实践。法治调查报告关注了基层法院员额法官队伍可持续发展、检察机关国家司法救助等现实问题。基层法治报告通过个案和典型创新实例关注了江苏乡村治理和振兴中的法治保障模式创新实践。

　　最后，附录部分概览式地列举了2017～2018年江苏省法规、规章及规范性文件的出台与实施，公安侦查、司法审判和检查工作，荣誉表彰、消费者维权、律师工作、安全生产，社会综治、法律援助、普法宣传、人民调解，重要会议、干部任免、反腐倡廉、调研检查等领域的重要事件。

Abstract

Annual Report on the Rule of Law in Jiangsu (*2018 – 2019*) focuses on the introduction and analysis of Jiangsu's progress in the areas of the rule of law from 2017 to 2018, including democratic and scientific legislation, the construction of a government under the rule of law, fair and Clean Administration of Justice, and regional governance. This annual report is divided into six parts: General Report, Sub-Reports, Thematic Reports, Investigation Reports on Rule of Law, Reports on the Rule of Law at the Grassroots Level and Appendix.

Against the background of speeding up the construction of Jiangsu's new lineament with "Strong Economy, Rich People, Beautiful Environment and High Level of Social Civilization", the General Report analyses the new progress and problems in local legislation, government under the rule of law, public administration of Justice and law-abiding by the whole people. The Sub-reports focus on the 2017 – 2018 Jiangsu Provincial People's Congress, the government under the rule of law, courts and procrastinates. The Thematic Reports focus on the progress and innovative practices in some important areas of the rule of law in Jiangsu the content involves compensation for ecological environment damage, interaction between government and society, Comprehensive Administration of Grass-roots Society, Community Governance, and National Public Sacrifice protection legislation. The Investigation Reports on the Rule of Law focus on the sustainable development of the post judges in the grass-roots courts and the judicial assistance of the procurator organs. Reports on the Rule of Law at the Grassroots Level pay attention to the innovative practice of the mode of the guarantee of the rule of law in the process of rural governance and revitalization in Jiangsu province through cases and typical innovative examples.

Finally, the Appendix gives an overview of the promulgation and implementation of Jiangsu Province's laws, regulations and regulatory documents from 2017 to 2018, public security investigations, judicial trials and inspections, honor awards, consumer rights protection, lawyers' work, and production safety Important events in the fields of comprehensive social governance, Legal Aid, law popularization, people's mediation, important meetings, appointment and removal of cadres, anti-corruption and building an honest and clean government, investigation and inspection, etc..

目 录

Ⅳ 法治调查报告

Ⅴ 基层法治报告

Ⅵ 附录

皮书数据库阅读**使用指南**

CONTENTS

I   General Report

II   Sub—reports

III   Special Reports

Ⅳ　Investigation Reports on Rule of Law

Ⅴ　Reports on the Rule of Law at the
Grassroots Level

VI Appendix

总 报 告

General Report

B.1

凸显法治核心竞争力
服务江苏高质量发展

—— 2017～2018 年江苏法治发展报告

韩玉亭*

摘　要：　在 2017～2018 年度，江苏全省各地各部门认真贯彻党的十九
大精神，紧紧围绕让法治成为江苏发展核心竞争力的目标，
通过加强组织领导，健全推进机制，探索创新举措，夯实基
层基础等多种举措齐抓并举，为全省高质量发展走在前列提
供有力的法治保障。经过江苏全省各地各部门以及广大群
众的不懈努力，江苏省地方立法不断优化、法治政府品牌
进一步凸显、公共司法得到深入推进、全民守法亮点纷呈，

* 韩玉亭，南京师范大学中国法治现代化研究院研究员，南京师范大学法学院讲师，江苏高校
区域法治发展协同创新中心研究人员。

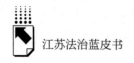

全社会办事依法、遇事找法、解决问题用法、化解矛盾靠法的外部软环境初步形成，为进一步加快建设"强富美高"新江苏奠定了坚实的法治基础。当然，江苏法治建设在取得显著成绩的同时在一些方面还存在进一步优化完善的空间。

关键词： 江苏法治　立法　执法　司法　守法

国无法不治，民无法不立。法治中国蓝图的实现不仅需要中央层面的顶层制度设计，同时也需要全国各个地区将法治精神贯彻到底。中央有部署，地方有行动。2017～2018 年度江苏各地各部门认真贯彻落实党中央、国务院关于法治中国建设的决策部署，紧紧围绕科学立法、严格执法、公正司法、全面守法的基本要求，扎实推进法治建设规划实施，深入开展法治建设项目化管理，① 江苏法治建设新风扑面。经过江苏全省各地各部门的长期不懈努力，法治江苏建设工作取得显著成效。法治信仰逐渐浸润人心，全民守法的氛围日益浓厚，办事依法、遇事找法、解决问题用法、化解矛盾靠法的社会软环境初步形成。②

一　立法概况

法律是治国之重器，良法是善治之前提。江苏作为改革开放的先行区，地方立法工作多次走在全国前列。2017 年，江苏省人大常委会共制定、修

---

① 王志高：《当好法治江苏建设的模范践行者——全省法治建设先进个人群像素描》，江苏长安网，http://www.jszf.org/zfyw/201803/t20180306_ 32777.html，最后访问日期：2019 年 8 月 29 日。

② 倪方方等：《法治伟力，助推江苏高质量发展——江苏改革开放的实践与启示⑧》，《新华日报》2018 年 12 月 13 日，第 1 版。

改法规 17 件，审查、批准设区的市法规 38 件，对 26 件原有地方性法规进行集中清理修订，促进行政审批制度改革在法治轨道上顺利推进，进一步优化创新发展环境。纵览 2017 年江苏省的地方立法情况，不难发现江苏省地方立法主要集中在以下几个领域：其一，坚持以人民为中心的立法观，通过立法来保障和发展民生事业，促进民生福祉；其二，坚持生态环境优先的原则，通过立法来强化和推进生态建设；其三，坚持创新社会治理的导向，通过立法来创新社会治理模式，进一步实现社会和谐稳定、人民安居乐业。①

　　具体而言，2017 年江苏省人大常委会通过制定财政监督条例、消费者权益保护条例，不仅维护了财经秩序，保障财政监督规范有序开展，同时也对七日无理由退货、预付卡消费等热点问题作出了详细规定，为维护消费者权益提供有效的制度保障。通过制定河道管理条例、修订太湖水污染防治条例，不仅把源于江苏省的河长制等成熟制度上升为法规规定，推进河道严格保护、科学治理，同时也进一步促进太湖流域产业转型和优化升级，实现污染物总量减排和水环境质量持续改善。通过制定医疗纠纷预防与处理条例、预防未成年人犯罪条例，不仅对医疗纠纷预防措施和解决途径、医疗损害鉴定、医疗风险分担等作出全面规范，同时也为维护未成年人合法权益、促进健康成长搭建了法治的"防火墙"。通过起草慈善条例，制定广播电视管理条例，不仅支持和促进慈善事业在扶贫济困、服务社会公益中发挥了更大作用，同时也进一步规范和推动网络传播视听服务和公共视听载体的快速发展。通过修订邮政条例、制定测绘地理信息条例，进一步推动了邮政业、测绘事业的快速发展。通过修订献血条例，用法治方式破解临床用血"缺口"难题。此外，江苏省人大常委会还进一步对农村集体资产管理条例、实施妇女权益保障法办法等法规草案进行初次审议，就起草中小企业促进条例等

---

① 史和平：《江苏省人民代表大会常务委员会工作报告（2018 年）——2018 年 1 月 28 日在江苏省第十三届人民代表大会第一次会议上》，江苏省人大常委会官网，http：//www.jsrd.gov.cn/zyfb/cwhgzbg/201803/t20180306_491553.shtml，最后访问日期：2019 年 8 月 28 日。

16 件立法项目开展了较大规模的立法调研。① 概而言之，2017 年江苏省在地方立法工作中坚持科学立法、民主立法、依法立法，为全省改革发展和民生事业提供有力的法治保障，为推动"强富美高"新江苏建设提供了重要的制度屏障。②

2018 年是全面贯彻党的十九大精神的第一年，同时也是江苏省十三届人大常委会依法履职的开局之年，江苏省地方立法工作紧紧围绕高质量发展的重点领域和关键环节，推动形成了支撑江苏省探索性、创新性、引领性发展的法规规章体系，为江苏高质量发展奠定了重要基础。③ 2018 年，江苏行政立法工作围绕江苏高质量发展共组织起草、审核完成地方性法规、规章草案 117 件，修改、废止地方性法规规章 112 件。④ 纵览 2018 年江苏省的地方立法情况，不难发现江苏省地方立法具有以下几个方面的特征。

其一，江苏地方立法过程中坚持立法与改革发展决策相衔接，立足江苏地方经济社会发展的现实需要积极开展先行性、自主性立法。通过聚焦风险防范、精准脱贫、污染防治"三大攻坚战"，在全国较早制定社会救助家庭经济状况核对办法，修订失业保险规定，推动研究起草地方金融条例、环境监测条例，开展农村扶贫开发条例、大气颗粒物污染防治管理办法立法后评估。落实海洋、交通、人才强国战略，在全国较早开展海洋经济促进、水路

---

① 史和平：《江苏省人民代表大会常务委员会工作报告（2018 年）——2018 年 1 月 28 日在江苏省第十三届人民代表大会第一次会议上》，江苏省人大常委会官网，http：// www. jsrd. gov. cn/zyfb/cwhgzbg/201803/t20180306_ 491553. shtml，最后访问日期：2019 年 8 月 28 日。

② 史和平：《江苏省人民代表大会常务委员会工作报告（2018 年）——2018 年 1 月 28 日在江苏省第十三届人民代表大会第一次会议上》，江苏省人大常委会官网，http：// www. jsrd. gov. cn/zyfb/cwhgzbg/201803/t20180306_ 491553. shtml，最后访问日期：2019 年 8 月 28 日。

③ 《江苏行政立法工作经验被中央依法治国办和司法部推广》，江苏省政府官网，http：// www. jiangsu. gov. cn/art/2019/1/23/art_ 60085_ 8098275. html，最后访问日期：2019 年 8 月 29 日。

④ 《江苏行政立法工作经验被中央依法治国办和司法部推广》，江苏省政府官网，http：// www. jiangsu. gov. cn/art/2019/1/23/art_ 60085_ 8098275. html，最后访问日期：2019 年 8 月 29 日。

交通运输、职业教育校企合作地方立法工作。①

　　其二，江苏地方立法过程中特别注意社会主义核心价值观与地方立法的融合。通过全面修订出台奖励和保护见义勇为人员条例，从基本生活、医疗、就业、教育、住房等方面，为见义勇为人员提供全程保障。在广告条例、女职工劳动保护特别规定等法规规章中，增加了弘扬中华优秀传统文化和公序良俗以及有关诚信义务、禁止性别歧视的规定。推动将志愿服务、法治宣传教育、社会信用等立法项目纳入省人大常委会五年立法规划。

　　其三，江苏地方立法过程中坚持问题导向推进立改废释等各项工作。针对江苏民营经济大省的地方特色，专门出台了 18 条举措保障民营企业健康发展。制定出台规章制定程序规定，将公平竞争审查机制入法固化，明确要求起草制定涉及民营企业的法规规章过程中，要充分听取包括民营企业在内的市场主体的意见。加快办理涉及民营企业发展的规范性文件前置合法性审查事项，全年审查省政府交办的相关文件 139 件。组织完成了涉及民营经济发展以及行政审批事项、著名（知名）商标制度、军民融合、大气污染防治、生态环境保护、证明事项等 7 个批次法规规章规范性文件专项清理。② 江苏省女职工劳动保护特别规定施行，首次将女职工全孕程保护纳入规章。《南京市国家公祭保障条例》作为全国首部国家公祭地方法规获全票通过。综观 2018 年江苏省地方立法规范，不难发现江苏在地方立法过程中始终坚持在法治下推进改革、在改革中完善法治，保证改革和法治相辅相成、相互促进。③

---

① 《江苏行政立法工作经验被中央依法治国办和司法部推广》，江苏省政府官网，http：//www.jiangsu.gov.cn/art/2019/1/23/art_60085_8098275.html，最后访问日期：2019 年 8 月 29 日。

② 《江苏行政立法工作经验被中央依法治国办和司法部推广》，江苏省政府官网，http：//www.jiangsu.gov.cn/art/2019/1/23/art_60085_8098275.html，最后访问日期：2019 年 8 月 29 日。

③ 倪方方等：《法治伟力，助推江苏高质量发展——江苏改革开放的实践与启示⑧》，《新华日报》2018 年 12 月 13 日，第 1 版。

二 执法概况

"天下之事,不难于立法,而难于法之必行。"行政机关的执法活动,事关千千万万老百姓的切身利益。没有严格依法执法和规范文明执法,社会就难以有序运转,公民、法人的合法权益也就难以得到维护,法律的生命力和权威性也就无从谈起。① 基于此,理性审视当前各地行政执法的现状其意义十分深远。纵览 2017~2018 年度江苏行政执法现状,不难发现近年来其取得了显著成效。2018 年 9 月 21 日,《中国法治政府评估报告》发布,苏州、南京市政府位列全国前十。评估结果显示,两地在"依法全面履行政府职能""行政决策""行政执法""政务公开""社会矛盾化解与行政争议解决"等多个方面远高于全国平均水平。②

2017 年江苏行政执法改革主要围绕以下几个方面来展开。其一,紧紧围绕"放管服"改革,政府职能转变进一步加快。将"不见面审批"作为"放管服"改革的重中之重,专门出台了《关于全省推行"不见面审批"改革(服务)实施方案》,大力推动以"网上办、集中批、联合审、区域评、代办制、不见面"为主要内容的"不见面审批(服务)"改革,全省 13 个设区市和 96 个县(市、区)均已出台具体方案和事项清单。目前,省、市、县三级共公布不见面审批(服务)业务 111188 项,全程在线办理比例达 98%以上。省政府公布企业投资项目省级"不再审批"清单、国家级开发区全链审批赋权清单、赋予行政管理体制改革镇经济社会管理权限指导目录等,进一步取消和下放行政审批事项。③

其二,紧紧围绕行政执法体制改革,行政执法效能显著提升。大力推行综合行政执法改革,建立以权责清单为边界、"双随机一公开"抽查为抓

---

① 杨小军:《严格执法是全面推进依法治国重点》,《经济日报》2017 年 8 月 4 日。

② 倪方方等:《法治伟力,助推江苏高质量发展——江苏改革开放的实践与启示⑧》,《新华日报》2018 年 12 月 13 日,第 1 版。

③ 《江苏省 2017 年度法治政府建设情况报告》,江苏省人民政府官网,http://www.js.gov.cn/art/2018/4/4/art_ 60096_ 7557314. html,最后访问日期:2019 年 8 月 28 日。

手、信用监管为核心、网格化管理为基础、大数据为支撑、综合执法为手段、制度链为保证的事中事后监管体系。持续深化8个国家级、8个省级综合行政执法改革试点，选择市场监管、安全生产、城乡建设等10个重点领域，采取部门内综合执法、跨部门跨行业综合执法、区域综合执法三种方式推进试点工作，初步实现"一个部门管市场、一支队伍管执法、一套清单管权责、一个平台管信用、一个中心管检测、一套机制管检查"。积极开展行政执法公示制度、执法全过程记录制度、重大执法决定法制审核制度"三项制度"试点，建立了由省法制办牵头，省编办、省发展改革委等有关部门和地方政府参与的协调联动机制。①

其三，紧紧围绕权力规范运行，对行政行为的监督进一步强化。通过深入推进重大行政决策规范化管理试点，让行政决策更加科学规范。2017年，江苏省召开第一批重大行政决策规范化试点工作经验交流会，同时扩大试点范围，确定南通市、连云港市、宿迁市、南京市玄武区、江阴市、涟水县、省物价局7家单位为第二批试点单位。积极推进公共资金、国有资产、国有资源和领导干部履行经济责任情况等重点领域的监督，真正实现审计监督全覆盖。重点加强对扶贫政策、创新政策、政府债务管理政策落实情况和省重大项目建设进度情况的审计，并组织对省政府投资基金、太湖治理专项资金、省级宣传文化发展基金的分配、使用和管理情况进行专项审计。全年共审计项目单位3643个，促进增收节支217.74亿元，向纪检、司法等机关移送事项381件，涉及224人。②

2018年江苏行政执法改革主要围绕以下几个方面来展开。其一，进一步优化政府组织结构，推动政府职能转变。紧扣改革方案制定、转隶组建、"三定"审核等关键环节，统筹推进省、市、县三级党政机构改革。按照"先立后破、不立不破"的原则，完成省级56个涉改部门的机构组建、职

---

① 《江苏省2017年度法治政府建设情况报告》，江苏省人民政府官网，http://www.js.gov.cn/art/2018/4/4/art_60096_7557314.html，最后访问日期：2019年8月28日。
② 《江苏省2017年度法治政府建设情况报告》，江苏省人民政府官网，http://www.js.gov.cn/art/2018/4/4/art_60096_7557314.html，最后访问日期：2019年8月28日。

责调整、人员转隶等工作。改革后，省级党政机构由 70 个减至 60 个，精简 14.3%。在总结和评估第一批 20 个经济发达镇改革试点经验和成效的基础上，稳步启动第二批 30 个经济发达镇集成改革，复制推广"全面加强党的领导，便民服务一窗口、综合执法一队伍、镇村治理一张网、指挥调度一中心"的"1+4"改革经验。整合经济发达镇"一办七局"权责事项清单，制定相关配套规章制度，将原有 60 多个单位合并为"一办七局"8 个职能部门。①

其二，构建基层"互联网+政务服务"体系，实行"三级四同"权力清单认领措施。省政府办公厅印发《关于建立完善基层"互联网+政务服务"体系的指导意见》，推动江苏政务服务网向乡镇（街道）和村（社区）延伸。各地积极推进政务服务事项网上申报、网上办理，已建立 1346 个镇级站点、20848 个村站点，覆盖率分别为 99.7%、99.6%，初步建成五级政务服务体系。以政府权力清单为抓手，进一步梳理确定了全省"三级四同"基本目录清单 10 类 11503 项。全省各地各部门从基础权力清单中认领本部门事项 678491 项，并逐项按照统一标准规范编制办事指南 708367 个。所有权力清单、办事指南在江苏政务服务网统一管理、分层分级维护、统一发布，并实现清单更新动态化。②

其三，注重统筹协调，大力推动线上线下政务公开平台融合。省全面推进依法行政工作领导小组印发《江苏省 2018 年法治政府建设工作计划》，明确了 2018 年度的 32 项重点工作。落实法治政府建设报告制度，推动全省各级政府和部门通过政府（部门）门户网站等途径向社会公开报告内容。2018 年，省政府及办公厅收到政府信息公开申请 960 件，省政府信息公开复议诉讼案件连续 3 年实现"零败诉"。制定《江苏省政府信息依申请公开

---

① 《江苏省 2018 年度法治政府建设情况报告》，江苏省人民政府官网，http://www.jiangsu.gov.cn/art/2019/4/5/art_60096_8296717.html，最后访问日期：2019 年 8 月 28 日。

② 《江苏省 2018 年度法治政府建设情况报告》，江苏省人民政府官网，http://www.jiangsu.gov.cn/art/2019/4/5/art_60096_8296717.html，最后访问日期：2019 年 8 月 28 日。

办理规范（试行）》，对信息公开申请接收、登记、审核、答复、送达等9个环节进行统一规范。出台重大建设项目批准实施、公共资源配置、社会公益事业建设三大重点领域政府信息公开实施意见。完成全国基层政务公开江苏试点。首创"政策简明问答"品牌，"微博江苏"平均每期阅读量超过150万人次。依托政务服务大厅，创新设立政务公开体验区，推动线上线下公开平台融合。①

三　司法概况

在新的历史方位推动江苏探索性、创新性、引领性发展，各项司法工作走在全国前列既是重要保障也是题中应有之义。② 江苏各级司法机关紧紧围绕"努力让人民群众在每一个司法案件中感受到公平正义"的目标，坚持司法为民、公正司法工作主线，忠实履行法律职责，各项司法工作均取得新进展。就总体数据而言，2017年，江苏各级法院共受理案件2037311件，同比增长11.89%，其中，新收案件1689177件，同比增长10.53%；审执结案件1704596件，同比增长15.82%。省法院受理案件19568件，审执结14771件，同比分别增长6.38%和7.01%。③ 2017年，江苏各级检察院共受理审查逮捕、审查起诉犯罪嫌疑人170954人，办理刑事案件人数总量居于全国第四位。其中，依法批准逮捕37459人，同比上升7.1%；提起刑事公诉108978人，同比上升8.8%。办理民事行政公益诉讼诉前程序案件910件，提起民事行政公益诉讼82件。监督纠正侦查活动违法情形1775件次。

---

① 《江苏省2018年度法治政府建设情况报告》，江苏省人民政府官网，http://www.jiangsu.gov.cn/art/2019/4/5/art_60096_8296717.html，最后访问日期：2019年8月28日。

② 《江苏省委书记娄勤俭到最高人民法院第三巡回法庭走访调研》，最高人民法院官网，http://www.court.gov.cn/xunhui3/xiangqing-109481.html，最后访问日期：2019年8月29日。

③ 夏道虎：《江苏省高级人民法院工作报告——2018年1月28日在江苏省第十三届人民代表大会第一次会议上》，江苏省高级人民法院官网，http://www.jsfy.gov.cn/art/2018/01/29/9_93346.html，最后访问日期：2019年8月30日。

通过提出刑事抗诉、发出刑事再审检察建议监督刑事诉讼活动 330 件。通过提出民事行政抗诉、发出民事行政再审检察建议监督民事行政诉讼活动 490 件。监督纠正行政违法行为 2005 起。全省检察官人均办案近百件，位于全国前列。① 具体而言，2017 年江苏司法改革主要围绕以下几个方面来展开。

其一，以信息化智能化为抓手，进一步推动司法便民利民。江苏省法院推出全国首个移动互联"微法院"平台，司法审判和诉讼服务更加公开公正、高效便捷。加强诉讼服务中心窗口建设，大力推进网上立案和跨域立案工作。利用 12368 短信平台，实现与当事人诉讼权利密切相关的流程节点自动告知。全省法院裁判文书在"中国裁判文书网"上网 871959 篇。大力推进庭审互联网直播工作，全省法院通过"江苏庭审直播网"累计直播庭审数量居全国法院第一位。推广审判辅助事务集约化管理与服务外包，不断提升案件办理效率。"智慧审判苏州模式"得到中央政法委和最高人民法院充分肯定，作为司法改革案例在全国法院推广。②

其二，以破解执行难为突破口，坚决维护法律权威和胜诉权益。紧紧围绕"四个基本"总体目标，努力实现执行效率最大化、权利兑现最大化。2017 年新收执行案件 537968 件，执结 540110 件，同比分别增长 15.26% 和 28.29%（见表1），执行质效整体水平全面提升，"基本解决执行难"工作取得显著成效。江苏省委办公厅、省政府办公厅在全国率先出台《关于建立对失信被执行人联合惩戒机制的实施意见》，参与联合惩戒实施单位达到 55 家，重点实施 68 项联动惩戒措施，涵盖 30 多个重点领域。截至 2017 年底，江苏全省法院共发布失信被执行人信息 106.56 万人次，累计促使 15.37 万被执行人主动履行了义务。江苏三级法院全部启用最高人民法院"总对总"查控系统，江苏"点对点"网络查控系统拓展到 17 个领域，财

---

① 刘华：《江苏省人民检察院工作报告——2018 年 1 月 28 日在江苏省第十三届人民代表大会第一次会议上》，江苏人大网，http://www.jsrd.gov.cn/huizzl/rdh/1301/dhwj/201802/t20180211_490659.shtml，最后访问日期：2019 年 8 月 30 日。
② 夏道虎：《江苏省高级人民法院工作报告——2018 年 1 月 28 日在江苏省第十三届人民代表大会第一次会议上》，江苏省高级人民法院官网，http://www.jsfy.gov.cn/art/2018/01/29/9_93346.html，最后访问日期：2019 年 8 月 30 日。

产查控能力持续提升，全省法院"点对点"查询量达到 4548.72 万次，成功冻结存款 164.74 亿元，查询房产信息 87.30 万条。全省法院开展集中执行 6483 次，出动警力逾 10 万人次，实施搜查 8496 次，拘留 16389 人次，罚款 1133 人次，罚款金额 3021.51 万元。[①]

表1　2017 年度江苏省各级法院的案件执行情况

单位：件，%

	案件数量	同比增长情况
新收执行案件	537968	15.26
执结案件	540110	28.29

资料来源：数据由笔者根据公开资料整理得出。

其三，以检察监督为依托，进一步维护社会公平正义。江苏省各级检察机关依照宪法和法律的相关规定切实履行对刑事、民事、行政诉讼活动和执行活动的法律监督职能，进一步加强了人权司法保障。就刑事诉讼活动领域监督而言，督促侦查机关依法立案 321 件 412 人，依法撤案 379 件 501 人，纠正漏捕 246 人，其中纠正漏捕被判三年以上有期徒刑的 65 人。2017 年共向法院提出刑事抗诉 241 件，发出刑事再审检察建议 89 件，根据法院当年审结情况，采纳率分别为 69.9% 和 70%。就刑事执行领域监督而言，2017年江苏省各级检察机关共审查减刑、假释、暂予监外执行案件 53842 件，书面纠正违法不当情形 545 件，纠正率 92.3%。进一步开展财产刑执行工作专项检察，促使 2718 名罪犯被执行了财产刑，执行金额近 1.5 亿元。就民事诉讼活动领域监督而言，全省各级检察机关共受理公民、法人、社会组织提出的民事生效裁判监督申请 3229 件，其中提起抗诉 110 件，改变率为 87%；提出再审检察建议 378 件，采纳率为 73%。共对 415 件虚假诉讼案件督促法院再审改判，涉案总标的达 8.6 亿元，同时对涉嫌以虚假诉讼方式诈

① 夏道虎：《江苏省高级人民法院工作报告——2018 年 1 月 28 日在江苏省第十三届人民代表大会第一次会议上》，江苏省高级人民法院官网，http://www.jsfy.gov.cn/art/2018/01/29/9_93346.html，最后访问日期：2019 年 8 月 30 日。

骗的 90 余人追究了刑事责任。就行政诉讼活动领域监督而言，江苏省各级检察机关就办案中发现的问题，主动向政府提交风险研判报告 1084 份，向政府部门提出工作改进建议 2848 份，各设区市的市委书记、市长及有关领导作出批示 520 份。共受理公民、法人、社会组织提出的行政生效裁判监督申请 565 件，均依法作出了审查决定。①

就 2018 年江苏省各项司法的总体数据而言，2018 年江苏省各级法院收案共 2165962 件，其中新收 1832286 件，同比分别上升 6.31% 和 8.47%；审执结 1862204 件，同比上升 9.25%（见表 2）。省法院受案首次突破 2 万件，达 22771 件，审执结 16298 件，同比分别上升 16.37% 和 10.34%。②2018 年江苏全省检察机关共办理刑事、民事、行政、公益诉讼、诉讼监督、司法救助等各类案件 248981 件。其中，受理刑事案件 134942 件，审查逮捕 31147 件，审查起诉 80221 件，办理刑事案件数量位居全国第三；办理民事行政及公益诉讼案件 23389 件，其中提起公益诉讼 320 件，位居全国第一。③

表 2 2017～2018 年度江苏省各级法院案件情况

单位：件

	受理案件	新收案件	审执结案件
2017 年	2037311	1689177	1704596
2018 年	2165962	1832286	1862204

资料来源：数据由笔者根据公开资料整理得出。

---

① 刘华：《江苏省人民检察院工作报告——2018 年 1 月 28 日在江苏省第十三届人民代表大会第一次会议上》，江苏人大网，http：//www.jsrd.gov.cn/huizzl/rdh/1301/dhwj/201802/t20180211_490659.shtml，最后访问日期：2019 年 8 月 30 日。

② 夏道虎：《江苏省高级人民法院工作报告——2019 年 1 月 16 日在江苏省第十三届人民代表大会第二次会议上》，江苏省高级人民法院官网，http：//www.jsfy.gov.cn/art/2019/01/16/9_96666.html，最后访问日期：2019 年 8 月 30 日。

③ 刘华：《江苏省人民检察院工作报告——2019 年 1 月 16 日在江苏省第十三届人民代表大会第二次会议上》，江苏检察网，http：//www.jsjc.gov.cn/gzbg_1/，最后访问日期：2019 年 8 月 30 日。

　　具体而言，2018 年江苏省的司法改革主要围绕以下几个方面来展开。其一，全力聚焦当前中心工作，着力服务社会高质量发展。通过制定服务和保障江苏高质量发展走在前列的实施意见，努力提高司法应对的前瞻性、有效性、针对性。服务保障开放型经济发展，审结涉外、涉港澳台案件 2656 件，办理司法协助案件 1992 件。会同沪浙皖法院建立司法协助交流工作机制，服务长三角更高质量一体化发展战略。2018 年，江苏省法院发布了服务保障"一带一路"建设十大典型案例，连云港中院牵头全国 21 家沿线法院建立司法协作机制，为"一带一路"建设提供法治护航。服务保障供给侧结构性改革。2018 年新收一审商事案件 150555 件，审结 152618 件。向省委、省政府提交专门报告，推动建立企业破产处置省级府院协调联动机制，积极处置一批"僵尸企业"，审结破产案件 2208 件，同比上升 76.21%。通过依法审理不正当竞争纠纷和垄断纠纷等案件，保障民营企业公平有序参与市场竞争，2018 年审结相关案件 220 件。对存在资金链风险的涉诉民营企业，有针对性地采取司法措施，推动化解金融债务风险，帮助解决企业发展困难。[①]

　　其二，江苏省各级司法部门积极投入扫黑除恶专项斗争，保障人民群众安居乐业。2018 年江苏省各级司法认真贯彻中央部署，在省委政法委直接指导下，全力投入这一专项斗争。针对当前黑恶势力犯罪特点，出台审查软暴力、套路贷等新形式黑恶势力犯罪的证据指引。会同公安机关依法办理了一批人民群众反映强烈的黑恶势力犯罪案件，依法批准逮捕 2507 人，提起公诉 2549 人。根据最高检张军检察长的要求，准确把握法律界限，构成黑恶势力犯罪的，一个也不放过；不构成的，一个也不凑数。对构成黑恶势力犯罪的，监督立案 71 人，追加逮捕 106 人，追加起诉 37 人。对不符合逮捕起诉条件的，依法不认定 735 件。严格把关审查保护伞。建立发现、甄别、移送、监督一体化"打伞"机制，深挖细查黑恶势力犯罪背后的保护伞。查办黑恶势力保护伞案件 18 件 24 人，目

　　① 夏道虎：《江苏省高级人民法院工作报告——2019 年 1 月 16 日在江苏省第十三届人民代表大会第二次会议上》，江苏省高级人民法院官网，http：//www.jsfy.gov.cn/art/2019/01/16/9_96666.html，最后访问日期：2019 年 8 月 30 日。

前已起诉 13 人;向监委、公安机关移送涉嫌保护伞线索 31 件。①

其三,坚持以人民为中心,持续强化生态环境的司法保护。2018 年,江苏省依法办理各类破坏生态环境资源犯罪案件,提起公诉 3634 人,同比上升 23.9%。建立由省内沿江 8 个市检察院组成的长江生态环境资源保护检察协作平台,依法合力查办长江非法采砂、污染长江水源犯罪案件 90 件。依托公益诉讼助力美丽江苏建设,省委专门出台文件支持检察机关公益诉讼,省人大常委会听取专题报告并开展了专题询问。加大生态环境公益诉讼工作力度,通过诉前检察建议推动行政机关履职和有关单位整改 1656 件,提起环境公益诉讼 122 件。同时采用聘请公益损害观察员、上线随手拍 App 举报软件、利用无人机取证、建立鉴定专家库等做法,着力解决案件发现难、鉴定难等问题。②

四 守法概况

全民守法不仅是建设法治国家的重要基础,同时也是凸显江苏法治核心竞争力,服务江苏高质量发展的有力支撑。亚里士多德曾经说过:"虽有良法,要是人民不能全都遵循,仍然不能实现法治。"③ 正是基于此,大力推进全民守法,努力让守法成为全民自觉意识和真诚信仰,对全面依法治国和江苏高质量发展具有重要的意义。而要想实现社会全民守法,各级司法机关首先必须公正司法。只有公正司法才能维护法律的尊严,才能维护公民的合法权益,才能增强全体人民对法律的信任感。要实现全民守法,国家、社会要全民普法。全民普法是培养全民守法意识的必经途径,应坚持普法"从娃娃抓起"。2017 年 5 月,中共中央办公厅、国务院办公厅出台《关于实行

---

① 刘华:《江苏省人民检察院工作报告——2019 年 1 月 16 日在江苏省第十三届人民代表大会第二次会议上》,江苏检察网,http://www.jsjc.gov.cn/gzbg_1/,最后访问日期:2019 年 8 月 30 日。

② 刘华:《江苏省人民检察院工作报告——2019 年 1 月 16 日在江苏省第十三届人民代表大会第二次会议上》,江苏检察网,http://www.jsjc.gov.cn/gzbg_1/,最后访问日期:2019 年 8 月 30 日。

③ 〔古希腊〕亚里士多德:《政治学》,吴寿彭译,商务印书馆,1965,第 199 页。

国家机关"谁执法谁普法"普法责任制的意见》，首次明确国家机关为法治宣传教育的责任主体，为全民普法提供了制度保障。要实现全民守法，领导干部要带头守法。全面依法治国必须抓住领导干部这个"关键少数"。各级领导干部要带头依法办事，带头遵守法律，始终对宪法法律怀有敬畏之心。要实现全民守法，人民群众要遇事找法。我们要通过全民普法、公正司法、带头守法引导广大人民办事依法、遇事找法、解决问题靠法，让法治成为全体人民的最大公约数和核心价值观。[1]就江苏省全民守法的情况而言，江苏调查总队对 2017 年度司法行政工作的调查显示，群众满意度由原来的 90.68% 提升至 96.85%，群众法治获得感和满意度显著提升。[2] 2018 年江苏群众的相关法律条文知晓率、满意率突破 95%，公众安全感和法治建设满意度分别提高到 96.52% 和 96.88%，再次创造了历史新高。[3]

就 2017 年江苏省全民守法的情况而言，其主要有以下几个方面的亮点。其一，江苏全省各级司法行政机关推动建立了"323"大普法责任体系（见图 1）。进一步建立健全了"谁执法谁普法""以案释法""媒体公益普法"等"三大机制"，全面落实了党政主要负责人履行法治建设第一责任职责规定、国家工作人员学法用法意见等"两项制度"，尤其关注领导干部、青少年、企业经营管理人员等"三个重点"人群。此外江苏在普法职责的具体落实上，通过任务分解，加强实施推动，强化检查督促，加大考核评估等多项举措，确保了各项普法举措能够落地见效。

其二，江苏省大力推行"美好生活　德法相伴"系列活动，进一步凝聚了全社会执法守法、崇德向善的正能量。2017 年，江苏省从个人、家庭、

① 林发扬：《全民守法是建设法治国家的基础》，《人民法院报》2017 年 9 月 1 日，第 2 版。
② 《省司法厅召开 2018 年司法行政 10 项惠民举措新闻发布会》，江苏省司法厅官网，http：//sft. jiangsu. gov. cn/art/2018/2/11/art_ 48524_ 7486752. html，最后访问日期：2019 年 8 月 30 日。
③ 倪方方等：《法治伟力，助推江苏高质量发展——江苏改革开放的实践与启示⑧》，《新华日报》2018 年 12 月 13 日，第 1 版。
④ 《省厅发布多项司法行政领域地方标准》，江苏省司法厅官网，http：//sft. jiangsu. gov. cn/art/2017/9/11/art_ 48524_ 4138031. html，最后访问日期：2019 年 8 月 30 日。

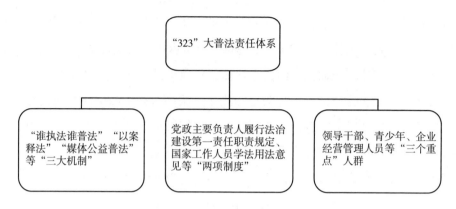

图 1 江苏省开展的"323"大普法责任体系

村居三个层面，由点到面逐步释放了德法融合成效，制作了全生命周期"私人订制式法治宣传套餐"，选树了 20 个"崇德尚法"好家庭，推出了首批"崇德尚法"新型村（社区）。通过拓展普法工作手段，充分利用法律服务窗口、12348 热线、普法网站和"两微一端"的载体，提升了法治宣传感染力；通过创新德法融合载体，设立法治道德银行、建立群众学法用法、志愿服务积分平台，进一步凝聚了全社会执法守法、崇德向善的正能量。

其三，2017 年江苏省司法厅、省质量技术监督局联合发布了由省司法厅与省质量和标准化研究院等单位共同起草的《法律援助案件质量评估规范》《县（市、区）公共法律服务中心工作指南》《社区矫正适用前调查评估工作规范》《司法所建设导则》等 4 个司法行政领域江苏省地方标准。截止到 2017 年 9 月，江苏省司法行政系统已完成 5 个地方标准项目研制，1 个省级标准化试点示范项目通过评估验收，同时还有 6 个地方标准项目、3 个省级标准化试点示范项目正在实施，标准覆盖范围、数量、试点示范项目、贯彻实施等各项司法行政标准化工作均处于全国领先地位。①

就 2018 年江苏省全民守法的总体情况而言，2018 年度江苏省进入第七个"五年普法规划"中期，2018 年度江苏省紧扣"三大攻坚战"、区域一

---

① 《我省全面启动"美好生活 德法相伴"活动》，江苏省司法厅官网，http://sft.jiangsu.gov.cn/art/2017/4/17/art_48524_4138028.html，最后访问日期：2019 年 8 月 30 日。

体化等重大发展战略，制定出台了服务保障全省高质量发展、乡村振兴战略等实施意见，部署开展了"防范化解风险""法律扶贫""德法涵养文明"等专项行动，运用法治方式和法治手段助力发展，共建立 807 个法律服务点，为 7100 余家企业提供专项法律服务，参与政府 PPP 等投融资项目体检率达 98%；探索形成了法律扶贫"朱家岗模式"，为 671 个扶贫开发项目开展"法律体检"；举办环保普法活动 8400 余场次。在全国率先建立互联网律师事务所，进一步推广"双微双员"做法，为群众提供及时性、定制式、个性化服务，公共法律服务"太仓模式"被司法部向全国推广。[1] 具体而言，主要从以下几个方面展开。其一，通过进一步树立宪法法律权威，让广大民众学法、信法。2018 年 11 月 26 日，江苏省政府举行任命国家工作人员宪法宣誓。截至 2018 年底，江苏全省 2000 余家机关部门、企事业单位 20 余万名国家公职人员先后参加宪法集中宣誓，遵守和维护宪法的意识在政府工作人员的心中扎根。"互联网 +"成为法治宣传最显眼的符号。2018 年 8 月 30 日，全国首个"网上宪法馆"在苏州上线运行，该馆集场景复原、雕塑、平面展示、原创视频和互动等多种形式于一体，方便了市民在线上参观学习。[2]

其二，进一步丰富普法宣传的渠道，真正实现了"德法涵养文明"。自 2018 年起，江苏全省组织开展了丰富多彩的"中国普法"微信宣传推广活动，通过依托普法阵地宣传推广，借助普法活动宣传推广，利用普法资料宣传推广，借力普法联动机制宣传推广等多种方式大力推广关注"中国普法"微信号，宣传法治常识，从而让社会主义法治理念真正深入人心。得益于各级各部门以及广大民众的广泛参与及协力推进，全省网友对"中国普法"微信号关注度不断提高，目前总关注数已突破 80 万。[3]

---

[1] 朱远明等：《江苏省司法厅部署司法行政高质量发展》，中央广播电台国际在线江苏频道，http://js.cri.cn/20180817/dfed821c - 67d4 - ed14 - 66fb - 65d6dd19a992.html? from = timeline，最后访问日期：2019 年 8 月 30 日。

[2] 倪方方等：《法治伟力，助推江苏高质量发展——江苏改革开放的实践与启示⑧》，《新华日报》2018 年 12 月 13 日，第 1 版。

[3] 《我省普法微信推广总关注数全国第一》，江苏省司法厅官网，http://sft.jiangsu.gov.cn/art/2019/7/9/art_48513_8612772.html，最后访问日期：2019 年 8 月 30 日。

其三，扎实开展"坚持发展'枫桥经验'实现矛盾不上交"试点工作，让法治观念在基层网格也能够得到普及。通过加强个人调解工作室建设，进一步健全完善调解工作网络，逐步推动形成了调解人人参与、人人尽责、人人享有的共建共治共享格局。通过加快"智慧调解"建设步伐，开展视频调解、微信调解，推行调解服务目录化，进一步完善了在线申请、在线司法确认等功能，使调解服务更智能、更便捷。通过完善"两代表一委员""新乡贤""五老人员"等参与机制，逐步建立健全了调解专家库，为矛盾纠纷化解提供了专业咨询和调解建议，为全省高质量发展营造和谐稳定的社会环境。①

概而言之，江苏省各地各部门 2017～2018 年度在立法、执法、司法和守法等多个方面均取得了显著成效，为推动高质量发展走在前列、加快建设"强富美高"新江苏奠定了坚实的法治保障。当然，在取得成绩的同时还存在一些问题制约经济社会的高质量发展，诸如：一些重点领域立法与经济社会发展不完全适应；依法行政制度建设质量有待进一步提高；司法裁判质量与人民日益增长的法治需要还存在一定差距；全面守法的公众参与机制还不够健全。②

---

① 朱远明等：《江苏省司法厅部署司法行政高质量发展》，中央广播电台国际在线江苏频道，http：//js. cri. cn/20180817/dfed821c－67d4－ed14－66fb－65d6dd19a992. html？from＝timeline，最后访问日期：2019 年 8 月 30 日。

② 《江苏省 2018 年度法治政府建设情况报告》，江苏省政府官网，http：//www. jiangsu. gov. cn/art/2019/4/5/art_ 60096_ 8296717. html，最后访问日期：2019 年 9 月 11 日。

分 报 告

Sub-reports

B.2

2017~2018年度江苏省
人大工作进展报告

郝明月　屠振宇*

摘　要： 2017年是党的十九大胜利召开之年，2018年是全面贯彻党的
十九大精神的第一年。两年来，在中共江苏省委的正确领导
下，江苏人大坚持党的领导、人民当家作主、依法治国有机
统一，认真履行宪法法律赋予的各项职权，进一步与时俱进
优化立法工作、推动监督工作、落实代表工作、强化自身建
设，各方面工作都取得了新进展。

关键词： 地方立法　人大监督　代表工作　江苏

---

* 郝明月，南京师范大学法学院研究生；屠振宇，南京师范大学法学院教授。

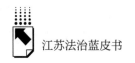

过去的两年，是我们党和国家发展进程中具有特殊意义的两年。党的十九大确立了习近平新时代中国特色社会主义思想的历史地位，确定了决胜全面建成小康社会、开启全面建设社会主义现代化国家新征程的目标，对新时代推进中国特色社会主义伟大事业和党的建设新的伟大工程作出了全面部署。在中共江苏省委的坚强领导下，江苏省人大全面贯彻落实习近平新时代中国特色社会主义思想和党的十九大精神，按照新时代人大工作新要求，坚持党的领导、人民当家作主、依法治国有机统一，以习近平总书记关于坚持和完善人民代表大会制度的重要思想为根本遵循，江苏省人大始终坚持提高立法质量、增强监督实效、密切代表与人民群众的联系、提升履职水平，为建设"强富美高"新江苏作出了新的贡献。回首这两年，江苏省人大在瞬息万变的社会发展中不断奋发进取、砥砺前行，始终坚持不忘初心、不辱使命，在江苏省民主法治建设史上留下了浓墨重彩的一页。

一 优化立法工作，与时俱进聚焦重点

两年来，江苏省人大以习近平新时代中国特色社会主义思想和党的十九大精神为指导，总结了改革开放 40 年来江苏省地方立法工作的成就和经验，努力推动地方立法工作与时代同步伐、与改革同频率、与实践同发展，坚持抓住提高立法质量这个关键，推进科学立法、民主立法、依法立法，在遵循和把握地方立法规律的基础上，积极探索和推进有中国特色的地方立法工作，努力通过地方立法实现地方治理方式的转变和治理能力的提升，让地方立法真正在改革开放和现代化建设中发挥更加重要的独特的作用。2017 年江苏省人大制定修改法规 17 件，审查批准设区市法规 38 件；2018 年制定修改法规 12 件，审查批准设区市法规 44 件。省内各设区市在这承上启下的两年中，编制了地方法规五年立法规划，明确地方立法的方向，充分发挥地方性法规的实施性、补充性、探索性的功能，做到了与时俱进、完善发展，为推动"强富美高"新江苏建设提供了法治保障。尤其在以下重点领域突出了地方特色、展现了江苏风貌。

（一）认真落实宪法宣誓制度，加强宪法实施

宪法是国家的根本法，是治国安邦的总章程，是党和人民意志的集中体现。维护宪法的尊严和权威，是维护国家法制统一、尊严、权威的前提，也是维护最广大人民根本利益、确保国家长治久安的重要保障。因此，为了保障宪法的实施，江苏省人大根据党的十九大和十九大二中全会的精神，依据宪法修正案，及时修改江苏省实施宪法宣誓制度办法，教育激励国家工作人员坚定忠于宪法、严格遵守宪法、自觉维护宪法，在政治和社会生活中坚决贯彻落实宪法确定的国家指导思想。

（二）深化经济领域立法，促进改革开放

江苏省人大贯彻中央和省委关于深化行政审批制度改革的决策部署，坚持以法治思维和法治方式下好改革"先手棋"，集中修订若干不合时宜的地方性法规，为激发经济社会发展动力与活力扫除障碍，促进行政审批制度改革在法治轨道上顺利推进。围绕聚力创新及时调整立法计划，将制定苏南国家自主创新示范区条例和开发区条例优先摆上日程，使创新更好地成为发展新引擎和主动力。制定财政监督条例，维护财经秩序，保障财政监督规范有序开展；修订邮政条例、制定测绘地理信息条例，推动邮政业、测绘事业发展；围绕监察法的贯彻实施开展调研，推动成立省监察法理论与实践研究中心；着手制定不动产相关地方法规，落实不动产统一登记制度重点改革任务，确认和固化"不见面审批"改革成果；修改广告条例，规范广告市场秩序，促进广告业健康发展；适时修订授予荣誉公民称号条例，并据此首次明确14位外国友人为"江苏省荣誉居民"，展现江苏省持续扩大开放、深化国际合作的积极主动姿态。在推动改革开放方面，承办与法国参议院交流机制会议，参加中美省州立法机关合作论坛，以此融入国家经济外交大局，加强与外国议会和友好组织机构之间的交往交流。发挥江苏"一带一路"交汇点优势，加强与海外华侨华人社团的全方位交流，充分推介江苏省改革开放成就，着力提升江苏的国际知名度、美誉度和影响力。

省内各设区市也积极响应全国和江苏省的号召，为促进改革开放展开立法工作。如常州市人大常委会紧紧抓住立法质量这个关键，用工匠精神打造精品法规，2018年制定《常州市公共汽车客运条例》《常州市住宅物业管理条例》2部地方性法规。其中，《常州市住宅物业管理条例》被江苏省人大常委会确定为2018年设区市立法精品示范法规；苏州市人大常委会制定了《苏州市旅游条例》，明确苏州旅游的定位和发展目标，鼓励旅游新业态发展；无锡市制定《无锡市不动产登记条例》维护产权人合法权益，制定《无锡市安全生产条例》建立健全安全生产责任体系；宿迁市人大常委会制定了《宿迁市户外广告设施和店招标牌管理条例》，以法的强制力推动户外广告设施设置朝着规范有序方向发展；镇江市人大常委会制定全国首部保护长江岸线资源的地方性法规《镇江市长江岸线资源保护条例》，填补了国内立法空白。

（三）注重民生领域立法，回应公众关切

新时代，民生始终是立法工作的重点，增进民生福祉是发展的根本目的。江苏省人大顺应新时代的新要求，满足人民群众的新需要，以高质量立法促进高质量的发展，力求用法治保障人民群众的权益、增进民生福祉。针对消费领域出现的新情况、新问题，制定消费者权益保护条例，为维护消费者权益提供有效的制度保障；针对慈善事业，省人大常委会组织力量起草慈善条例，支持和促进慈善事业在扶贫济困、服务社会公益中发挥更大作用；制定广播电视管理条例，规范和推动网络传播视听服务和公共视听载体发展；修订献血条例，用法治方式破解临床用血"缺口"难题；针对社会医疗纠纷的高发态势，制定医疗纠纷预防与处理条例，推动建立健康友善的医患关系；制定预防未成年人犯罪条例，成为维护未成年人合法权益、促进健康成长的法治"防火墙"；制定水域治安管理条例，保障水域治安秩序和平安稳定；制定妇女权益保障条例，特别强调对妇女就业、财产等基本权益的依法保障，发挥妇女在社会主义现代化建设中的作用；修改奖励和保护见义勇为人员条例，健全见义勇为工作机制，保障见义勇为人员的合法权益。

省内各设区市在与人民生活密切关联的房屋、管线等方面进行立法。常

州市人大常委会制定天目湖保护条例和电梯安全管理条例，对既有住宅加装电梯、落实老旧电梯更新资金、天目湖保护范围等焦点问题作出规定；南通市人大常委会制定了《南通市城市建筑垃圾管理条例》《南通市水利工程管理条例》；盐城市人大常委会制定了《盐城市城乡规划条例》；扬州市人大常委会制定出台《扬州市公园条例》，推进城市公园体系建设；南京市人大常委会针对管线管理问题，制定了《南京市管线管理条例》，实现了管线管理城市农村、地上地下的全覆盖；针对群众普遍关心的行车难、停车难、秩序乱等问题，通过《南京市道路交通安全条例》；苏州市人大常委会针对人民住房安全和住房水平问题，制定《苏州市出租房屋居住安全管理条例》，并修改了《苏州市房屋使用安全管理条例》。各设区市的立法充分回应了人民群众的重点关切问题。

（四）强化环境领域立法，促进生态文明

生态环境质量与人民群众的生产生活密切相关。通过制定河道管理条例，把源于江苏省的河长制等成熟制度上升为法规规定，推进河道严格保护、科学治理；为深化太湖流域水环境综合治理，修订太湖水污染防治条例，进一步促进太湖流域产业转型和优化升级，实现污染物总量减排和水环境质量持续改善；为规范垃圾投放行为和日常管理，启动城乡生活垃圾处理立法，促进垃圾处理减量化、资源化、无害化提供法律支撑。对不符合生态文明建设和环保要求的地方性法规开展专项清理，封堵制度漏洞。各设区市人大常委会也纷纷在生态环境方面立法，如苏州市人大常委会2017年制定《苏州市禁止燃放烟花爆竹条例》，重点解决烟花爆竹禁售问题；盐城市人大常委会制定了《盐城市畜禽养殖污染防治条例》；连云港市人大常委会2017年制定《连云港市市容和环境卫生管理条例》，制定《连云港市滨海湿地保护条例》，2018年制定出台《连云港市集中式饮用水水源保护条例》，为水源和环境保护提供法治保障；南京市人大常委会针对空气质量问题，制定了《南京市大气污染防治条例》；宿迁市人大常委会针对水污染问题制定出台了《宿迁市古黄河马陵河西民便河水环境保护条例》；无锡市人大常委会制定《无锡

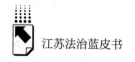

市生态补偿条例》和《无锡市生活垃圾分类管理条例》，用严格的法规保护生态环境。各设区市的立法从大气到水源，用法治的力量建设美丽新江苏。

（五）促进文化领域立法，增进社会文明

文明其表，制度其里。任何一种文明的成熟和文化的传承都离不开规则和制度的支撑，为了让中华民族的社会文明大厦巍然耸立，为了让江苏省的社会文化得以发展，江苏省人大制定地方志工作条例，检查档案法和省档案管理条例实施情况，要求进一步明确政府及相关部门职责，尽快补齐基础条件短板，保障地方志和档案工作更好地记录历史、传承文明。江苏省内各设区市也努力通过立法推动地方的文明与文化发展，如苏州市人大常委会制定《苏州国家历史文化名城保护条例》，为古城的生态保护和可持续发展作出有效的制度安排，制定《苏州市古城墙保护条例》，有效对接国家历史文化名城保护。淮安市人大常委会制定《淮安市文物保护条例》；连云港市人大常委会自主起草《连云港市文明行为促进条例》，为创建全国文明城市保驾护航；南京市人大常委会高质量制定《南京市国家公祭保障条例》，将社会主义核心价值观融入地方立法的创新实践成效显著，修订《南京市地下文物保护条例》，突出保护重点，理顺保护程序，完善费用承担和赔偿制度；宿迁市人大常委会探索性制定了《宿迁市社会信用条例》，为宿迁诚信城市建设提供了法治保障，为省人大制定省级层面的社会信用法规提供了决策参考；扬州市人大常委会制定实施《扬州市非物质文化遗产保护条例》，将非遗的扬州元素和社会参与纳入法规之中；镇江市人大常委会制定《镇江市非物质文化遗产项目代表性传承人条例》，推动非物质文化遗产保护。

总体上，江苏省人大在立法领域力求精益求精，注重提高立法质量。多次组织省内外专题调研，广泛听取各方意见，精准把握广大民众乃至全社会的立法需求。面向高质量发展实际需要，合理配置立法资源，优先安排一批体现江苏省情特点的创制性立法项目。健全完善地方立法机制，研究制定关于进一步提高地方立法质量的若干意见，按照全国人大"两个工作规范"要求制定江苏省实施办法，并着手开展立法中重大利益调整论证咨询和重要

事项引入第三方评估等工作，更加到位地发挥立法机关在表达、平衡、调整社会利益方面的特殊作用。

二　深化监督工作，助推高质量发展

两年来，江苏省人大围绕重大战略部署落实和人民群众期盼，深入研究、正确把握依法监督的规律和特点，制定加强和改进执法检查的实施办法，依法监督国有资产运营和公共财政资金支出，修订专题询问办法并认真组织实施，开展审议意见反馈报告满意度测评，听取审议法工委规范性文件备案审查工作情况报告，切实强化依法监督作为"法律巡视利剑"的严肃性和有效性。2017年听取审议专项工作报告7项、开展专题询问2次、执法检查3次；2018年听取审议"一府两院"14个专项工作报告和计划、预算、审计报告，开展专题询问3次、执法检查4次，对73件规范性文件进行备案审查。在监督中体现支持，在支持中精准监督，营造推进高质量发展的良好氛围。

（一）促进经济平稳健康发展

江苏省各级人大两年内通过听取审议国民经济和社会发展计划执行情况、财政预算执行情况、审计工作以及审计查出问题整改情况等报告，密切关注全省和本地区经济运行情况，为全省和本地区经济转向高质量发展提供有力支撑。其中重点关注预算支出及政策落实情况，着力推动多措并举扶持实体经济，加大力度培育发展新动能。

江苏省人大听取审议供给侧结构性改革相关专项工作报告，支持政府把提高供给体系质量作为主攻方向，推动全省经济加快转型升级；听取并重点审议国有资产管理情况综合报告和金融企业国有资产专项报告，强调要继续深化国资国企改革，完善运营监管制度，提高投入产出效益，促进和保障国有资产保值增值；听取并重点审议深化地方金融监管体制改革、有效防范金融风险情况报告，重点督办关于切实防范和处置非法集资工作的代表建议，

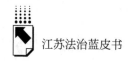

督促有关方面进一步健全金融监管体制机制，严厉打击各类涉众型非法金融活动，高度重视地方政府隐性债务风险的化解，严防发生系统性区域性金融风险。

江苏省人大对保护和促进华侨投资、香港澳门同胞投资两个条例实施情况开展省市联动执法检查，优化江苏省投资环境和促进开放型经济发展；针对专利法和专利条例执法检查中发现的突出问题提出诸多建设性意见，协力推动江苏由专利大省向专利强省转变；审议中国制造江苏行动纲要实施情况报告，重点督办关于大力发展先进制造业方面的代表建议；审议交通运输体系相关专项报告并开展专题询问，建设实至名归的交通运输强省；审议建筑产业相关专项报告，强调要为现代建筑产业稳健发展优化环境、创造条件。

各设区市也对经济发展方面进行了重点审议与监督，如扬州市人大常委会对建筑产业化发展情况进行了审议，促进产业结构调整、资源优化配置；连云港市人大常委会听取审议打造"一带一路"标杆示范项目带动开放发展高质量情况报告、连云港市科技创新工作报告以及《中小企业促进法》贯彻实施情况报告，助推经济高质量发展；南京市人大常委会听取和审议市政府实施"两落地、一融合"工程、加快创新名城建设情况的报告，并以联组会议的形式开展专题询问；无锡市人大常委会听取审议预算执行和预算编制情况报告，监督审计发现问题整改，督促整改"销号"232个问题，以制度堵漏洞、促规范；宿迁市人大常委会通过听取审议计划、预算、供给侧结构性改革等报告、全市重大项目、为民办实事项目、重点基础设施项目建设情况报告，推动经济发展提速提质增效；苏州市听取全市侨务工作情况报告，推动政府保护促进华侨和香港澳门同胞投资，凝聚吸引侨智、侨资、侨力参与苏州改革开放和创新发展。

（二）推动富民惠民

在乡村经济振兴方面，江苏省人大常委会听取审议全省乡村振兴战略实施情况报告并开展专题询问，梳理提出14个具体问题，督促政府及有关部门建立健全并不断强化责任体系，以落实十项重点工程为抓手，优化财政投入结构，落实涉农用地政策，强化金融支持和人才支撑，补齐现代农业发展和民生保障短板，推动江苏省乡村振兴整体进程走在全国前列。省人大常委会听取审议重点区域城镇体系规划编制情况报告，督促有关方面与时俱进调整完善镇村规划，并充分发挥其引导约束作用，实现城镇乡村的布局优化和资源要素的集约配置。苏州市人大常委会关注农业农村现代化建设，专题听取全市新型职业农民培育情况报告，对乡村休闲旅游产业、农产品电商发展、农村民房翻建管理等开展专题调研，推动农业农村经济更加繁荣。

在推进农村精准脱贫攻坚方面，江苏省人大常委会通过听取审议全省脱贫攻坚工作报告，推动全省各级以更大力度推进精准扶贫、精准脱贫。对农村扶贫开发条例实施情况开展执法检查，确保精准扶贫脱贫各项工作措施取得预期成效。在充分调研、多轮审议基础上，通过农村集体资产管理条例，明确农村集体经济组织的主体地位和组织架构，推进农村集体产权制度改革，提高农村集体资产管理水平和运营效率。连云港市人大常委会审议全市民族工作情况报告、组织开展《江苏省扶贫工作条例》执法检查。淮安市紧扣"千百万行动"聚焦聚力脱贫攻坚，千场宣讲活动富有成效。苏州市人大常委会专题调研农民增收致富和农村扶贫工作情况，落实各类扶持政策，创新和拓宽富民途径。

在社会基本公共服务方面，江苏省人大常委会听取审议养老服务业发展情况报告，维护各类社会弱势群体的利益；听取审议基本公共服务标准化建设情况报告，重点关注教育、医疗、住房、养老等民生大事，推进动态调整优化标准体系，集中财力优先安排重点民生项目，促进城乡基本公共服务均等和区域基本公共服务协调，持续提升人民群众的幸福感。重点督办关于深化医疗卫生体制改革、推进健康江苏建设方面的代表建议，开展全省财政医疗卫生资金分配和使用情况专题调研，推动覆盖城乡、优质高效的医疗卫生服务体系加快构建并逐步完善。受全国人大委托，开展农产品质量安全法执法检查，查摆处置农产品监管工作特别是法律实施方面存在的突出问题，切实保障人民群众"舌尖上的安全"。

各设区市人大常委会在这两年内也对养老服务、食品安全和卫生、教育文化事业、公共交通等各方面加大监督力度,如2017年常州市人大常委会首次听取市政府关于社保基金收支管理工作情况报告,督促政府看好管好老百姓的"养命钱""看病钱";南京市人大常委会听取和审议市政府关于进一步深化国家食品安全示范城市建设、巩固创建成果工作情况的报告;南通市人大常委会审议全市城乡义务教育一体化发展情况报告;苏州市人大常委会专题听取关于社会保险基金征收和管理情况的报告,主任会议专题听取关于住房公积金运行和管理情况的报告、关于全市教育工作情况的报告,听取和审议市政府关于道路交通安全管理工作情况的报告,把道路交通安全纳入法治化轨道。切实保障人民关心的教育、医疗、住房、养老等方面的大事得以落实。

(三)加强生态环境保护监督

江苏省人大全面进行专项审议"263"环境整治专项活动,听取审议2017和2018两年度环境状况和环保目标完成情况报告,关于聚焦突出环境问题,力求以最严格的法规制度推动和保障生态环境质量持续向好。按照决议明确的路线图时间表,重点审议2018～2020年突出环境问题清单报告,督促各有关方面围绕7大类95个问题,落实责任、明确分工,攻坚突破、及时销号,以面上突出问题的逐个解决确保在规定时间内实现污染防治攻坚战的整体目标。配合全国人大开展大气污染防治法、海洋环境保护法执法检查,重点督办关于洪泽湖生态保护的代表建议,并对沿海水环境状况开展专题暗访明查,督促有关方面按照坚决遏制增量、有效化解存量的要求,刚性落实可行管用措施,尽快实现重点区域环境质量明显改善。常州市、连云港市、南京市、无锡市等设区市人大常委会听取审议市政府关于2017年度环境质量状况和环境保护目标完成情况的报告、突出环境问题清单报告。其中如常州市2017年首次听取和审议全市环境状况和环境保护目标完成情况的报告,支持政府全面打好治污减排攻坚战;连云港市2017年组织开展大气污染防治"一法一条例"执法检查,对《石梁河水库无序采砂治理的建议》开展重点督办;南京市人大常委会进一步听取和审议市政府关于实施"两减六治三提升"专项行动、打好污染防治攻坚战情况的报告;苏州市人大常委会进一步听取并审议阳澄湖综合整治工程情况报告；无锡市人大常委会进一步听取审议全面深化"河长制"工作情况报告。

（四）加快文化产业建设

江苏省人大专题审议文化产业发展情况报告，审议意见聚焦于促进文化新业态、新模式加快发展，构筑文艺精品创作高地，推动文化产品和服务高质量发展等重要方面和关键环节，重在推动文化建设更好地满足人民群众日益增长的精神文化消费需求。开展民族工作重点课题调研，推动民族文化繁荣，促进各民族交往、交流、交融。检查旅游法和省旅游条例实施情况，提出深度打造"水韵江苏"品牌、大力培育发展高品质旅游产品等意见和建议，督促有关部门持续加强软硬件基础设施建设，全面提升旅游公共服务整体水平。2017 年，常州市在全省率先作出促进全民阅读的决定，设立"秋白读书节"，为"种好常州幸福树"提供精神动力；宿迁市人大常委会聚焦社会信用体系建设、国家知识产权试点城市建设和旅游业发展等方面开展专题询问，提升文化产业发展品质；南通市人大常委会听取审议聚焦文化惠民，开展文化产业发展情况专题调研；扬州市人大常委会审议《关于推进东南片区更新改造的议案》办理情况，制定"三交一滚动"处理方案，听取城市总规修编情况汇报，推动以规划引领名城建设，视察大运河文化带建设，调研文化产业发展，着力推进运河文化发展。

（五）维护公平正义

紧扣让人民群众在每一个司法案件中感受到公平正义的目标，切实加强对审判工作和检察工作的监督。江苏省人大通过听取审议省法院执行工作情况报告，敦促和支持法院解决案件执行难问题；听取审议省法院关于司法公开工作情况报告，督促各级法院加大力度推进司法改革全面深化和体制机制持续创新；通过听取审议省检察院司法体制改革情况报告，支持检察机关深化员额制改革，全面落实司法责任制；通过审议全省检察机关公益诉讼工作情况报告，积极稳妥推进公益诉讼改革试点。同时，江苏省人大首次围绕司

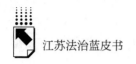

法方面专项工作开展专题询问，督促加强生态环保、食品药品安全等群众特别关注领域的法律监督，推动审判、检察机关在保障和改善民生方面发挥不可或缺的重要作用。高度重视、及时转送涉法信访诉求，督促各有关方面切实保障人民群众合法权益。此外，各设区市人大常委会还分别重点审议了法院的知识产权审理工作、备案审查和合法性审查工作以及社区矫正等工作，如南京市人大常委会听取和审议 2017 年度地方性法规实施情况的综合报告、全市法院知识产权审判工作情况的报告、刑事执行检察工作情况的报告，就立法、执法、司法层面存在的突出问题提出改进意见；无锡市人大常委会围绕以审判为中心的刑事诉讼制度改革，分别听取审议"一府两院"专项报告，围绕社会治安问题，审议公共场所治安管理工作情况报告；苏州市人大常委会对规章和规范性文件进行备案审查对重大行政决策进行合法性审查，维护法制统一，听取社区矫正和安置帮教工作情况的报告，维护社会和谐稳定；扬州市人大常委会审议市中级法院知识产权审判工作，力求进一步提高审判质效。

三 发挥主体作用，增强代表工作实效

人大代表是人民代表大会的主体，是党和政府联系人民群众的桥梁和纽带。常委会立足"代表机关"定位，尊重代表主体地位，全力支持和切实保障人大代表依法履职行权、充分发挥作用。江苏省人大常委会根据"代表机关"的新定位，把支持和保障人大代表履职作为重要职责，把握代表工作规律，健全代表工作机制，完善代表工作规范，充分激发代表的归属感、荣誉感、成就感。

（一）切实推进"两个联系"走向纵深

落实"双联"工作制度是尊重代表主体地位的重要体现。一方面，坚持常委会组成人员联系代表制度，每名组成人员与 3 名以上基层一线省人大代表建立直接联系，每逢双月安排主任接待代表日活动，按照议题审议需要

首次邀请五级人大部分代表列席常委会会议，更加广泛地吸纳各个层级代表意见建议，不断拓宽代表知情知政渠道。另一方面，组建7个全国人大专业代表小组、9个省人大专业代表小组，充分发挥代表职业行业专业优势，精心安排有针对性的专题调研活动。全面落实代表联系选民制度，推进代表活动载体平台提档升级并向村居社区拓展延伸。鼓励和支持各级代表定期联系接待选民，在单位、社区、村组就近就地参与联系选民的各类主题活动，如"万名代表小康行""人大代表扶贫济困大行动"等主题活动，发挥人大代表在"聚焦富民"实践中的积极作用。常态化直接倾听基层民众心声。各设区市均建立具有当地特色的联系制度，如常州市人大2017年开展"五聚"主题活动，同时两年来始终坚持"三联系"制度、主任接待日制度，常委会领导和委员带头参加代表小组活动，经常走访对口联系的人大代表；南京市人大全面落实市人大代表联系群众"123"机制，邀请市人大代表列席常委会会议、参与人大立法监督和视察调研等活动已经成为制度性安排；南通市人大落实"双联"工作制度，完善《关于加强市人大常委会委员联系代表、代表联系人民群众的实施意见》；宿迁市坚持把"四联四助"主题活动作为制度性安排贯穿于市人大代表履职始终，并强化制度保障，研究制定《关于完善全市各级人大代表联系人民群众制度的实施办法》；扬州市人大聚焦"创新创造·人大代表企业行"主题，帮助中小企业、民营企业反映情况、解决问题，坚持完善"主任接待代表日""百名代表参与常委会审议"等做法进行人大代表的双向联系。

（二）切实做好代表履职服务工作

代表履职培训机制落实方面。对人大代表的履职工作进行培训，以提高人大代表的履职能力、工作效率和议政水平。江苏省人大精心组织代表学习培训活动，参加省人大代表初任学习班和履职学习班的代表达1000余人次。通过召开政情通报会等多种方式，帮助代表更加全面深入地了解全省经济社会发展情况。各设区市也加强代表履职的服务，其中常州市人大组织70名市人大代表赴浙江开展专题履职培训，落实人大代表向原选举单位或选民报

告履职情况制度；连云港市人大组织市人大代表参加"两代表一委员"专题培训班、开展会前集中视察重大项目和民生实事工程，举行政情通报会；南京市人大常委会在闭会期间举办市人大代表初任学习会，组建 7 个代表专业组，以提高代表履职的专业性、针对性。

代表履职平台建设与升级方面。完善"代表之家""代表工作站"等履职平台建设，在信息时代，利用好互联网是提高代表履职服务的重要手段，开通网络互动交流渠道。实现线上线下相结合，推进代表履职服务信息平台建设，充分发挥平台功能，增强履职便捷性、透明度，为省人大代表、在苏全国人大代表履职提供更好的服务保障条件。各设区市也逐渐实行线上线下结合机制，创新"互联网＋代表履职"平台，建立"三微两端一平台"，为代表高效履职创造条件，如常州市人大常委会全面实施"人大代表之家"建设提档升级工程，共建立"代表之家"231 个，"代表联络站"298 个，基本形成以"家"为中心、以"站"为延伸的代表履职活动载体网络体系；连云港市人大常委会召开全市基层人大工作规范化建设现场交流会，推进人大代表之家（联络站）建设。深入推进"互联网＋代表履职"平台建设并依托人大代表之家（联络站），集中开展五级人大代表"走基层、进家站、联选民"活动，实现线上线下相结合。

代表履职机制规范与健全方面。江苏省人大建立统一规范的代表数据库和履职档案，运用信息化手段，做到履职有记载、考核有依据。如 2017 年连云港市在全省首创人大代表守则，制发代表履职手册，建立代表履职档案；常州市人大常委会研究出台《常州市人大代表履职工作规范》，为人大代表依法履职和代表小组规范开展活动提供了制度保障；南京市升级代表履职信息管理系统，对代表履职活动进行实时记录，形成代表履职档案；宿迁市人大常委会研究制定《宿迁市人民代表大会履职考核办法》。这些做法增强了代表的履职意识、责任意识。在此基础上，各设区市探索了多样的履职途径，如：南通市人大常委会开办"代表访谈录"电台专题节目，报道代表重点建议提出的过程、代表积极履职的情况等内容，宣传代表事迹，促进为民代言；无锡市人大常委会首次开展"我为高质量发展提建议"活动，推动高质量发展；苏州市人大常委会结合办好《我调查我建议》电视栏目、《沟通——人大代表走进直播间》电台栏目，邀请代表参与督办过程。

（三）切实提高代表建议办理成效

认真办理代表议案建议是尊重代表权利、支持代表行使职权的重要体现。江苏省人大常委会在闭会期间，认真督办代表们提出的建议，努力提高办成率。2017年针对省十二届人大五次会议主席团交常委会审议的13件代表议案和442件建议，省人大常委会主动加强协调，落实有关部门责任，强化跟踪督促，提升代表议案建议办理实效。省人大常委会领导同志牵头重点督办了6项16件建议，有力提高了代表建议办理质量和效率。各设区市的人大也通过多种方式推动提高代表议案和建议办成率，并力求达到百分之百的满意率。如常州市人大常委会组织开展"集中督办月"活动，首次组织开展"优秀人大代表、优秀议案建议"评选活动，进一步激发广大代表依法履职的责任感、使命感；南通市人大常委会强化办理时限和要求，督促承办单位签订办理责任书，并纳入年度工作考核。推行"阳光办理"，在人大和政府网站上公开了426件（含闭会期间12件）建议及答复内容，倒逼承办单位不断提高办理实效。

四　强化自身建设，提升依法履职水平

江苏省人大主动适应形势任务的发展变化，始终坚持把自身建设摆在突出位置，努力强化思想政治作风建设、履职能力提升和理论研究与宣传工作，切实提高自身服务大局的能力和水平。

（一）加强思想政治作风建设

江苏省人大在实际工作中树牢"四个意识"、坚定"四个自信"、践行"两个维护"，确保人大各项工作都在党的领导下得以高效开展。坚定不移以习近平新时代中国特色社会主义思想武装头脑、指导实践、推动工作。把

深入学习贯彻习近平新时代中国特色社会主义思想作为首要政治任务，坚持制度化安排和务实性研讨紧密结合，重在学懂弄通做实上下功夫。按照全国人大常委会的部署，深入学习研究宣传贯彻习近平总书记关于坚持和完善人民代表大会制度的重要思想，并对全省人大系统的贯彻落实工作提出具体要求，着力推进学习研究成果转化为做好新时代人大工作的强劲动力。严格落实中央八项规定和实施细则精神，进一步出台改进作风的若干规定，推动反"四风"向深度和广度延伸。深入推进机关作风建设，开展形式主义、官僚主义集中整治。从严教育管理，不断改进作风，提高工作效率，高度重视党风廉政建设。注重加强调查研究，深入基层、深入群众，听真话、察实情，主动回应群众关切，使常委会各项工作都建立在深入了解民情、充分反映民意的基础上。畅通信访渠道，强化督查督办，努力解决群众遇到的现实问题。根据省委统一部署，认真开展党的群众路线教育、"三严三实"专题教育、"两学一做"学习教育等，努力建设一支忠诚、干净、有担当的人大干部队伍。抓住省委对人大机关开展巡视的契机，进一步加强省人大常委会及机关党的建设，落实全面从严治党主体责任。各设区市人大也认真学习贯彻党的十九大精神，扎实推进"两学一做"学习教育常态化制度化，把解放思想大讨论活动与对标找差、创新实干结合起来，坚定理想信念、严明政治规矩、激发创新活力。如苏州市人大常委会开展"法治先锋"党建品牌创建活动，把党风廉政教育和法治宣传教育融入人大工作各个方面；徐州市人大常委会组织开展"百千万"大走访活动，切实加强作风建设。

（二）加强履职能力提升

江苏省人大着力完善各项工作制度，加强履职能力提升，先后就开展专题询问、完善预算监督、加强规范性文件备案审查、保障代表依法履职等出台专门文件，实现机关管理制度全覆盖，并强化各项制度的落实，有力保障和促进常委会及机关各项工作有序高效运转。同时通过完善常委会制度规范建设，提升履职能力。根据新形势新要求，在全面梳理基础上及时修订制定常委会及机关各项制度规章，进一步织密扎紧制度笼子，并着力强化较真执行的严肃性和约束力。紧扣提高审议质量这个人大工作的"牛鼻子"环节，在重新制定的常委会议事规则中，针对普遍反映的"八个不到位"问题，系统提出整改措施，为全面提升常委会履职水平和审议质效提供法规制度保障。制定决策咨询制度并建立专家库，借助9个门类114名专业人才的外部智力支持，促进决策科学化水平的显著提升。如常州市人大常委会出台了《常委会组成人员依法规范履职意见》，规范组成人员的履职行为。综合采用全体会议审议、分组审议和联组审议方式，研究推行项目式、清单式的审议意见，强化审议意见的跟踪督办和满意度测评，着力提高常委会会议审议质量。

（三）加强理论研究与宣传工作

江苏省人大把调查研究作为工作的重要手段。围绕省委高度关注的教育改革、生态环保、苏北农村住房条件改善等重要事项，常委会领导带头深入基层、深入实际，听真话、察实情，全面了解基层一线实情和人大工作实效，主动回应群众关切，形成多篇调研报告和理论研究成果。畅通信访渠道，加强调研督办，依法推进相关工作有效落实。同时建立常委会党组基层人大工作联系点制度，主任会议成员每人都有明确的市县工作联系点，对常委会领导经常深入基层、密切同人大代表和广大群众的联系作出制度性、常态化安排。制定关于进一步加强和改进调查研究工作的意见，特别强调调研的质量与实效。主任会议成员每年每人牵头负责一个重点课题研究，形成专题报告并开展集中交流，使常委会重点工作都建立在深入了解民情、充分反映民意的基础之上，以此带动人大工作整体水平提升。更多采取上下联动的方式方法，推进依法履职重大事项落实。拓展深化系统上下工作实践和经验体会的交流共享，通过全省人大工作研讨务虚会、乡镇人大主席培训班等多种形式，提升各个层级人大干部的理论水平和思维层次。加强人大理论研究工作，更加注重研究成果向创新探索和实际成效转化。通过各类媒体彰扬人大制度自信、宣传人大工作绩效、展示人大代表风采，为法治江苏建设营造更好的舆论环境。如常州市人大围绕事关全市经济社会发展大局及人大自身

建设的 16 个课题开展针对性研究，形成 61 篇论文和调研成果，其中 2017 年的一篇调研报告在全省人大系统评比中获得一等奖；南京市人大深入基层开展调查研究，听取各方意见建议，共梳理出问题 210 条，提出对策建议 100 项；连云港市人大全面建成人代会及常委会电子表决、常委会电子阅文、OA 办公等系统，建立人大工作理论研究"智库"，推进人大制度理论和实践创新，在《人民日报》《人民与权力》《人民代表报》等国家和省级媒体刊载几百篇人大工作新闻稿件和信息。各设区市人大更是创新宣传方式，将传统媒体和新媒体相融合，如无锡市人大用好《人大之声》电视专题节目、《无锡日报》专版和《代表与人民》专刊三大传统阵地，改版升级人大网站和微信公众号，融合传统媒体和新媒体；扬州市人大统筹发挥"TV 议案 365"、《扬州日报·人民与权力》专版和《扬州人大》专刊、人大网站、微信平台、手机客户端等传统媒体和新兴媒体作用，及时发布动态信息。各设区市用新技术、新手段、新理念讲好人大故事，传播人大声音，增强人大宣传的感染力和影响力。

B.3

2017~2018年江苏法治
政府建设的进展

宋宇文　华　纯*

摘　要： 2017~2018年，江苏各级行政机关以深入贯彻落实中共中央、国务院《法治政府建设实施纲要（2015~2020年）》为主线，牢牢把握到2020年基本建成法治政府目标，围绕政府依法全面履职、推进制度体系建设、深化权力运行监督机制、严格规范行政执法、有效化解社会矛盾等开展了大量工作，切实加大依法行政推进力度，取得了积极进展和明显成效。

关键词： 法治政府　行政审批制度改革　地方政府立法　权力运行监督　行政执法

　　2017~2018年，江苏全省各级行政机关深入贯彻习近平新时代中国特色社会主义思想，认真落实党的十九大和十九届二中、三中全会精神，奋力推进法治政府建设。全省各级行政机关扎实围绕到2020年基本建成法治政府目标，不断加大依法行政推进力度，在政府依法全面履职、推进制度体系建设、深化权力运行监督机制、严格规范行政执法、有效化解社会矛盾等方面，积极探索、大胆实践，取得了积极进展和明显成效。本文选取具体的法治实践和典型案例，考察分析2017~2018年江苏法治政府建设的进展情况。

---

* 宋宇文，江苏省交通运输厅政策法规处副处长，南京师范大学法学院博士研究生；华纯，江苏省司法厅执法监督处副处长。

一 政府依法全面履职

（一）行政审批制度改革进一步深化

2017 年 6 月，省政府办公厅印发《关于全省推行不见面审批（服务）改革实施方案》，大力推动以"网上办、集中批、联合审、区域评、代办制、不见面"为主要内容的"不见面审批（服务）"改革工作。《实施方案》① 明确到 2017 年 10 月底前，要实现 80% 的审批服务事项"网上办"，尽快实现"企业 3 个工作日内注册开业、5 个工作日内获得不动产权证、50 个工作日内取得工业生产建设项目施工许可证"的"3550"目标。《实施方案》提出推进网上全程办理、推行企业投资项目"预审代办制"、推行联合评审、探索试点区域评估、推行审批（服务）结果"不见面"送达等 6 项工作任务。

2017 年 6 月 21 日，省政府在南京召开全省"不见面审批（服务）"改革现场推进会，总结推广"不见面审批（服务）"改革典型经验，部署下一阶段重点工作，加快把江苏省打造成为审批事项最少、办事效率最高、创新创业活力最强的区域。9 月 13 日，省政府召开深入推进"不见面审批（服务）"改革电视电话会议，肯定前一阶段所取得的工作成绩，同时指出工作中存在的问题，进一步提出要以"不见面审批（服务）"改革为重点，全面推进江苏行政审批制度改革，为全省经济社会发展注入强劲动力。

2018 年 9 月，省政府办公厅转发了省审改办《"不见面审批"标准化指引》。《指引》规定了"不见面审批"的概念、事项范围、基本原则、审批过程、审批大厅、管理机制的规范化要求，提出了具体可操作的工作指引。② 在实现方式方面，《指引》提出，申请人可通过江苏政务服务网、自

---

① 本文文件简称均指代该段落相关文件，以下不再一一注明。
② 参见《省政府办公厅关于转发省审改办"不见面审批"标准化指引的通知》（苏政办发〔2018〕64 号）。

助终端机、移动终端机、邮政寄递、全程代办等方式提交申请。采取"不见面审批"或到政务服务大厅窗口提交材料，由申请人自主选择，不得强迫申请人只能"不见面"办理。《指引》同时明确了"不见面审批"事项占行政审批事项的比重、"不见面审批"办件量占总办件量的比重、信息公开情况、群众满意度等4项评价指标。

2018年11月，省政府办公厅印发了《进一步推进"互联网＋政务服务"深化"不见面审批（服务）"改革工作方案》。①《工作方案》明确了不见面审批（服务）改革的工作目标，具体分为两步走，一是到2018年底，省级政务服务事项网上可办率不低于90%，市县级政务服务事项网上可办率不低于80%；省、市、县级政务服务事项进驻综合性实体政务大厅比例不低于80%，50%以上政务服务事项实现"一窗"分类综合受理。二是到2019年底，力争在全省范围内实现政务服务事项全部具备"不见面审批（服务）"能力（法律法规另有规定或涉密的除外）；除对场地有特殊要求的事项外，政务服务事项进驻综合性实体政务大厅基本实现"应进必进"，80%以上政务服务事项实现"一窗"分类综合受理。在具体任务方面，《工作方案》提出了推进政务服务"一网通办"、推进线下"只进一扇门"、深化"不见面审批（服务）"改革、让"数据多跑路"等四大方面15项具体举措。

（二）"互联网＋政务服务"进一步完善

2017年1月，江苏政务服务网暨网上办事大厅上线试运行，推出了审批服务、公共资源交易、政务公开、便民服务等栏目。其中，审批服务栏目覆盖进驻省政务服务实体大厅的54个省级部门的386项行政审批事项、371项子项，涉及1100多项审批业务。公共资源交易栏目主要包括政府采购，交通、水利、建设工程招标，药品集中采购，矿业权交易等九大类10个公

---

① 参见《江苏省人民政府办公厅关于印发进一步推进"互联网＋政务服务"深化"不见面审批（服务）"改革工作方案的通知》（苏政办发〔2018〕96号）。

共资源交易内容。该服务网创造了 5 个 "全国第一"，即第一个按照国家 "互联网 + 政务服务" 技术建设标准建成的政务服务网；第一个实现政府权力清单 "三级四同" 全覆盖的政务服务网；第一个开设综合旗舰店的政务服务网；第一个开展审批服务、公共资源交易、12345 在线同网服务的政务服务网，并支持统一身份认证和网上支付；第一个实现省、市、县近 9000 家单位集中公开预决算信息的政务服务网。

2017 年 4 月，省政府印发《关于加快江苏政务服务网建设的实施意见》。①《实施意见》提出的目标是，用 1 ~ 2 年时间，建成政务服务 "一网一门一端一号一码"，打造纵横全覆盖、事项全口径、内容全方位、服务全渠道、用户全参与、资源全共享、各级全衔接、跨区全支持、过程全监控、考评全实时的网上政务服务平台，确保江苏省 "互联网 + 政务服务" 工作走在全国前列。《实施意见》同时明确了围绕统一技术支撑体系、优化再造政务服务、丰富政务服务内容、提升用户体验感知这四大方面，做好建立全省统一的身份认证系统、加强对政务服务数据信息的分析运用、建设全省统一的公共资源交易平台、建立政务服务网服务评估体系等 24 个小项的具体任务。

2018 年 4 月，省政府办公厅印发《关于建立完善基层 "互联网 + 政务服务" 体系的指导意见》，② 旨在形成线上线下联动、覆盖城乡的政务服务体系，提高基层群众的获得感和满意度，共享 "互联网 + 政务服务" 发展成果。《指导意见》提出的工作目标是，到 2018 年底，各地要依托江苏政务服务网，建设乡镇（街道）政务服务统一门户和村（社区）网上服务站点，全面公开乡镇（街道）、村（社区）政务服务事项和便民服务事项办理指南，推动适宜上网运行的事项实现网上申报、网上办理，打造规范、透明、便捷的基层网上服务体系。《指导意见》提出了梳理乡镇（街道）、村（社区）服务事项清单，推动江苏政务服务网向乡镇（街道）延伸，完善乡镇（街道）、村（社区）综合服务管理系统，推进乡镇（街道）服务事项

---

① 参见《省政府关于加快江苏政务服务网建设的实施意见》（苏政发〔2017〕53 号）。
② 参见《省政府办公厅关于建立完善基层 "互联网 + 政务服务" 体系的指导意见》（苏政办发〔2018〕37 号）。

上网运行，推进实体服务大厅标准化建设，探索建立全科政务服务模式等6项工作任务。截至2018年底，各地积极推进政务服务事项网上申报、网上办理，已建立1346个镇级站点、20848个村站点，覆盖率分别为99.7%、99.6%，初步建成五级政务服务体系。①

（三）社会信用体系进一步健全

2018年1月29日，省政府印发了《江苏省关于加强政务诚信建设的实施意见》，文件的出台旨在加强江苏省政务诚信建设，充分发挥各级政府和部门在社会信用体系建设中的表率作用，进一步提升政府公信力，提高诚信江苏建设水平。《实施意见》提出，到2020年，要建成政府部门和公务员信用信息系统，实现行政许可、行政处罚等信用信息"双公示"100%，同时政府部门和公务员信用信息要做到记录、归集、共享全覆盖。在建立健全政务信用管理体系方面，《实施意见》提出要加强公务员诚信教育、建设政府部门和公务员信用信息系统、建立健全政务信用记录、推进政府部门和公务员信用信息共享公开与应用、健全守信激励与失信惩戒机制、健全信用权益保护和信用修复机制等6个方面的具体举措，《实施意见》同时明确了要加强政府采购、政府和社会资本合作、招标投标、招商引资、地方政府债务、统计、街道和乡镇政务建设等7个重点领域的政务诚信建设。

同日，省政府印发了《江苏省关于建立完善守信联合激励和失信联合惩戒制度的实施意见》，对加快推进社会信用体系建设，建立健全守信联合激励和失信联合惩戒机制提出了具体的要求。《实施意见》首先明确以信用红黑名单作为联合奖惩的重点对象，进而对信用红黑名单认定的依据、认定单位、认定程序等做出了规范。在褒扬和激励诚信行为机制方面，《实施意见》提出要多渠道选树推介诚信典型、探索建立行政审批"绿色通道"、优先提供公共服务便利、降低市场交易成本。而在约束和惩戒失信行为机制方面，《实施意见》提出要加强对失信行为的行政性约束和惩戒、对失信被执

① 参见《江苏省2018年度法治政府建设情况报告》。

行人的联合惩戒、对失信行为的市场性约束和惩戒、失信行为的行业性约束和惩戒、对失信行为的社会性约束和惩戒。

二 全面推进制度体系建设

（一）地方政府立法机制更加健全

2018 年 12 月，省人民政府颁布了《江苏省规章制定程序规定》（省政府第 123 号令），《规定》的出台旨在规范规章制定程序、保证立法质量，从规章的立项、起草、审查、决定、公布、解释等多个环节进行规范。在增强立法机制的科学性方面，《规定》提出要建立重大决策先行决定制度，完善立法项目征集、论证、协调机制，健全多元化的起草机制，规范意见咨询机制；在突出行政立法程序的民主性方面，《规定》提出要推进立法公开，发挥立法基层联系点作用，强化立法听证实效，建立意见反馈制度。

（二）重点领域立法扎实推进

2017 年 2 月，江苏省政府办公厅印发了《省政府 2017 年立法工作计划》。①《工作计划》提出，年内力争完成 18 件立法项目，主要围绕全面深化改革、促进经济平稳较快发展，加快社会事业发展、保障和改善民生，加强和创新社会治理、促进社会和谐稳定，加强资源环境保护、推进生态文明建设等四个方面制定修订地方性法规、规章。其中包括《苏南国家自主创新示范区条例》《江苏省港口岸线管理办法》《江苏省传统村落保护管理办法》《江苏省女职工劳动保护特别规定》等。《工作计划》同时还明确了需要抓紧工作、条件成熟适时提出的项目 23 件以及需要积极研究论证的项目 12 件。

---

① 《省政府办公厅关于印发省政府 2017 年立法工作计划的通知》（苏政办发〔2017〕21 号）。

2018 年 4 月，江苏省政府办公厅印发了《省政府 2018 年立法工作计划》。①《工作计划》从全面深化改革、促进经济转型升级，加快社会事业发展、保障和改善民生，加强和创新社会治理、促进社会和谐稳定三个方面，明确了力争年内完成的项目 12 件。其中包括《江苏省水路交通运输管理条例》《江苏省标准监督管理办法》。围绕全面深化改革、促进经济转型升级，加快社会事业发展、保障和改善民生，加强和创新社会治理、促进社会和谐稳定，加强资源环境保护、推进生态文明建设，规范行政行为、加强政府自身建设等 5 个方面，明确了需要抓紧工作、条件成熟适时提出的项目 26 件。

表1　2017～2018 年江苏省人民政府颁布的省政府规章目录

序号	省政府规章名称	文号
1	关于修改《江苏省科学技术奖励办法》的决定	省政府第 112 号令
2	江苏省气象设施和气象探测环境保护办法	省政府第 113 号令
3	江苏省内河水上游览经营活动安全管理办法	省政府第 114 号令
4	江苏省港口岸线管理办法	省政府第 115 号令
5	江苏省道路交通事故社会救助基金管理办法	省政府第 116 号令
6	江苏省传统村落保护办法	省政府第 117 号令
7	江苏省上下外国船舶管理办法	省政府第 118 号令
8	江苏省挥发性有机物污染防治管理办法	省政府第 119 号令
9	江苏省国有资金投资工程建设项目招标投标管理办法	省政府第 120 号令
10	江苏省女职工劳动保护特别规定	省政府第 122 号令
11	江苏省规章制定程序规定	省政府第 123 号令
12	江苏省标准监督管理办法	省政府第 124 号令
13	关于修改《江苏省失业保险规定》的决定	省政府第 125 号令
14	江苏省社会救助家庭经济状况核对办法	省政府第 126 号令

（三）规范性文件审查依法履行

2017 年 8 月，省政府法制办印发了《省政府法制办公室关于对规范性

———

① 《省政府办公厅关于印发省政府 2018 年立法工作计划的通知》（苏政办发〔2018〕40号）。

文件合法性审查工作的业务指导意见》。①《指导意见》是江苏省政府法制办公室承担的国务院法制办公室"关于规范性文件合法性审查机制"试点工作形成的成果。《指导意见》从规范性文件合法性的审查内容、审查环节、审查结果 3 个方面提出了 13 项需要重点把握的事项。在合法性审查的内容方面，《指导意见》提出要重点审查规范性文件中是否存在涉及立法保留、行政许可、行政处罚、行政强制、行政事业性收费、限制权利或者增设义务、超越权限 7 个方面的情形。在合法性审查的环节方面，《指导意见》重申了要严格遵守省委办公厅、省政府办公厅于 2015 年联合印发的《江苏省规范性文件和重大决策合法性审查程序规定》和省政府办公厅印发的《关于进一步做好规范性文件合法性审查工作的通知》中的有关规定。同时还在组织专家论证、公开征求意见、充分发挥法律顾问作用等方面提出了要求。在审查结果方面，《指导意见》提出："规范性文件的起草单位对审查机构提出的合法性审查意见有异议的，应当及时与审查机构进行沟通；经协商不能达成一致意见的，由办公室（厅）决定如何处理。"

（四）规章、规范性文件动态化管理

2017 年 6 月，省政府办公厅印发《关于做好"放管服"改革等涉及的规章和规范性文件清理工作的通知》，组织各市县人民政府和省有关部门，清理相关规章和规范性文件。根据《通知》的要求，清理的范围有三项，一是与 2013 年以来党中央、国务院和省委、省政府出台的"放管服"改革政策措施及涉及的法律法规相抵触或者不一致的规章及规范性文件，二是与国家和省生态文明建设与环境保护的要求不一致的地方性法规、规章及规范性文件，三是对照《法治政府建设实施纲要（2015—2020 年）》和省委、省政府印发的实施方案，全面清理其他现行有效的规章。2017 年 8 月，省政府法制办印发《关于做好"放管服"改革等涉及的规章和规范性文件清

---

① 《省政府法制办关于印发〈省政府法制办公室关于对规范性文件合法性审查工作的业务指导意见〉的通知》（苏府法〔2017〕77 号）。

理工作的函》，对上述清理工作进一步明确工作重点和具体要求。共清理省一级地方性法规 43 件，各地各部门共废止相关地方性法规和规章 62 件，修改相关地方性法规和规章 56 件，废止相关规范性文件 6206 件，修改 183件。2018 年 5 月，省人民政府公布《关于废止和修改部分省政府规章的决定》，明确对《江苏省排放污染物总量控制暂行规定》《江苏省财政监督办法》等 9 件省政府规章予以废止，对《江苏省气象管理办法》《江苏省长江河道采砂管理实施办法》等 13 件省政府规章的部分条款予以修改。

2018 年 9 月，省政府办公厅印发《关于开展生态环境保护规章、规范性文件清理工作的通知》，明确要求清理与习近平生态文明思想和党的十八大以来党中央、国务院有关生态环境保护文件精神，以及生态环境保护方面的法律不符合、不衔接、不适应的规定。[①] 2018 年 12 月，省人民政府通过《关于废止和修改部分省政府规章的决定》，在对涉及产权保护和生态环境保护的省政府规章进行清理后，决定对《江苏省排放水污染物许可证管理办法》《江苏省土地登记办法》等 7 件省政府规章予以废止。对《江苏省餐厨废弃物管理办法》《江苏省建设项目占用水域管理办法》等 6 件省政府规章的部分条款予以修改。

三 深化权力运行监督机制

（一）重大决策规范化管理进一步加强

江苏省自 2015 年起就探索开展重大行政决策规范化管理试点工作。2017 年 9 月，江苏省全面建设依法行政领导小组办公室组织召开全省重大行政决策规范化管理试点工作经验交流会。苏州市、阜宁县和省水利厅作为省内第一批试点单位代表在会上进行成果展示。在第一批试点取得阶段性成

---

① 参见《省政府办公厅关于开展生态环境保护规章、规范性文件清理工作的通知》（苏政办发〔2018〕73 号）。

果的基础上，会议确定南通市、连云港市、宿迁市、南京市玄武区、江阴市、涟水县和省物价局为重大行政决策规范化管理第二批试点城市和部门。2018 年 9 月，江苏省全面推进依法行政工作领导小组办公室组织召开重大行政决策规范化管理第二批试点工作成果专家评审会，参与试点的 7 个市区、部门接受专家评审。经过两轮的试点工作，重大行政决策规范化管理的制度框架基本搭建，运行机制和操作流程基本建立，形成了一批可复制、可借鉴的成功经验。

（二）审计监督作用发挥明显

2017 年，全省共审计（调查）3643 个项目单位，提交审计报告和专项审计调查报告 4725 篇，促进增收节支 217.74 亿元。2018 年，全省共审计（调查）2707 个单位，提交审计报告和专项审计调查报告 3522 篇，促进增收节支和挽回损失 176 亿元，推动健全完善制度 211 项，移送处理事项 502 件。

2018 年 7 月，省纪委监委和省审计厅联合制定出台《关于纪检监察机关与审计机关进一步加强协作配合的意见》，重点在联系协调、业务沟通、问题线索移送、审计成果运用以及严格落实法律责任等方面构建协作机制。2018 年 11 月，省委巡视办和省审计厅联合出台《关于巡视机构与审计机关进一步加强协作配合的意见》，明确了建立健全联系协调、业务协作、成果互用，以及审计人员参加巡视巡察等方面的协作机制。

2018 年 11 月，省委办公厅、省政府办公厅转发省审计厅《关于进一步加强审计整改工作的意见》，《意见》指出，审计机关不仅要查出问题，更要做好督促整改工作，将审计成果切实转化为全面深化改革、促进政策落实、规范权力运行的强大动力，真正发挥好审计监督作用。《意见》明确要求建立完善审计整改工作报告、审计整改结果公告、各部门间协调配合、审计整改对账销号、审计整改督查、审计整改约谈和审计整改追责问责等 7 项工作机制。《意见》同时强调，要把审计结果及整改情况作为考核、任免、奖惩领导干部的重要依据，将审计查出问题整改情况纳入被审计单位综合考核内容。

（三）政务公开工作扎实推进

2017年8月，省政府办公厅印发了《关于开展基层政务公开标准化规范化试点工作的实施意见》。①《实施意见》根据国家的有关要求，明确了南京市建邺区、常州市天宁区、苏州工业园区、如皋市等7个基层单位为国家试点单位，重点在城乡规划、税收管理、环境保护、安全生产、公共法律服务等9个方面开展试点。力争通过一年时间，在以上试点地区，建立基层政务公开标准规范，实现全流程权力公开、全过程服务公开、全要素事项公开、全渠道信息获取、全方位监督评价等"五全"目标。《实施意见》围绕"五全"目标，提出了进一步加强权责清单的统一规范、实施公共服务清单标准化规范化、制定政务公开工作规则、建立政策解读和政务舆情回应制度规范、整合建设统一的政务发布移动客户端等10项工作。经过一年多的努力，2018年9月，试点地区相继通过验收，形成了一批可借鉴、可复制、可推广、好落地、能操作的规范与标准。

2017年12月，省政府办公厅印发了《江苏省全面推进政务公开工作实施细则》，旨在进一步明确江苏省全面推进政务公开工作任务要求，推动"放管服"改革，打造透明政府、法治政府和服务型政府。②《实施细则》提出要加快建立健全政务公开制度规范，具体包括加强权责清单和公共服务清单统一规范、建立健全政务公开事项目录、制定政务公开工作规则、建立常态化政策解读机制、推动政务舆情回应制度化规范化等5项工作；要打造"互联网＋"政务公开平台，重点推进建设智慧便捷的政府网站、优化提升江苏政务服务网、做大做强政务发布新媒体、发挥好政府公报标准文本作用等4项工作；在提升企业和群众参与度获得感方面，重点在细化公众参与范围、规范公众参与方式、拓展公众参与渠道等3个方面下功夫；在积极推进

---

① 参见《省政府办公厅关于开展基层政务公开标准化规范化试点工作的实施意见》（苏政办发〔2017〕116号）。
② 《省政府办公厅关于印发江苏省全面推进政务公开工作实施细则的通知》（苏政办发〔2017〕151号）。

政务数据共享开放方面，重点是加快推进政务信息系统整合共享、建设统一集中的公共数据开放网站、加强对政务数据资源的开发利用等。

2018 年 7 月，省政府办公厅印发了《关于推进公共资源配置领域政府信息公开的实施意见》。①《实施意见》首先明确了重点公开的领域，包括住房保障、国有土地使用权出让、矿业权出让、政府采购、国有产权交易、工程建设项目招标投标、药品和医用耗材采购等 7 个领域。进而明确了公开的责任主体，按照"谁批准、谁公开，谁实施、谁公开，谁制作、谁公开"的原则，区分公共资源配置涉及行政审批的批准结果信息和公共资源项目基本信息、配置（交易）过程信息、中标（成交）信息、合同履约信息，前者由审批部门负责公开，后者由管理或实施公共资源配置的国家机关、企事业单位、公共资源交易中心按照掌握信息的情况分别公开。此外，《实施意见》还提出了实行目录管理、建立负面清单、拓宽公开渠道、优化平台体系、推进数据共享等多项具体要求。

2018 年 9 月，省政府办公厅印发了《关于推进重大建设项目批准和实施领域政府信息公开的实施意见》。②《实施意见》明确了重大建设项目的公开范围、公开内容、公开主体、公开渠道和公开时效。在公开内容方面，《实施意见》提出，在重大建设项目批准和实施过程中，应当重点公开 9 类信息，包括批准服务、批准结果、招标投标、征收土地、重大设计变更、施工有关信息、质量安全监督信息、竣工有关信息、行政处罚信息。在公开渠道方面，《实施意见》提出应当通过政府公报、政府网站、政务新媒体平台、新闻发布会等方式公开相关信息。

（四）法律顾问、公职律师制度进一步健全

普遍设立法律顾问制度，是全面依法治国的重要内容，是党的十八届三

---

① 参见《省政府办公厅关于推进公共资源配置领域政府信息公开的实施意见》（苏政办发〔2018〕50 号）。
② 参见《省政府办公厅关于推进重大建设项目批准和实施领域政府信息公开的实施意见》（苏政办发〔2018〕63 号）。

中全会提出的重大改革任务。2017 年 6 月，省委办公厅、省政府办公厅联合印发了《关于推行法律顾问制度和公职律师公司律师制度的实施意见》。《意见》明确提出，2017 年底前，县级以上地方各级党政机关普遍设立法律顾问、公职律师，乡镇党委和政府根据需要设立法律顾问、公职律师，国有企业深入推进法律顾问、公司律师制度，事业单位加快探索建立法律顾问制度，到 2020 年全面形成与江苏省经济社会发展和法律服务需求相适应的法律顾问、公职律师、公司律师制度体系。2017 年 8 月，省司法厅发布了《关于推行公职律师公司律师制度的通告》，进一步明确了本省实行公职律师公司律师制度的单位，申请担任公职律师公司律师人员的基本条件以及申报审核流程。2018 年 1 月，省委办公厅对各设区市和省有关部门政府法律顾问和公司律师制度建立和作用发挥情况进行了督查。截至 2018 年 5 月底，全省有 1027 家党政机关、人民团体建立公职律师制度，1419 名公务员经审核获准担任公职律师。① 江苏省公职律师队伍初具规模，走在全国前列。

四　行政执法严格规范

（一）综合执法改革稳步推进

在 2015 年省政府办公厅印发的《关于开展综合行政执法体制改革试点的指导意见》的基础上，2018 年 6 月，省委办公厅、省政府办公厅联合印发了《关于深化综合行政执法体制改革的指导意见》。《指导意见》提出，综合执法体制改革要以坚持问题导向、系统谋划，坚持横向整合、重心下移，坚持依法行政、务实创新，坚持分类指导、配套衔接为原则。在主要任务方面，《指导意见》提出了大力精简省级执法队伍、统筹城市综合执法、分类推进县域综合行政执法、赋予执法权限、规范机构编制、推进网格管理、建立健全市场主体信用承诺机制、建立重大风险监测防控机制、建立绩

---

① 《江苏千余家党政机关人民团体建立公职律师制度》，《新华日报》2018 年 7 月 25 日。

效评估机制等 18 项工作任务。省编办在 13 个设区市各选择所属 1 个县（市、区）开展县域综合执法试点，通过综合执法改革，初步建立了一支队伍管执法、一套清单管权责、一个中心管指挥、一个网格管治理、一个平台管信用、一套机制管检查的综合执法新模式，在理顺行政执法体制，加强事中事后监管，解决多头执法、多层执法、执法扰民和基层执法力量不足问题等方面，迈出了坚实步伐。

（二）积极试点行政执法"三项制度"

积极开展行政执法公示、行政执法全过程记录、重大执法决定法制审核"三项制度"试点。2017 年 5 月，省政府办公厅印发了《关于组织实施海门市行政执法公示制度执法全过程记录制度重大执法决定法制审核制度试点工作的通知》，①《通知》明确省人民政府是海门市"三项制度"试点的组织实施单位，同时建立由省法制办牵头，省编办、发展改革委、财政厅、人力资源和社会保障厅等省部门和南通市人民政府参与的协调机制，指导和督促试点组织实施工作，及时研究解决试点工作中遇到的困难和问题。海门市以"制定一套方案、整合两个平台、理清三张清单"为重点，精心谋划、稳步推进，2017 年底完成了行政执法"三项制度"试点工作任务，顺利通过省法制办组织的现场评估验收。自试点以来，海门市各行政执法单位执法水平稳步提高。2017 年，海门市行政案件败诉率从 8.13% 下降至 5.32%。2018 年，行政诉讼案件数较 2017 年下降了 12.5%，行政诉讼案件败诉率较 2017 年下降 3%，执法投诉同比下降五成；全市法治政府建设群众满意率 98%，列全省第八位。②

（三）两法衔接工作进一步强化

"两法衔接"是"行政执法与刑事司法衔接工作机制"的简称，主要指

---

① 《江苏省政府办公厅关于组织实施海门市行政执法公示制度执法全过程记录制度重大执法决定法制审核制度试点工作的通知》苏政办发〔2017〕80 号）。
② 《江苏两年内将实现三项制度全覆盖》，《法制日报》2019 年 7 月 12 日。

行政执法机关在依法查处行政违法行为过程中，发现违法行为涉嫌犯罪的，依法向公安机关、检察机关等移送案件的一种工作衔接机制。2018年1月，省行政执法与刑事司法衔接工作联席办公室印发了《江苏省行政执法机关移送涉嫌犯罪案件程序规定（试行）》。①《规定（试行）》的出台旨在加强和改进行政执法和刑事司法衔接工作，推动依法行政和公正司法，维护经济社会秩序，切实保障人民群众合法权益。《规定（试行）》从移送的管辖、移送所需的材料、移送的受理、移送后立案以及移送争议的处理等方面进行了规范，并着重对移送过程中证据的种类和移送的相关要求进行了明确。针对行政执法机关不依法移送涉嫌犯罪案件或者以行政处罚代替移送，公安机关不依法接受行政执法机关移送的涉嫌犯罪案件或者逾期不作出立案或者不予立案的决定的情形，《规定（试行）》提出应当按照《行政执法机关移送涉嫌犯罪案件的规定》予以处理。

五　社会矛盾有效化解

（一）行政复议进一步规范

《法治政府建设实施纲要（2015—2020年）》明确指出，要"加强行政复议工作"，"充分发挥行政复议在解决行政争议中的重要作用"。切实提高行政复议工作水平是建设法治政府、促进依法行政的重要手段，是维护群众合法权益、有效化解社会矛盾的重要机制。2018年4月，江苏省政府办公厅印发了《行政复议答复工作基本规范（试行）》。旨在规范行政复议答复行为，提高行政复议办案质量，促进依法行政和法治政府建设。《规范（试行）》对被申请人的答复时间、答复内容、书面答复材料、各类证据的形式要件等提出了明确的要求。《规范（试行）》同时明确，各级行政机关

---

① 《江苏省行政执法机关移送涉嫌犯罪案件程序规定（试行）》（苏两法衔接办〔2018〕1号）。

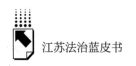

应当将被申请人复议答复工作情况、负责人出席复议听证情况、自觉履行行政复议决定等情况纳入年度依法行政考核范围。

2017年，全省共收到行政复议案件申请13248件，受理11549件。其中，省政府收到行政复议申请888件，受理561件，审结383件，撤销、确认违法、责令履行共31件，直接纠错率为8.1%。2018年，全省共收到行政复议申请12845件，受理11160件。其中，省政府收到行政复议申请767件，受理429件，审结445件，其中撤销、确认违法、责令履行共37件，直接纠错率8.31%。

（二）行政应诉不断加强

继2016年出台《关于加强行政应诉工作的意见》（苏政办发〔2016〕52号）后，2018年4月，省政府办公厅再次对行政应诉工作做出规范，印发了《江苏省行政应诉办法》。《办法》规定，被诉行政机关负责人要带头履行行政应诉职责，积极出庭应诉，切实化解行政争议。不能出庭的，应当委托相应的工作人员出庭。涉及重大公共利益、社会高度关注或者可能引发群体性事件的行政应诉案件，以及人民法院书面建议行政机关负责人出庭的案件，被诉行政机关负责人应当出庭。《办法》同时要求，县级以上地方人民政府要将行政机关负责人及其工作人员出庭应诉、司法建议反馈、支持人民法院受理和审理行政案件、执行人民法院生效裁判以及行政应诉能力建设等情况纳入年度依法行政考核范围。2017年，全省共办理行政应诉案件13044件，比2016年增长10.69%；2018年，全省一审行政应诉案件13642件，比上一年度增长4.14%。案件主要集中在政府信息公开、土地征收、行政不作为等领域。

（三）多元化纠纷解决机制有效发挥

充分运用人民调解这一化解矛盾的重要工具，2017年，全省各类人民调解委员会共排查纠纷56.9万余次，调解矛盾纠纷93.2万余件，成功调解矛盾纠纷92.9万余件；2018年，全省各类人民调解委员会共排查纠纷

140.5万余次，成功调解矛盾纠纷122.1万余件。加强和规范行政调解工作，研究制定《江苏省行政调解办法》，从行政调解的适用情形、行政调解机关和行政调解参加人、行政调解程序、行政调解协议、工作保障和监督等方面进行了规范。在行政调解的适用情形方面，《办法》明确了行政机关对"公民、法人或者其他组织与行政机关之间的行政补偿、行政赔偿纠纷"等3种行政争议可以进行调解，对"已经超出行政复议或者诉讼期限的"等5种行政争议不适用行政调解；在行政调解机关方面，《办法》提出"行政调解机关组织调解时，应当由本机关相关业务机构工作人员主持调解。行政调解一般由1名行政调解员主持调解，重大疑难复杂的争议纠纷可以由2名以上行政调解员组织调解"。在工作保障方面，《办法》要求地方各级人民政府应当完善行政调解与人民调解、司法调解的联动工作机制，同时要加强行政调解队伍建设，保障行政调解所必需的工作条件和经费。

（四）普法教育深入开展

2018年3月，省政府办公厅印发了《江苏省人民政府任命的国家工作人员宪法宣誓实施办法（试行）》。① 《实施办法（试行）》指出，从办法印发之日起，省政府任命四类国家工作人员后，都必须进行宪法宣誓。宣誓人员包括省政府任命的省政府副秘书长，省政府办公厅主任、副主任，省政府组成部门的副职，省政府直属特设机构、直属机构、派出机构、直属事业单位、部门管理机构的正、副职等国家工作人员等四类。《实施办法（试行）》同时还明确，省政府各部门任命的处级国家工作人员，在任命后进行宪法宣誓。举行宣誓仪式时，由各部门主要负责同志或者受其委托的负责同志监誓，宣誓程序等参照本实施办法执行。

2017年8月，省委办公厅、省政府办公厅印发了《江苏省国家机关

---

① 参见《省政府办公厅关于印发江苏省人民政府任命的国家工作人员宪法宣誓实施办法（试行）的通知》（苏政办发〔2018〕23号）。

"谁执法谁普法"普法责任制实施办法》。① 《实施办法》明确了国家机关"谁执法谁普法"工作责任主体包括依法行使行政执法权的行政机关、法律法规授予行政执法权的具有管理公共事务职能的组织、依法受行政机关委托执法的组织以及司法机关。《实施办法》在学法课时、以案释法、督查评估等方面提出了量化标准，要求"领导干部每年集中学法不少于 2 次，科级以上干部每年学法时间不低于 40 学时，以案释法典型案例库每月定期发布"等，特别是创新出台每月普法一览表，建立第三方评估机制，以制度刚性、压力传导推动"谁执法谁普法"落地生根。

---

① 参见《省委办公厅 省政府办公厅关于印发〈江苏省国家机关"谁执法谁普法"普法责任制实施办法〉的通知》（苏办发〔2017〕37 号）。

B.4

2017~2018年江苏法院
工作的进展

摘　要： 两年来，江苏法院紧紧围绕"努力让人民群众在每一个司法
案件中感受到公平正义"的司法改革目标，坚持司法为民、
公正司法，依法服务创新发展，强化民生权益保护，深入推
进司法改革，加强法院队伍建设，各项工作取得新进展。

关键词： 江苏法院　司法体制改革　司法执行　司法法治

　　两年来，江苏全省法院坚持以习近平新时代中国特色社会主义思想为指
导，认真贯彻落实中央、最高人民法院、省委决策部署和省十三届人大一次
会议精神，紧紧围绕"努力让人民群众在每一个司法案件中感受到公平正
义"的目标，坚持司法为民、公正司法工作主线，忠实履行法律职责，各
项工作取得新进展。全省法院连续两年受案超 200 万件。其中，2017 年，
全省法院共受理案件 2037311 件，同比增长 11.89%，其中，新收案件
1689177 件，同比增长 10.53%；审执结案件 1704596 件，同比增长
15.82%；省法院受理案件 19568 件，审执结 14771 件，同比分别增长
6.38% 和 7.01%。2018 年，全省法院共受理案件 2165962 件，其中新收
1832286 件，同比分别上升 6.31% 和 8.47%；审执结 1862204 件，同比上升
9.25%；省法院受案首次突破 2 万件，达 22771 件，审执结 16298 件，同比

分别上升 16.37% 和 10.34% 。在案件数量继续增长、审判工作压力不断加大的情况下，全省法院审判质量效率总体保持良好态势。

一 以党的十九大精神打造忠诚干净、担当过硬的法官队伍

2017～2018 年，江苏法院深入学习宣传贯彻党的十九大精神，坚持以习近平新时代中国特色社会主义思想统揽人民法院工作，确保人民法院工作的正确政治方向。江苏法院进一步增强"四个意识"，严格遵守政治纪律和政治规矩，在政治立场、政治方向、政治原则、政治道路上同以习近平同志为核心的党中央保持高度一致；进一步坚定不移地践行从严治院，扎实推进"两学一做"学习教育常态化制度化。法院领导干部带头讲党课，把讲政治要求落到实处。

（一）突出政治引领，深入推进反腐倡廉和作风建设

江苏法院始终坚持党对法院工作的绝对领导，坚定走中国特色社会主义法治道路。积极开展解放思想大讨论，自觉以新思想定向领航、从新思想中寻策问道。认真落实"两个责任"和中央八项规定精神，积极开展中央巡视组交办问题线索调查和省委巡视反馈意见整改工作。积极主动向省委报告省法院党组工作，认真落实重大事项报告制度。

2017 年，江苏法院认真汲取法院领导干部违纪教训，切实加强法院领导班子建设。制定《关于进一步落实"两个责任"加强法院队伍建设的意见》，不断强化党组管党治党主体责任和纪检监察监督责任。认真落实省委巡视反馈意见整改工作。积极采纳省纪委驻省法院纪检组建议，组成巡察组对省法院机关部门进行全面巡察。深入排查全省法院廉政风险，就排查出的 178 个廉政风险点有针对性地落实防控对策。编印《违法违纪案例选编》，拍摄《不忘初心　警钟长鸣》警示片，教育广大干警筑牢思想防线。2018 年，江苏法院组织开展集中整治形式主义、官僚主义活动，坚决防止"四

风"问题反弹回潮；2018年，江苏全省法院共有81个集体、153名个人受到中央、省有关部门和最高人民法院表彰奖励。

2017年，江苏法院以"零容忍"态度惩治司法腐败，坚决查处各种违纪违法问题，全省法院共立案查处利用司法权违纪违法人员49人；2018年，共查处利用司法权违纪违法人员79人。2017年，江苏法院组织开展常态化司法巡察和审务督察，完成对全省13家中级法院第二轮司法巡察工作；2018年，江苏法院完成司法作风问题专项督察和对全省中级法院第二轮司法巡察、对省法院机关各部门第一轮巡察，开展审务督察55次，针对发现问题严格督促整改。

（二）着力提升司法能力和整体素质

2017年，江苏法院扎实开展以"大调研、大排查、大化解"为主要内容的"大走访"活动，提升群众工作能力，积极帮助群众解决实际困难。举办28期员额法官培训班，分领域、分条线、分批次对全体入额法官进行轮训，在全国率先实现培训全覆盖。组织开展青年法官业务大练兵活动，按照立足岗位、贴近实战、注重实效的要求，全面提升青年法官司法能力。组织开展"审判质效提升月"活动，各地法院通过开展办案竞赛、评选标兵等方式，积极营造多办案、快办案、办好案的良好氛围。充分发挥正面典型引导激励作用，组织开展向"全国优秀法官"王珏同志、刘嗣寰同志学习活动。

2018年，江苏法院继续扎实推动法院干部多岗位交流，积极选派干警到党政机关、法学院校、受援法院挂职锻炼。完善与法院人员分类管理相适应的培训机制，集中培训干警9366人次，视频培训32935人次。最高人民法院批准设立法官国际交流中心江苏基地，搭建起中外法官司法交流合作的工作平台。加强对下监督指导，制定39个规范性文件，发布41个参阅案例。旅客在南京南站穿越铁道被挤压致死案等2件案件被评为2018年度人民法院十大民事行政案件，盐城法院有7个案例被最高人民法院作为相关典型案例发布。培养高层次审判人才，评选全省审判业务专家59人，2名法

官被评为全国审判业务专家，5名法官被评为全国优秀法官。与省委宣传部等6个部门共同组织开展"江苏最美法官"推选活动，充分发挥先进典型示范引领作用。

（三）主动接受监督

江苏法院接受省人大及其常委会的监督，积极配合省人大常委会专题审议全省法院司法公开工作。接受政协民主监督，主动通报工作，听取意见建议。

2018年，江苏法院组织开展代表、委员"看法院"活动，邀请各级人大代表、政协委员等社会各界人士旁听庭审、见证执行25951人次；接受检察机关法律监督，依法审理抗诉案件，审结再审抗诉案件374件；接受社会各界监督，完善特约监督员制度，聘任特约监督员124名；通过主动接受监督，让广大干警习惯在受监督的环境下工作。

除此之外，江苏法院还在国家宪法日组织开展宪法宣誓活动，引导广大干警坚定法治信仰，凝聚价值认同。运用微信、微电影等新媒体形式，推送优秀法院文化作品，弘扬敬业精神，激发工作热情。

二 强化精准攻坚着力推进"基本解决执行难"

（一）举全省法院之力攻坚执行难

一是全面推进执行指挥中心实体化运行。2017年，江苏三级法院全部启用最高人民法院"总对总"查控系统，江苏"点对点"网络查控系统拓展到17个领域，财产查控能力持续提升，全省法院"点对点"查询量达到4548.72万次，成功冻结存款164.74亿元，查询房产信息87.30万条。依托执行指挥中心举报电话和快速反应、远程实时指挥系统，推进集中执行常态化。全省法院开展集中执行6483次，出动警力逾10万人次，实施搜查8496次，拘留16389人次，罚款1133人次，罚款金额3021.51万元。以常态化集中执行为切入点，融合网络、电视、报纸等各类媒体，对执行行动进行不间断"全媒体直播"，仅苏州、盐城两次直播活动就吸引了2700多万人次在线观看，受到国信办关注和肯定，最高人民法院周强院长要求总结经验予以推广。

二是组织打好"三大战役"。坚持问题导向、挂图作战，打好"清理积案歼灭战"，未结执行案件数量同比下降38.03%。明确2018年为"协同执行年"，开展跨省级、跨地区协同执行952次，抱团攻坚执结涉及暴力抗法、强制腾让、异地执行"骨头案"1907件。打好"财产处置攻坚战"，开发大数据智能评估系统，为房产、机动车等资产提供快速询价，司法网拍效率有效提升。上网拍品45040件，网拍成交金额636.59亿元，同比分别上升47.52%和2.99%。打好"终本达标歼灭战"，坚持集中执行常态化，开展集中执行7000余次，搜查11310次，拘留14496人次，罚款2785万元，以拒执罪判处349人，确保无财产可供执行案件终结本次执行程序符合法定标准。

三是坚持综合治理"基本解决执行难"。2018年，江苏省委主要领导莅临省法院执行指挥中心视察指导。省委政法委牵头建立"基本解决执行难"工作联席会议制度和涉党政机关未结执行案件联合巡察督办制度，连续三年组织全省集中统筹执行救助，共使用救助资金1.34亿元，救助困难群众7000余人。省人大常委会组织对全省法院执行工作审议意见落实情况进行满意度测评。进一步拓展"总对总""点对点"网络查控系统功能，提升查控效果，目前可查询3885家银行的存款信息、46个主要城市的不动产登记信息、全国机动车登记信息和证券信息。12家省级单位联合发文，限制失信被执行人参加公共资源交易领域招投标活动。党委领导、政法委协调、人大监督、政府支持、法院主办、部门配合、社会参与的综合治理执行难工作格局已经形成。

2017年，江苏法院新收执行案件537968件，执结540110件，同比分别增长15.26%和28.29%，执行质效整体水平全面提升。2018年，江苏法院共受理执行案件700827件，占全国的近十分之一；执结614202件，同比上

升 13.72%；执行到位金额 1247 亿元。

经过两年的不懈努力，全省法院全部达到"四个 90%，一个 80%"核心指标要求，第三方评估机构经检查验收认为，江苏法院不仅整体达标，而且在制度建设、行为规范、执行公开、执行质效方面成效显著，多项创新举措在全国推广，贡献了"江苏经验"。

（二）深入推进执行体制机制改革

一是扎实开展审判权与执行权相分离体制改革试点，强化对执行实施行为的监督，促进执行规范化。2017 年，江苏全省法院受理执行异议案件11643 件、执行复议案件 1893 件、执行监督案件 3207 件，同比分别增长57.27%、33.40% 和 52.50%；推行执行人员分类管理和法官主导下的法官助理、书记员、司法警察分工协作的团队办案模式，全省法院共组建执行团队 596 个；建立健全律师调查令、执行悬赏保险、"一案一人一账户"执行案款管理等制度。2017 年，无锡中院在全国首创"被执行人履行能力智能分析系统"，探索运用大数据分析被执行人履行能力。

二是创新创优执行模式。2018 年，江苏法院全面推行执行指挥中心实体化运行"854 模式"，推广无锡法院智慧执行系统，进一步提升执行工作的集约化、精细化、规范化、智能化水平；首创"全媒体网络直播"的执行公开形式，南京两级法院"钟山亮剑、共铸诚信"行动在线观看网民超5000 万人次，创全国法院历次网络直播关注人数之最；发布"执行不能"、失信守信、拒执罪等典型案例，促进形成理解、支持、配合执行的良好社会氛围。

（三）着力构建长效机制

一是不断推进社会诚信体系建设。2017 年，江苏省委办公厅、省政府办公厅在全国率先出台《关于建立对失信被执行人联合惩戒机制的实施意见》，参与联合惩戒实施单位达到 55 家，重点实施 68 项联动惩戒措施，涵盖 30 多个重点领域。截至 2017 年底，全省法院共发布失信被执行人信息

106.56 万人次，累计促使 15.37 万被执行人主动履行了义务。

二是全面引入诉讼保全保险机制。2018 年，江苏法院全面引入诉讼保全保险机制，以保全促执行，办理诉讼保全 130476 件，保全到位金额 1325.83 亿元，同比分别上升 89.4% 和 72.45%。

三是完善执行管理机制。2018 年，江苏法院将执行程序中 25 个流程节点嵌入执行案件管理系统，有效防止了消极执行、拖延执行、选择性执行现象的发生。

四是加大执行裁判力度。2018 年，江苏法院审结各类执行审查案件 19512 件，同比上升 17.27%，依法监督、纠正不当执行行为，维护当事人及利害关系人合法权益。

三 持续深入推进司法体制改革

江苏法院始终坚持问题导向和目标导向，深入推进以司法责任制改革为重点的司法体制改革。2017~2018 年，省法院着力组织对全省法院贯彻落实司法责任制改革情况进行全面督察，推进重点改革落到实处。

（一）全面落实司法责任制

2017 年，江苏法院制定了《关于全省法院全面落实司法责任制实施意见（试行）》及 5 个附件，明确各类司法人员权力清单，积极构建权责明晰、权责统一、监督有序、制约有效的审判权力运行新机制。全面推进以法官为中心、以审判业务需求为导向的新型审判团队建设，优化资源配置，提升审判效能。强化院庭长办案职责，明确院庭长办案标准，切实发挥院庭长办案示范和导向作用，全省法院院庭长审理案件 880827 件，占全部受理案件数的 43.23%。健全完善专业法官会议制度，开发类案不同判自动检测系统和案件质效可视化管理平台，加强对审判权的监督制约，规范自由裁量权行使。推进法官助理职务序列改革，共招录法官助理 480 名。稳步推进法院内设机构改革，指导 5 家试点法院对内设机构进行科学设置和合理整合。

2018 年，江苏法院继续深入推进司法责任制改革。一是坚持有序放权与有效监督相统一，制定强化院庭长监督管理职责的实施意见，保障审判权依法规范公正高效运行。二是全省法院院庭长担任承办法官或审判长审理案件 1101244 件，占全省法院审理案件总数的 50.84%。三是在全国率先开展法官惩戒试点工作，制定试点方案，夯实法官办案责任。四是制定对长期未结案件严格监督管理的意见，着力解决少数案件久拖不决问题。五是建立"有进有出"的法官员额动态管理机制，全省法院共遴选增补员额法官 447 人，核准退出员额 395 人。

（二）完善员额法官管理考核机制

2017 年，江苏法院制定了《江苏法院员额法官动态管理暂行办法（试行）》，建立员额法官定期增补和退出机制，保持员额法官队伍活力。全省法院经遴选增补 697 名员额法官。严格执行员额法官岗位调整要求，全省各级法院综合行政部门不再设置员额法官岗位。全省法院共有 253 名员额法官调整至一线办案岗位，261 人退出法官员额。目前，全省法院共有 6625 名员额法官，占全省法院中央政法专项编制总数的 35.68%，均在业务部门从事办案工作。在省委组织部等部门大力支持下，积极推进法官单独职务序列改革，完成首批 58 名高级法官择优选升工作。完善司法绩效考核制度，形成良好激励导向。全省法院员额法官人均结案 257 件，比上年增加20 件。

（三）全面推进案件繁简分流机制改革

2017 年，为有效破解长期困扰全省法院工作的人案矛盾问题，省法院下发实施意见，全面部署案件繁简分流工作。盐城中院率先推进，措施有力。全省已有 106 家基层法院成立专门速裁机构。南京市鼓楼区法院、高淳区法院、泰兴市法院、兴化市法院等基层法院用 30% 的办案力量快速审理占全部案件 70% 的简单案件，案件繁简分流改革效果初步显现。省法院对徐州地区 177 件同类型征地拆迁系列案件，采取合并审理、集中开庭、区别处理方式，有效提升了庭审效率和办理质量。在全省法院推广庭审智能语音转写、简易案件文书智能生成、审判信息自动检索系统，推广使用"法信"平台，运用信息化手段减轻法官事务性负担，让执法办案更加高效。

（四）深入推进司法体制综合配套改革

2018年，江苏法院制定专门实施意见，努力缓解人案矛盾。会同省司法厅开展调解程序前置试点工作，与省侨办建立涉侨纠纷诉调对接和特邀调解员制度，不断提升矛盾纠纷多元化解实效。深化案件繁简分流机制改革，全面推进简案快审、繁案精审，审判质效进一步提升。全省法官人均结案270件，同比增加13件。会同省编办推进省以下人民法院内设机构改革，全省基层法院内设机构改革方案均已获批。首次开展从律师、法学专家中公开选拔法官工作，探索拓宽法官选任渠道。建立实习法官助理制度，加大法官助理招录力度，共招录435人。

（五）深入推进司法公开、司法民主

在推进司法民主上，2017年，江苏法院继续推进人民陪审员制度改革试点工作。指导5家试点法院完善人民陪审员选任制度，推动区分"事实审"与"法律审"规则适用、推广大合议庭审理模式等改革工作。苏州市吴中区在全国率先探索由司法行政机关选任、人大任命、人民法院使用的人民陪审员"选用分离"模式，取得良好效果。

2018年，江苏法院坚持以公开促公正，在全国率先实现案件庭审直播常态化，倒逼法官提升司法能力、规范司法行为。共网络直播庭审402269场，居全国法院第一位，点击观看量超过4亿次，占全国法院庭审直播案件总量的23.05%。在"中国裁判文书网"公开裁判文书1169938篇，同比上升34.17%。依照新制定的人民陪审员法，会同省司法厅开展新一轮人民陪审员选任工作，有效提升人民陪审员来源的广泛性、代表性，全省人民陪审员共参审案件270250件。省法院首次邀请人大代表、政协委员列席审判委

员会讨论司法文件，充分吸纳代表、委员的意见建议，提升司法决策的科学性、民主性。

（六）深入推进信息化与审判工作深度融合

2018年，江苏法院大力加强智慧法院建设，以审判智能化助推执法办案，方便群众诉讼。全省法院案件审限内结案率持续保持在95%以上。以信息化手段规范审判权运行，实现案件审判网上运行、全程留痕。推广应用移动互联"微法院"平台，通过微信小程序为当事人、社会公众提供诉讼风险评估、案件查询、观看庭审等司法服务。无锡中院首创法律文书统一电子送达平台，用手机短信等方式对12.15万件案件实行电子送达，有效破解送达难题，该做法入选全国政法智能化建设智慧法院优秀创新案例。南京市高淳区法院利用信息技术为司法工作减负增效，法官人均结案数同比上升29.74%。

四　不断发挥司法保障民生权益功能

江苏法院始终坚持以人民为中心，切实解决人民群众最关心、最直接、最现实的利益问题，为更好地满足人民美好生活需要提供司法保障；通过司法审判依法保障民生权益，努力满足人民群众多元司法需求。

（一）大力弘扬社会主义核心价值观

江苏法院落实"谁执法谁普法"责任制，积极开展巡回审判和法治宣传，提升公众法治意识。

2018年，江苏法院采纳人大代表建议，联合南京公交集团开通"诚信"公交专线，大力弘扬社会诚信。淮安中院审结全国首例侵犯英烈名誉民事公益诉讼案，坚决维护英烈形象。常州法院举办"法治大讲堂"160场，盐城中院与电视台联办《每周说法》栏目，扬州、泰州等中院积极开展"法律六进""六访六助"活动，启东市法院与市妇联连续25年举办幸福家庭讲习班，向社会传递法治正能量。

（二）不断强化人权司法保障

2017 年，江苏省法院专门成立领导小组，全力指导和推进以审判为中心的刑事诉讼制度改革工作。积极推动证人、鉴定人、侦查人员出庭做证，证人出庭率、当庭宣判率和律师辩护率明显提升。会同省检察院、省公安厅统一经济犯罪定罪量刑适用标准。会同省司法厅开展刑事案件律师辩护全覆盖试点工作。严格落实疑罪从无原则，坚守司法公正底线，切实防范冤假错案，判决宣告包括 15 名自诉案件被告人在内的 23 人无罪。宿迁中院深入开展"三项规程"试点工作，充分发挥庭审在查明事实、认定证据、保护诉权、公正裁判中的决定性作用。

2018 年，江苏法院深入推进以审判为中心的刑事诉讼制度改革，确保无罪的人不受刑事追究。全省法院共启动非法证据排除程序 207 次，证人、鉴定人、侦查人员等出庭做证和说明情况比 2017 年显著增加。依法宣告 11 名公诉案件被告人和 32 名自诉案件被告人无罪。会同省司法厅开展刑事案件律师辩护全覆盖试点工作，为被告人指定辩护律师 12117 人次。严格规范减刑假释案件审理，在全国率先制定涉财产性判项适用指南，审结减刑假释案件 25115 件。

（三）妥善办理涉民生案件

2017 年，江苏法院新收一审民事案件 690723 件，审结 698895 件，同比分别增长 4.73% 和 30.33%。依法维护弱势群体合法权益，审结劳动争议、消费纠纷、医疗纠纷等案件 48378 件。及时回应房地产调控政策，促进房地产市场健康发展，审结房地产纠纷案件 40420 件。依法规范民间融资行为，审结民间借贷案件 164907 件。深入推进家事审判方式和工作机制改革试点工作，审结婚姻家庭案件 119781 件。南通中院审结生父母向养父母索要孩子案，被称为"有温度的判决"，入选 2017 年度人民法院十大民事行政案件。徐州市铜山区法院出具全国首份监护权证明书，赢得各方点赞。畅通当事人申诉、申请再审渠道，共受理各类申诉、申请再审案件 19514 件，审结

15542 件。充分发挥再审依法纠错功能,共审结各类再审案件 2513 件,其中改判、发回重审 948 件。

2018 年,江苏法院依法妥善审理就业、医疗、教育、社会保障等民生案件,新收一审民事案件 731519 件,审结 717507 件,同比分别上升 5.91% 和 2.66%。全面推进家事审判改革,妥善审理婚姻家庭案件,维护妇女、儿童、老年人合法权益。对遭受家暴或面临家暴现实危险的当事人,发出人身安全保护令 317 份。坚持依法裁判和协调化解并重,监督支持行政执法,促进行政争议实质性解决,新收一审行政案件 16404 件,审结 15730 件,同比分别上升 9.18% 和 6.08%。依法审理征收补偿等案件,支持城中村、棚户区改造等重点项目建设,维护被征收人合法权益。

(四)积极回应群众多元司法需求

一是以信息化手段强化司法便民利民。2017 年,江苏省法院推出全国首个移动互联"微法院"平台,司法审判和诉讼服务更加公开公正、高效便捷。加强诉讼服务中心窗口建设,大力推进网上立案和跨域立案工作。利用 12368 短信平台,实现与当事人诉讼权利密切相关的流程节点自动告知。全省法院裁判文书在"中国裁判文书网"上网 871959 篇。大力推进庭审互联网直播工作,全省法院通过"江苏庭审直播网"累计直播庭审数量居全国法院第一位。推广审判辅助事务集约化管理与服务外包,不断提升案件办理效率。"智慧审判苏州模式"得到中央政法委和最高人民法院充分肯定,作为司法改革案例在全国法院推广。

二是回应群众多元司法需求。2018 年,江苏法院持续提升诉讼服务中心建设水平,为人民群众提供各类诉讼服务 87 万余次。完善网上立案登记系统,共网上立案 236575 件,让数据多跑路、群众少跑腿。全面开展"网上数据一体化处理"改革试点工作,实现多部门一网办理道路交通事故损害赔偿案件,快速调解 9553 件,调解成功金额 2.58 亿元。优化人民法庭布局,方便群众诉讼,全省人民法庭审结案件 361452 件。切实保障当事人申诉、申请再审权利,审结申诉、申请再审案件 17437 件,再审改判 853 件。

接待群众来信来访 13271 人次，同比下降 5.13%。主动走访律师协会，依法保障律师执业权利，推进职业共同体建设。

五　坚守司法审判职责依法服务经济社会发展大局

江苏法院始终坚持围绕中心服务大局，自觉增强服务改革发展稳定的责任感、使命感，为高水平全面建成小康社会提供有力司法保障。

（一）服务保障重大战略部署

2018 年，江苏法院制定了服务和保障江苏高质量发展走在前列的实施意见，努力提高司法应对的前瞻性、有效性、针对性。制定加强产权司法保护和为企业家创新创业营造良好法治环境的实施意见，依法平等全面保护各类市场主体合法权益。服务保障开放型经济发展，审结涉外、涉港澳台案件 2656 件，办理司法协助案件 1992 件。会同沪浙皖法院建立司法协助交流工作机制，服务长三角更高质量一体化发展战略。省法院发布服务保障"一带一路"建设十大典型案例，连云港中院牵头全国 21 家沿线法院建立司法协作机制，为"一带一路"建设提供法治护航。妥善审理农村土地纠纷，保障"三权分置"改革顺利进行，促进乡村振兴发展。支持改革强军，全力做好军队全面停止有偿服务司法保障工作，涉军停偿案件全部按期审执结。

（二）依法打击刑事犯罪

2017 年，江苏法院新收一审刑事案件 78897 件，同比增长 4.79%；审结 79197 件，同比增长 4.48%；判处罪犯 96789 人，同比增长 10.30%。严惩严重暴力刑事犯罪，审结故意杀人、绑架、抢劫、强奸、故意伤害等犯罪案件 6761 件。严厉打击涉众型经济犯罪，审结非法集资、金融诈骗等犯罪案件 1035 件。严厉打击毒品犯罪，组织对毒品犯罪分子进行集中宣判活动，审结毒品犯罪案件 5419 件。加强对妇女儿童权益的保护，审结侵犯妇女儿

童权益犯罪案件 1458 件。积极参与平安医院创建活动，依法惩处涉医犯罪行为。严惩职务犯罪，审结贪污贿赂、渎职等犯罪案件 1306 件，其中涉及厅级干部 13 人，处级干部 62 人。积极开展追逃追赃工作，对"天网""猎狐"行动中归案被告人依法审判并追缴赃款。扬州中院审结山西省原副省长任润厚违法所得没收申请案，开创了原省部级职务犯罪嫌疑人死亡后没收腐败所得的先例，该案入选 2017 年度人民法院十大刑事案件。建成减刑假释案件信息化办案平台和远程视频庭审系统，严格规范减刑假释案件审理，审结减刑假释案件 21447 件。

2018 年，江苏法院严厉打击刑事犯罪，新收一审刑事案件 80396 件，审结 78833 件，判处罪犯 96271 人，其中审结故意杀人、抢劫等严重暴力犯罪案件 6275 件、判处 7447 人。参与防范和处置非法金融活动风险攻坚战，稳步推动非法集资犯罪陈案处置工作。会同省检察院、省公安厅出台指导意见，精准打击涉毒、涉黄涉非、涉互联网等犯罪行为；重拳惩治危害食品药品安全犯罪，审结相关案件 1325 件、判处 2235 人，保护人民群众"舌尖上的安全"。坚持和发扬新时代"枫桥经验"，延伸法院功能，积极参与网格化社会治理，形成化解矛盾纠纷的合力。坚持行政审判年度报告制度，积极促进依法行政。发出司法建议 1096 份，推动提升社会治理水平。

除此之外，在依法打击刑事犯罪上，江苏法院还采取了其他行动。一是依法严惩贪污贿赂犯罪。2018 年，全省法院全力配合、对接监察体制改革，对腐败犯罪始终保持高压态势，审结贪污贿赂、渎职等犯罪案件 1123 件、判处 1514 人，其中被告人原为厅局级及以上干部 18 人，县处级干部 56 人。依法审理最高人民法院指定管辖的项俊波、张越、艾文礼重大职务犯罪案件，彰显惩治腐败的坚定决心。坚持受贿行贿一起打，依法惩治行贿犯罪，判处罪犯 163 人。加大反腐败追逃追赃工作力度，积极配合有关部门开展"天网""猎狐"行动。向省委专题报告职务犯罪态势变化，剖析原因，提供决策参考。

二是大力开展扫黑除恶专项斗争。认真贯彻依法严惩方针，坚决维护人民群众生命健康和财产安全。会同省检察院、省公安厅出台办理黑恶势力犯罪案件指导意见，统一裁判尺度，形成工作合力。新收涉黑涉恶犯罪案件228件，审结142件、判处1211人，其中判处五年以上有期徒刑330人。依法审理程某等62人、方某等38人黑恶势力犯罪案件，多地法院组织开展集中宣判活动，人民群众拍手称快。积极运用追缴、罚金、没收财产等手段，铲除黑恶势力经济基础。配合公安机关深挖涉黑涉恶犯罪线索，组织开展民间借贷涉套路贷与虚假诉讼专项整治活动，主动向公安机关移送涉嫌套路贷案件725件。

（三）促进经济转型升级

2017年，江苏法院新收一审商事案件152608件，同比减少4.79%；审结158443件，同比增长26.46%。加强产权司法保护，依法平等保护各类市场主体合法权益。发布江苏法院公司审判白皮书及典型案例，向企业家提示风险、提出建议。制定下发破产案件审理指南，统一执法尺度。积极构建企业破产案件法院与政府联动机制，稳妥处置"僵尸企业"，依法淘汰落后产能，帮助困难企业实现重整，审结破产案件1224件。发挥知识产权司法保护主导作用，进一步激发社会创新创业活力，审结知识产权案件10745件。审结股权、证券、期货、票据、保险等纠纷案件18401件，维护资本市场秩序，防范金融风险。认真办理国际、区际司法协助案件628件，依法服务对外开放。

2018年，江苏法院新收一审商事案件150555件，审结152618件。向省委、省政府提交专门报告，推动建立企业破产处置省级府院协调联动机制，积极处置一批"僵尸企业"，审结破产案件2208件，同比上升80.39%。扬州大洋造船有限公司等49家企业通过破产重整获得新生。制定"执转破"案件简化审理指导意见，有效提高破产效率。苏州市吴江区法院"执转破"工作机制，得到最高人民法院和省委主要领导批示肯定。发布金融借款案件要素式审判指引、保险纠纷案件审判白皮书，对因虚假陈述引发的涉众证券纠纷探索示范判决，推动高效化解金融借款、保险、证券纠纷，依法维护金融秩序，审结相关案件58489件，涉案标的金额1007.83亿元。制定审理建设工程施工合同纠纷指导意见，审结房地产纠纷案件39033件，促进房地产

市场规范有序发展。

在服务保障民营经济发展上，2018年，江苏法院制定了为民营企业提供有力司法服务和保障的意见，着力为民营企业营造公平公正、安全稳定的发展环境。依法公平公正审理、执行涉民营企业刑事、民事、行政案件，平等保护包括民营企业在内的各类市场主体合法权益。加大涉产权冤错案件依法甄别、审理力度，增强民营企业家干事创业信心。依法审理不正当竞争纠纷和垄断纠纷等案件，保障民营企业公平有序参与市场竞争，审结相关案件220件。对存在资金链风险的涉诉民营企业，有针对性地采取司法措施，推动化解金融债务风险，帮助解决企业发展困难。

（四）服务保障创新驱动发展

江苏法院始终树立最严格的知识产权保护理念，发挥司法保护主导作用，对重复侵权、恶意侵权等行为，依法适用惩罚性赔偿，提高侵权代价和违法成本。

2018年，江苏法院新收一审知识产权案件15984件，审结15164件，同比分别上升45.48%和41.13%。发布知识产权司法保护蓝皮书和司法保障科技创新十大典型案例，发挥司法裁判规制引领作用。完善技术事实查明机制，与高校、科研院所协作，推进技术调查官、专家证人、专家辅助人制度建设。南京中院出台服务保障创新名城建设26项措施，着力打造值得当事人信赖的国际知识产权争端解决"优选地"。

（五）服务生态文明建设

2017年，江苏法院新收一审环境资源案件1916件，审结1911件，同比分别增长54.39%和59.12%。依法制裁乱垦滥伐、破坏耕地、污染环境等犯罪行为，判处犯罪分子1121人，同比增长12.10%。省法院首次发布江苏环境资源审判白皮书，全省法院有4件案例入选2017年度最高人民法院发布的环境公益诉讼十大案例。扬州、淮安、宿迁等8家中院制定服务保障地方生态文明建设的实施意见，为省委、省政府"263"专项行动提供有力司法保障。依法审理环境公益诉讼案件，南京中院审结全国首例由省政府作为原告提起的环境民事公益诉讼案，该案入选 2017 年度人民法院十大民事行政案件。苏州中院审结"垃圾跨省倾倒太湖西山案"，央视《新闻联播》两度报道。继续完善环境资源案件集中管辖机制，目前已有 8 家中院、6 家基层法院成立专门的环境资源审判庭。设立连云港灌河流域环境资源巡回法庭，强化灌河流域和沿海海域生态环境保护。

2018 年，江苏法院继续坚决维护生态环境安全，审结环境资源案件7786 件。制定环境污染刑事案件审理指导意见，审结破坏环境资源犯罪案件 1393 件，对 3077 名污染者追究刑事责任。新收环境公益诉讼案件 133件，判处污染者赔偿环境损害修复费用 1.19 亿元。省政府作为原告提起的环境损害赔偿案，判决被告企业赔偿环境修复费用 5400 余万元。镇江中院、淮安中院、宿迁中院分别开展长江流域、洪泽湖、骆马湖非法采砂采矿专项整治行动，徐州中院推动建立淮海经济区环境资源司法区域协作机制。最高人民法院批准在南京设立全国首家环境资源法庭，对全省环境资源案件实行集中管辖，加大生态环境司法保护力度。

（六）深入推动法治建设

2017 年，江苏法院加大司法监督力度，积极促进依法行政，新收一审行政案件 15025 件，审结 14828 件，同比分别增长 10.34% 和 8.12%。深入推进行政案件跨区划集中管辖改革，依法平等保护各方当事人，南京、徐州铁路运输法院行政案件跨区划集中管辖工作，受到最高人民法院周强院长批示肯定。强化司法与行政良性互动，全省各级法院积极发送行政审判白皮书，受到各级党委、政府的充分肯定。审结国家赔偿案件 278 件，促进国家机关依法规范行使职权。落实"谁执法谁普法"制度，利用法院网站、微博、微信等及时发布法院审判信息，积极弘扬社会主义核心价值观，提升公众法治意识。

（七）参与社会治理创新

2017 年，江苏法院加强司法与社会综合治理、网格式管理的衔接协调，推进矛盾纠纷多元化解工作。全面推进金融、保险、证券、期货纠纷领域诉调对接工作，保险纠纷诉调对接网络实现全覆盖，形成江苏特色品牌。与省住建厅建立联动化解机制，共同化解批量性物业纠纷。会同司法厅积极开展律师调解工作。确定 13 家试点法院，开展公证机关参与人民法院司法辅助事务试点工作。在全国率先探索道路交通事故纠纷一体化解决方式，常州市武进区道路交通事故纠纷"网上数据一体化处理平台"运行良好。连云港市赣榆区法院在乡村一线设立审务工作站，借助"乡贤"民间力量化解矛盾纠纷。积极引导当事人理性选择矛盾纠纷处理方式，43 家基层法院新收一审民事案件数量同比下降，其中淮安地区新收案件呈现整体下降态势。依法支持军队和武警部队全面停止有偿服务工作，在全省法院推广镇江中院工作经验。

尽管江苏法院在两年里取得了优异的司法绩效，但还是存在一些不足。这表现在：服务经济社会发展大局的针对性、实效性有待进一步增强；司法改革的整体性、协同性有待进一步加强和改进；少数法院对案件数量持续高位运行应对不力，推进矛盾纠纷多元化解和案件繁简分流机制改革不扎实、不深入，审判质量效率有待进一步提升；法院工作发展不平衡、司法能力不充分，与人民群众日益增长的司法需求相比仍有较大差距，有的案件存在法律适用不统一、类案不同判等问题；破解执行难长效机制有待进一步健全完善；少数法院党风廉政建设主体责任和监督责任需要进一步夯实，一些法官的能力、素质、作风与司法责任制改革要求还有差距，仍有一些干警甚至领导干部出现违纪违法问题，队伍从严管理有待进一步加强；案件数量持续高位运行，法官办案压力仍然较大，超负荷工作成为常态；等等。这些都有待在今后的司法工作中不断解决，进而确保以高质量司法服务高质量发展、以高质量司法满足新时代人民群众多元司法需求、以高质量司法为导向全面深化司法改革、以高质量司法为目标落实全面从严治院，精准发力做好各项工作。

B.5
2017~2018年江苏检察
工作状况报告

江苏省人民检察院法律政策研究室*

摘 要： 2017~2018年，在以习近平同志为核心的党中央集中统一领导下，江苏省检察机关紧紧围绕省委中心任务和最高人民检察院工作部署，全面履行检察职能，聚焦司法办案主业，忠实履行宪法和法律赋予的法律监督职责，完成了司法办案和司法改革等各项重点任务。

关键词： 检察办案 检察监督 检察队伍

2017~2018年，江苏省检察机关共受理审查逮捕、审查起诉犯罪嫌疑人361341人，其中，依法批准逮捕81572人，提起刑事公诉224372人。办理民事行政公益诉讼诉前程序案件24381件，提起民事行政公益诉讼402件。监督纠正侦查活动违法情形4829件次。通过提出刑事抗诉、发出刑事再审检察建议监督刑事诉讼活动754件。通过提出民事抗诉、发出民事再审检察建议监督民事诉讼活动1219件。

一 聚力检察办案，保障江苏经济社会发展大局

保障国家安全、公共安全，维护公共利益、人民利益是检察机关的使命

---

* 执笔人：杨大为，江苏省人民检察院法律政策研究室检察官助理；孙娟，江苏省人民检察院法律政策研究室检察官助理。

与担当。江苏检察机关依法履行批准逮捕、提起刑事公诉、提起民事行政公益诉讼等职能，为经济社会发展保驾护航。

（一）坚决维护国家安全

依法查办危害国家安全犯罪。开展反分裂、反渗透、反颠覆、反邪教斗争和打击网络政治谣言专项行动，起诉危害国家安全、利用邪教组织破坏法律实施案件299件554人。苏州市检察院起诉了马某某、梁某向境外组织提供军事情报的重大间谍案。扬州宝应县检察院批捕了长期在扬州、上海等地从事"血水圣灵"邪教活动的9名涉案人员。耿某某等3人以邪教全能神南京区头目的身份在江苏发展成员传播邪教，扬州开发区检察院依法起诉了这起公安部督办的组织利用邪教组织破坏法律实施案。根据省委部署，积极参与十九大安保维稳工作，拉网式排查涉检信访案件，有效化解了600余件信访积案，确保了十九大期间无进京非法上访。

依法查办贪污贿赂渎职犯罪。两年来，依法审查起诉职务犯罪，提起公诉2570人。2017年，自行立案侦查了职务犯罪1590件2021人，查办职务犯罪力度未减。如期完成了中央和最高检交办的若干项专案侦办任务，侦查了包括河北省委原政法委书记张越、国家发改委经济贸易司原副司长耿书海等2名省部级干部、4名厅局级干部在内的14名职务犯罪嫌疑人。精心受理最高检指定管辖的职务犯罪要案，对保监会原主席项俊波、河北省政协原副主席艾文礼、贵州省原副省长蒲波等受贿案依法提起公诉。完善职务犯罪赃款赃物追索制度，扬州市检察院对立案前因病死亡的山西省原副省长任润厚依法提起没收违法所得程序，法院裁定没收其赃款2200多万元，为以后办理同类案件开创了先例。积极跨境追逃贪官，将涉嫌受贿犯罪滞留津巴布韦的南通市地税局原副局长杨幸福押解回国。坚决落实中央和省委监察体制改革部署，全省检察机关共划转政法专项编制2914个，转隶人员2273人。省监委和省检察院共同出台了办案衔接制度，保障职务犯罪从立案调查到审查起诉的顺利对接。

（二）积极投入扫黑除恶专项斗争

依法精准打击黑恶势力犯罪。2018年，认真贯彻中央部署，在省委政法委直接指导下，全力投入这一专项斗争。针对当前黑恶势力犯罪特点，出台审查软暴力、套路贷等新形式黑恶势力犯罪的证据指引。会同公安机关依法办理了一批人民群众反映强烈的黑恶势力犯罪案件，依法批准逮捕2507人，提起公诉2549人。无锡锡山区检察院办理了通过成立7家套路贷公司诈骗700余万元的黑社会组织犯罪案件，对方某等38人提起公诉。根据最高检张军检察长的要求，准确把握法律界限，构成黑恶势力犯罪的，一个也不放过；不构成的，一个也不凑数。对构成黑恶势力犯罪的，监督立案71人，追加逮捕106人，追加起诉37人。盐城亭湖区检察院在办理董某某等14人涉黑案中，依法增加认定3项罪名，追加起诉2名被告人。对不符合逮捕起诉条件的，依法不认定735件。南通海安市检察院在办理沈某某等人涉嫌敲诈勒索案中，经严格审查后认为不构成犯罪，依法监督对12人作出撤案决定。

严格把关审查保护伞。建立发现、甄别、移送、监督一体化"打伞"机制，深挖细查黑恶势力犯罪背后的保护伞。查办黑恶势力保护伞案件18件24人，目前已起诉13人；向监委、公安机关移送涉嫌保护伞线索31件。徐州市检察院在审查孟某某等人非法采矿、妨害公务案时，依法串并审查19起关联案件，挖出了长期充当保护伞的8名执法司法人员。淮安涟水县检察院在提前介入聂某某涉黑案时，发现办案人员帮助犯罪嫌疑人通风报信，依法将5名司法人员线索移送监委调查后提起公诉。

（三）全力保障公共安全

依法查办危害公民人身权利犯罪。依法起诉21957人。对于舆论高度关注的恶性案件，高效办理，及时回应社会关切。省人民医院抢劫伤医案发生后，省和南京市、鼓楼区检察院三级联动，第一时间派员介入侦查、引导取证，对犯罪嫌疑人赵某某依法快捕快诉。沭阳法官被暴力袭击案、北京律师

被殴打伤害案、南京交警被碾轧殉职案，徐州、扬州、南京检察机关均提前介入案件侦查工作并依法及时起诉被告人。省检察院办理了张某某当街行凶致 2 死 3 伤的重大刑案，南京市检察院起诉了民警处警遭割喉的恶性刑案。

依法查办危害食品药品安全犯罪。依法起诉 5533 人，开展维护舌尖上的安全专项监督行动，保障人民群众健康安全。徐州市检察机关办理了央视"3·15"晚会曝光的"造肉一号"案，对在农牧产品中非法添加人用药品的企业负责人提起公诉。泰州市检察机关从快办理一起生产、销售约 7700 吨工业盐冒充食用盐的特大案件，22 名被告人被提起公诉。无锡梁溪区检察院起诉了被告人徐某某在食品中添加罂粟壳粉非法销售牟利案。

妥善办理涉未成年人案件。坚持教育为主、惩罚为辅，对犯罪情节较轻的，依法不予起诉。淮安市检察院通过附条件不起诉和帮扶教育，促使一名未成年人从昔日"黑客"变身为协助警方破案的网络安全守护者。对犯罪情节恶劣的，依法惩处。无锡惠山区检察院起诉了孙某某带领 4 名未成年人以残暴手段抢劫致人死亡案，法院分别判处有期徒刑 14 年、8 年等较重刑罚。除办理案件外，还积极开展了对涉案未成年人的帮教，依法保护未成年被害人。南京市栖霞区检察院以涉嫌虐待被看护人罪批准逮捕一名虐待幼儿的幼儿园教师。连云港市赣榆区检察院依法办理了一起出卖亲生子女案件，5 名被告人被依法提起公诉。淮安清江浦区检察院在办理于某虐待案时，鉴于受害儿童长期被继母殴打，支持生母提起变更抚养权诉讼。宿迁沭阳县检察院在办案中发现个别未成年人有多年工作经历的不正常情况，顺藤摸瓜查出当地多家娱乐场所非法雇用童工，及时督促执法部门查处 4 家娱乐场所。开展校园法治建设活动，省检察院与教育厅签订新时代校园法治共建意见。

（四）切实保护生态环境

依法查办破坏环境资源犯罪。提起公诉 6567 人。建立由省内沿江 8 个市检察院组成的长江生态环境资源保护检察协作平台，依法合力查办长江非法采砂、污染长江水源犯罪案件。镇江、宿迁市检察机关联合公安机关分别开展了打击长江非法采砂专项行动和打击新沂河、骆马湖非法采砂专项行动，以涉嫌非法采矿犯罪追究数十名犯罪嫌疑人的刑事责任。镇江市金山地区检察院起诉了9名被告人运输出售300吨废树脂粉末污染环境犯罪，法院判决认定废树脂粉末属于危险废物。镇江金山地区检察院以非法采矿罪对齐某等26人盗采长江江砂60余万吨案件提起公诉。苏州市检察机关及时介入侦查长江口倾倒垃圾案，依法起诉倾倒3.6万吨垃圾的9名被告人。南京鼓楼区检察院以污染环境罪对项某某、何某某等人偷排危化品船舶洗舱水500多吨污染长江案提起公诉。

积极开展环境资源公益诉讼。依托公益诉讼助力美丽江苏建设，省委专门出台文件支持检察机关公益诉讼，省人大常委会听取专题报告并开展了专题询问。加大生态环境公益诉讼工作力度，通过诉前检察建议推动行政机关履职和有关单位整改1966件，提起环境公益诉讼185件，江苏检察公益诉讼实践得到最高检的肯定和推介。同时采用聘请公益损害观察员、上线随手拍App举报软件、利用无人机取证、建立鉴定专家库等做法，着力解决案件发现难、鉴定难等难题。苏州市吴江区检察院依法提起全省首例行政公益诉讼，推动当地国土部门整改违法用地。泰州市检察机关提起破坏环境资源系列行政公益诉讼9件，诉讼请求全部获得判决支持。南京市六合区检察院以刑事附带民事公益诉讼起诉了一起医疗废物污染环境案，阻止了8万余吨医疗废物流向市场再利用。昆山市检察院以群众信访为线索积极建议督促行政机关履职，推动了一块被15万吨炉渣堆放污染的农用地复耕变绿。连云港灌南县检察院对山东荣成伟伯渔业公司禁渔期内使用禁用渔具捕捞9100余吨水产品案件提起刑事及附带民事公益诉讼，诉请法院判处被告赔偿1.3亿元环境修复费用或者以增殖放流等方式恢复受损海洋渔业资源，此为近10年来全省最大的海洋偷捕案件。淮安清江浦区检察院对沈某某等14人非法拆解炼制废旧铅蓄电池严重污染环境案件提起刑事附带民事公益诉讼。

（五）依法保护各类产权

依法查办侵害财产犯罪。起诉70238人。依法查办妨害金融秩序犯罪，省检察院加强对全省涉众型高风险金融犯罪案件的指导和督办，全省检察机关共办理集资诈骗、非法吸收公众存款案件1384件。南京市检察机关依法办理了涉案金额高达186亿元、受害人达数万人的"易乾系"非法集资案。南通市崇川区检察院起诉了非法吸收公众存款达25亿元，涉及6个省市的大案。南京市检察院依法审查非法集资规模达1554亿元的"钱宝网"案件，对张某某以集资诈骗罪提起公诉。盐城开发区检察院办理了以军民融合为名，非法发行虚拟货币7亿余元的时某某等8人非法传销案。加强与金融主管部门的协作配合，化解金融犯罪积案418件。依托办案参与金融风险防范，向政府和有关部门报送研判报告、检察建议。苏州工业园区检察院针对犯罪嫌疑人利用基金会非法集资问题，发出风险提示并推动省民政部门对省属基金会开展风险隐患专项排查。常州市武进区检察院起诉了设立玖鑫商品现货市场非法平台从事电子期货交易诈骗大案。苏州、南京两地检察机关办理了公安部和最高检督办的两起特大跨国电信诈骗专案，通过跨国取证、严格审查，分别批准逮捕了原先在西班牙从事电信诈骗的30名犯罪嫌疑人，起诉了原先在柬埔寨实施电信诈骗的60名被告人。

审慎办理涉企犯罪案件。司法办案应当促进而不是阻碍经济发展，检察机关依法规范、理性平和办案本身就是江苏法治化营商环境的组成部分。出台保障民营企业健康发展的意见，坚持对不同企业的平等司法保护，指导各地检察机关在办理涉企犯罪案件时准确把握法律政策界限，追求法律效果和社会效果的统一。依法惩处破坏经济秩序犯罪，扬州市检察院对王某某等走私9000余吨洋垃圾大案，以走私废物罪起诉，法院依法予以重判。依法保障企业合法利益，南通崇川区检察院以诈骗罪对陆某、邱某等人采用虚假网络交易骗取天猫积分套现近700万元案提起公诉，法院依法定罪判决。秉持司法谦抑善意理念，保障企业创新发展。南京雨花台区检察院在办理一起企业员工非法窃取竞争对手数据信息案件中，没有就案办案轻率起诉，在深入了解两个竞争对手已经有战略合并意向与安排，犯罪所侵害的社会关系得以修复的情况下，依法对12名涉案企业管理人员作出不起诉决定。镇江市检察院在办理三家民营企业走私普通货物案中，本着对企业和对法律负责的态度严格审查,依法将侦查机关认定的偷税额从 2800 万元核减为 797 万元,法院采纳了起诉意见和量刑建议。对侵害知识产权案件依法提起公诉 1727 人。泰州医药高新技术产业开发区检察院办理侵犯医药企业知识产权案件 30 件,为中国医药城企业提供法治保障。宿迁市检察院对郭某某等 3 人销售 2 万余部假冒三星手机案提起公诉,入选最高法保护知识产权指导性案例。省检察院针对办案中发现的民营企业遭受海外恶意诉讼问题,及时提出建议,得到吴政隆省长批示肯定,推动省政府出台企业海外知识产权维权援助制度。坚决纠正办案差错,对苏州张家港市检察院在办理一起涉企案件中审查不严、指控证据不足问题,省检察院依法指令该院撤诉。

二 强化检察监督,维护社会公平正义

依照宪法和法律履行对侦查活动、审判活动和执行活动的法律监督职能,加强人权司法保障,努力让人民群众在每一个司法案件中都感受到公平正义。

依法对侦查活动开展监督。对符合立案条件而侦查机关未立案的,监督立案 1168 人。南通市检察院在审查陈卫航等人贩毒案中,依法追加起诉贩卖运输毒品 1900 余克犯罪事实,法院判处 2 名被告人死刑。对不符合立案条件而侦查机关立案的,监督撤案 3085 人。宿迁沭阳县检察院对一起多名全国人大代表关注的高利转贷案,调阅审查时跨 8 年涉及 6 万多条银行交易记录的证据材料,认定不构成犯罪,依法监督撤案。监督立案和监督撤案的案件数量均有大幅上升。对提请逮捕进行严格审查,对 26226 名犯罪证据欠缺或者没有社会危险性的犯罪嫌疑人不批准逮捕。2018 年开展不捕案件专项跟踪监督活动,推动公安机关主动撤销案件 1806 人。对应当提请逮捕未提请的,监督纠正漏捕 1350 人。无锡市梁溪区检察院持续跟踪一起特大抢劫犯罪案件侦查工作,在犯罪嫌疑人谷某某潜逃 8 年归案后依法批准逮捕。依法监督纠正侦查活动违法 4829 件次。省检察院在审查刘某某等人抢劫案件中,发现侦查机关指定居所监视居住存在违法行为,依法发出纠正违法通

知书，并组织对全省 1769 人适用指定居所监视居住情况进行专项检查，纠正违法 85 件。扬州广陵区检察院通过自行补充侦查，将被告人史某某诈骗数额由侦查机关认定的 3 万元追加至 167 万元，法院判处其有期徒刑 12 年 6 个月。检察机关与侦查机关建立了良好的沟通机制，包括公安机关在内的侦查机关对于检察监督给予了理解和支持。

依法对审判活动开展监督。依法履行对刑事审判活动的监督职责，提出刑事抗诉 536 件，提出刑事再审检察建议 218 件。常州市检察院在办理孙某某申诉案中，查明审判人员错误认定其已撤回上诉，使其上诉权益受到影响，遂监督对该案进行再审。泰州兴化市检察院在审查程某某申诉案中，认为申诉人虽构成抢劫罪但并非入户抢劫，原审判决确有错误，依法提出再审检察建议，推动法院将刑期由 11 年改判为 5 年。常州市检察院以适用法律错误为由，依法对被告人周某受贿案的一审无罪判决提起抗诉，二审法院依法改判有罪。徐州市检察院以量刑过轻为由，对一起体育教师猥亵多名女童案的一审判决提出抗诉，二审法院改判被告人有期徒刑 8 年。依法加强对生效民事裁判的法律监督，提出民事抗诉和再审检察建议 1219 件。打假官司是近年妨害司法秩序和侵害他人利益的突出社会现象，对此江苏检察机关以民间借贷、企业破产问题为重点，加大虚假诉讼监督力度。扬州一家医院股东授意他人伪造借贷证据材料向法院起诉，意图非法获得 6000 万元还款，扬州市检察机关以此案系虚假诉讼为由提出再审检察建议，法院再审改判驳回原告诉讼请求，同时检察机关还依法追究了涉案人刑事责任。镇江市检察院在办理钱某某申诉案中，查明审判人员误将当事人合法土地使用权确定为他人所有，历时 6 年持续监督，督促法院撤销了原破产裁定。开展民事执行活动专项监督，依法监督纠正执行不当和违法行为。淮安金湖县检察院在审查苏阳公司民事合同纠纷申诉案中，发现法院误将同名案外人作为执行对象，依法发出检察建议督促法院纠正错误执行。检察机关对审判活动的监督，也得到了法院的配合。同时，支持法院打好"基本解决执行难"攻坚战，对拒不执行法院判决裁定的追究刑事责任 375 人。在涉及损害公共利益和群体利益事件上，以支持起诉的方式帮助当事人提起民事诉讼维护合法权益。盐城、连云港市检察机关通过支持起诉，分别帮助上百名农民工讨回了欠发的工资。泰兴市检察院依法支持起诉一名"事实孤儿"申请宣告母亲失踪案，使其得到了民政局发放的孤儿养育金，并带动解决了当地80多名"事实孤儿"福利问题。

依法对刑事执行活动开展监督。依法监督刑罚执行活动，对判处实刑但未交付执行的依法监督纠正，督促收监罪犯。连云港东海县检察院审查发现涉黑罪犯吕某某判刑后4年未交付执行，依法提出监督纠正意见，督促将其收监。开展羁押必要性审查，对6840名没有继续羁押必要的犯罪嫌疑人提出释放或者变更强制措施的建议。审查减刑、假释、暂予监外执行案件80195件。开展财产刑执行工作专项检察。罪犯钱某某被判处没收财产100万元长达6年未予执行，苏州市吴江区检察院督促法院执行了这一判决。2018年，开展了维护在押人员合法权益专项监督活动，监督纠正不当情形913件，依法保障在押人员人身权财产权。南通、泰州两市检察机关协作配合，督促侦查机关发还扣押的非涉案25枚古钱币，帮助服刑人员追回价值近千万元合法财产。

三 推进司法改革，提升司法办案公信力

根据中央、最高检和江苏省委的部署，在省人大常委会的有力支持下，全面推开了司法责任制改革，扎实开展了检察机关提起公益诉讼制度改革、以审判为中心的刑事诉讼制度改革，试点了刑事案件速裁程序、认罪认罚从宽制度改革和基层检察院内设机构改革。各项司法改革任务已经落地见效，有力助推了司法办案效率提升和质量改善。司法体制改革是中央部署的重大政治任务。按照中央和江苏省委政法委的统一部署和具体指导，截至2018年已经完成包括司法责任制在内的67项改革项目。

（一）办案力量更加集中

检察一线办案力量充实。员额检察官和检察辅助人员是检察机关办案的

主体力量。精心遴选出员额检察官，配备检察官助理、书记员。为进一步加强办案力量，改革中将一些有办案经验的同志从综合部门调回业务部门。动态管理员额。坚持全省员额由省检察院集中管理，实行"一级管理、两级调控"机制，每三年根据案件量动态调整一次。在精准投放员额的基础上，省检察院指导各地按照办案量配置员额，并进行精调、微调，确保配足办案一线的员额力量。经遴选员额检察官，全省实有员额检察官3460人，占政法编制的35.7%。进一步落实《员额检察官退出管理办法》，2018年共有110余名员额检察官因干部调动、岗位调整、个人申请等退出员额，做到员额"有进有出"。由江苏省委政法委牵头，省检察院与省委组织部、省司法厅等部门会签《江苏省检察系统从律师和法学专家中公开选拔检察官实施方案》，面向全省注册律师和省内高校院所法学专家公开选拔检察官。2018年公开选拔了3名员额检察官，充实检察队伍。与省法院、公安厅、司法厅互派12名挂职干部，促进相互交流学习成长。

入额院领导带头办理案件。入额院领导带头办案是履行政治责任、法律责任的必然要求，也是转变司法理念、改变领导方式的客观体现。各级检察机关入额院领导走上办案一线，带头办理重大疑难、敏感复杂案件，直接参与讯问、询问、起草文书、出席庭审等工作。省检察院先后出台《关于检察长（副检察长）直接办理案件的规定》《关于省院入额院领导直接办理案件操作办法（试行）》《关于加强检察机关入额院领导直接办案工作的通知》等5份制度文件，对各级院领导办案数量、办案要求、办案标准进行明确，形成了院领导分案、办理、监管、通报、考核等系统化制度体系。省检察院细化制定了《江苏省检察机关案件清单》，明确了院领导的办案范围，避免了领导办"简单案"、办"挂名案"的现象。

（二）办案效率逐步提高

检察办案审批减少。改变了以往办案三级审批的模式，建立了检察权运行新机制，制定了三级检察院检察官职权清单，最大限度授权检察官独立办案。目前基层检察院检察官独立决定批准逮捕、提起公诉的案件，占案件总量的90%以上，检察官多办案、办好案的主动性与责任心明显增强。

检察办案组织加强。改变了以往办案以科室为主体的模式，建立新的检察办案组织单元。根据办案需求优化办案人力资源，设立独任检察官和检察官办案组两类办案组织，检察官助理和书记员配备在不同的办案组织之中，为检察官办案提供辅助支持。办案组有重案组、轻案组，也有金融犯罪、知识产权犯罪等专业性办案组。在办理大案时，可以集中多个办案组织共同办理。无锡江阴市检察院在办理一起诈骗大案时，由16名检察官、10名检察官助理、10名书记员组成大办案组，完成了对51名犯罪嫌疑人批准逮捕审查工作。开展了全省基层检察院内设机构改革试点，精简了557个内设机构，原来388个1人科、2人科全部消失，淡化了行政色彩，刑事检察部门全部按"捕诉一体"模式运行，实现了机构精简、职能优化和办案协同高效。制定了检察办案职权清单和职责分工，指导各地成立金融证券、知识产权、公益诉讼、职务犯罪、刑事重罪、简易程序等专业化办案组。

检察办案智能化水平提升。加快智慧检务的建设与运用，推动办案质效提升。全面上线运行司法办案智能辅助系统，覆盖批捕、审查起诉、出庭公诉和刑事执行监督等主要检察环节，能够实现卷宗网上传输、自动阅卷审查、同类案例分析研判、诉讼文书自动生成等多种功能。省检察院研发的智能办案辅助系统在全省推广应用，涵盖侦监、公诉、执检、民行、控申5个主要办案业务，实现由计算机自动阅卷，查找问题，辅助检察官办案。该系统获评"2017年度中国创新型'互联网＋政法服务'平台"。"苏检e访通"是刑事申诉信访办案智能辅助系统，群众可以随时随地进入网上信访大厅反映诉求，检察官可以网上接待远程办理申诉案件，实现了让数据多跑路、让群众少跑腿的目的。

（三）办案质量切实保障

完善办案制度保障案件质量。针对检察办案中存在的制度不健全不完善的问题，着力加强制度建设。制定《重大刑事案件讯问合法性核查制度》，严防刑讯逼供。制定《刑事案件证据审查指引》，明确证据审查标准。南京

市检察院借助央视寻亲平台，确定 18 年前命案两名被害人的身份，形成完整证据链条，有力指控犯罪，被告人一审被依法判处死刑。

强化监督管理保障案件质量。依托案管大数据平台进行案件流程监控，每日预警提醒三级检察机关整改司法办案中的各种瑕疵。改进案件绩效考核标准，对检察官司法办案、司法作风、司法技能和职业操守进行全方位考核。建立检察官司法办案智能档案，实现办案数据和考评指标的自动抓取、自动建档，全程留痕、永久可查。进行了员额检察官、检辅人员、司法行政人员三类检察人员分类管理，出台了全省三类检察人员不同岗位工作绩效考核评价制度。建立了检察办案内部监督制约机制，开展案件质量评查。

四 全面从严治检，建设高素质检察队伍

不断深化从严治检，建设过硬检察队伍；切实提升办案规范化水平，树立司法文明新形象。2017～2018 年，全省受到最高检、国家有关部委、省委、省政府等表彰先进集体 145 个、先进个人 105 名。苏州市检察院王勇同志获评央视"年度法治人物"，常州市检察院吴小红同志入选"中国正义人物"。

（一）提升检察队伍政治素养

江苏检察机关坚决拥护以习近平同志为核心的党中央集中统一领导，坚定不移以习近平新时代中国特色社会主义思想引领检察工作。坚持以党组会、中心组学习会等形式，认真组织学习党的十八大、十九大精神，及时传达贯彻落实党中央和省委的重要文件精神。采用多种形式组织和开展了全省检察干部学习贯彻习近平新时代中国特色社会主义思想和党的十九大精神工作，努力入脑入心，成为思想自觉和行动自觉。推进"两学一做"学习教育常态化制度化，努力把对党忠诚落实到做人做事、司法办案各环节。开展了检察工作解放思想大讨论活动，推动检察机关切实转变司法作风。全面推行初任检察官和晋级授衔宪法宣誓制度，教育引导检察人员尊崇法律、忠诚

履职。建立线下教育与线上交流互动的"智慧党建"教育机制，增强党性教育的时代性和感召力。开设由知名专家讲授专题课的"检察大讲堂"活动，促进全省检察干警知党情政情、振检察作风。开展了检察机关重建40周年纪念宣传系列活动，引导全省检察人员不忘初心、砥砺奋进。

（二）深化从严治检

围绕检察权运行和"三重一大"事项，绘制三级检察院各部门职权目录和运行流程图，编写廉政风险防控手册。组织开展专项检查，排查廉政风险点，制定防控措施。开展系统内巡察，推动问题整改。严肃执纪问责，严格查处检察人员违纪违法案件。落实中央八项规定，开展作风建设自查自纠活动。2018年，省检察院会议数下降64.5%，发文数下降29.9%，三公经费下降42.4%。认真落实省委主要领导批示要求，督促包括被审计的检察院在内的三级检察机关自查自纠财务管理问题，并对有关干部予以检纪处分。认真接受最高检系统内巡视，积极整改落实所反馈的问题。

（三）强化司法办案专业素能

实施检察领军人才培育工程，已对首批56名业务骨干进行重点培育。举办检察素能培训班，给予检察人员精准化的专业培训。一批检察办案业务人才正在快速成长。建立院外专家参与办案制度，聘请106名专家学者参与疑难复杂案件办理。推动检察规范化专业化，办案质量有了明显提升。江苏公安机关在侦查环节以正当防卫撤销了"昆山反杀案"，是2018年全国重大法治事件。检察机关提前介入与公安机关共同研究案件定性，当公安机关发布撤案通告后，检察机关及时发声认可支持，并且发布四点分析意见，专业阐释该案构成正当防卫的事实证据和法律依据，展现了江苏警检两家的办案专业能力和精诚合作精神。

（四）主动接受监督

加强与人大代表、政协委员的沟通联系，邀请视察检察工作、观摩司法

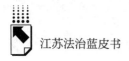

等活动。认真办理代表建议和委员提案。对李军等 11 名代表关于精准维护老年人权益的建议，配合省民政厅等开展"提升养老机构服务质量专项行动"，支持起诉涉老年人权益保障案件 145 件。保障人民群众对司法的知情权，建立全国首家检察门户网站集群，实现全省三级检察院门户网站一键直达信息互通。全面公开检察机关案件办理情况，率先发布全省检务公开年度报告。依法保障律师执业权利，研发专门软件向律师推送刑事案件办理进展信息。与省司法厅会签《关于在刑事诉讼活动中建立检律良性互动机制的意见》，及时办理援助律师提出的各类申请。

专题报告

Special Reports

B.6
生态环境损害赔偿多样化责任承担方式研究

南京市中级人民法院环资庭课题组*

摘　要：　2018年1月1日起生效的《生态环境损害赔偿制度改革方案》中提出，"完善赔偿诉讼机制，根据赔偿义务人主观过错、经营状况等因素试行分期赔付，探索多样化责任承担方式"。生态环境损害赔偿多样化责任承担方式是生态环境损害赔偿制度的重要组成部分，体现推进国家治理体系和治理能力现代化的中国智慧，关乎这一制度能否发挥实践功能、实现制度价值。囿于生态环境损害的多样性、复杂性，如果缺少具体的、多样化的责任承担方式，生态环境损害赔偿制度就是空中楼阁。但是，源于实践

---

　*　课题主持人：冯驰，南京市中级人民法院副院长、二级高级法官。课题组成员：李兵，南京市中级人民法院环资庭庭长、二级高级法官；赖传成，南京市中级人民法院环资庭审判员；徐浩忠，南京市中级人民法院环资庭法官助理。

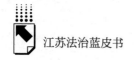

的具体责任承担方式在司法审判适用中面临一些困境，需要不断探索、完善多样化责任承担方式的适用路径。

关键词： 生态环境损害　损害赔偿　多样化责任

一　生态环境损害赔偿多样化责任承担概念界定

（一）生态环境损害的内涵和外延

界定"生态环境损害"对于推动生态环境损害赔偿制度发展意义重大，"它是生态环境损害赔偿制度构建的逻辑起点……是实际生态环境损害构成与否的判断基准"①。《生态环境损害赔偿制度改革方案》（以下简称《方案》）作为政策性文件，其中使用的"生态环境损害"是一个缺乏法律意义的概念，是一种事实和科学概念，进行法学理论研究时，需要对其进行法言法语的翻译。我国现行法律中并未对"生态环境损害"作出统一的规范性界定。《方案》中将"生态环境损害"定义为：因污染环境、破坏生态造成大气、地表水、地下水、土壤、森林等环境要素和植物、动物、微生物等生物要素的不利改变，以及上述要素构成的生态系统功能退化。理论界对于"生态环境损害"的定义也存在分歧，具有代表性的观点认为，"生态环境损害"是指由环境污染或生态破坏导致的环境资源本身的损害，具体包括环境容量的下降、自然资源质与量的减损、生态系统自我恢复与自我循环功能的退化等。其实质是公共环境利益的损害，有别于传统的人身、财产损害，具有模糊性、公共性和综合性。生态环境损害赔偿以环境利益的可救济性为理论基础，是造成生态环境损害的责任人所承担的具有公法性质的民事责任，其以生态利益优先为价值取向进行损害的填补或恢复。综上，生态环

---

① 南景毓：《生态环境损害：从科学概念到法律概念》，《河北法学》2018 年第 11 期。

境损害应包括如下几点。

1. 生态环境损害是公益损害

从技术层面理解，环境损害包括：（1）私益损害，侵害公民、法人或者其他组织的人身和财产权益；（2）公益损害，生态环境本身的损害，涉及不特定的社会公众和国家利益。在《方案》的语境下，我国生态损害赔偿责任制度将生态环境损害的研究范围限定在对生态环境造成的不利改变以及生态服务系统的退化上，这表明生态环境损害专指属于生态环境本身的损害，是环境损害的子概念，不包括人身、财产损害。

2. 认定生态环境损害，违法性是其先决条件

根据侵权责任法，公民拥有环境权利，即便是合法的污染排放，公民、法人和其他组织并无忍受以破坏环境为代价来发展经济的义务，所以应适用无过错责任。对于生态环境损害，其客体是国家和社会利益，其所侵害的"生态环境"是公共产品，社会需要对合法的污染排放行为承担一定的容忍义务，所以应适用过错责任原则。

3. "损害"的具体认定标准

"生态损害是指人为的活动已经造成或者可能造成人类生存和发展所必须依赖的生态（或环境）发生物理、化学、生物性能的重大退化"，[1] 因此，生态环境损害不仅包括可视的物理损害，还包括隐性的化学和生物功能的退化。"损害"是否存在及其大小主要从两个方面来看：一是主体利益的组成是否发生了不利变化；二是主体的利益总量上是否存在减损。"如果对环境的不利改变微小，或者损害无法以现有的科技认知水平进行评估，则不能认定为损害。"[2]

（二）对赔偿和多样化责任承担方式的理解

1. 对"赔偿"的理解

在侵权责任法中，"赔偿损失"作为单独的一项责任承担方式，主要指

---

[1]　竺效：《论环境民事公益诉讼救济的实体利益》，《中国人民大学学报》2016 年第 2 期。
[2]　吕忠梅、窦海阳：《修复生态环境责任的实证解析》，《法学研究》2017 年第 3 期。

货币化赔偿。但是在《方案》语境下，"赔偿"应作广义理解，包括但不限于货币化赔偿。例如，《方案》中关于"总体要求和目标"的描述为："自2018年1月1日起，在全国试行生态环境损害赔偿制度……赔偿到位、修复有效的生态环境损害赔偿制度。"

2. 对"多样化责任承担方式"的理解

《方案》中关于"完善赔偿诉讼规则"的描述为："……根据赔偿义务人主观过错、经营状况等因素试行分期赔付，探索多样化责任承担方式。"据此，在《方案》语境下，对生态环境损害责任人承担的赔偿责任实行"分期赔付"属于"多样化责任承担方式"之一。在传统意义上理解，"分期赔付"是"损害赔偿"这一责任承担方式的"具体履行方式"，《方案》并未对责任承担方式和责任履行方式作具体区分。

综上，在《方案》语境下，生态环境损害赔偿制度框架下损害赔偿多样化责任承担方式按照时间可以划分为两种。第一，具体损害发生前的预防性责任承担方式，如停止侵害、排除妨碍、消除危险。第二，具体损害发生时和发生后的修复性责任方式，具体又可以分为三种：一是恢复原状及其演变方式，如补种复绿、增殖放流、替代修复；二是赔偿损失及其演变方式，如分期赔付、技改抵赔等；三是公开道歉等其他方式。实践中，这些方式之间彼此存在内容交叉，在具体使用中也需要相互配合，共同发挥生态环境保护的作用，正如美国法学家布莱克所说，法律的社会控制一般有刑罚控制、赔偿控制、治疗控制与和解控制。在其他因素不变的前提下，若一种社会控制以不同方式同其他控制方式结合，往往会提高整体的控制成效。①

这里需要说明的是，理论界对把赔偿损失归类为修复性责任存在分歧，笔者认为，赔偿也是为了修复受损生态环境；同样，公开道歉也可视为对受损社会关系的修复，因此，作如上划分。责任类型划分非本文论述重点，仅为写作多样化责任承担方式具体问题之便利，故虽有分歧，在此不作赘述。

---

① 〔美〕布莱克：《法律的运作行为》，唐越等译，中国政法大学出版社，1994，第4页。

二 生态环境损害赔偿多样化责任
承担方式类型化解析

（一）生态环境损害预防性责任承担方式解析

1. 生态环境损害预防性责任承担方式之停止侵害

停止侵害是侵权责任法规定的基本侵权责任承担方式之一。在生态环境损害案例中，当生态环境正在受到侵害，如不停止侵害，生态环境将受到更大损失时适用。生态环境损害具有直接污染环境、破坏生态的特性，这种损害在初期难以体现，往往在损害初具规模后才被发现，且被损害的生态环境通常无法完全恢复。因此，理想状态下，应在有实际损害威胁但未发生实际损害时适用停止侵害，而非损害发生时适用。

2. 生态环境损害预防性责任方式之排除妨碍

排除妨碍旨在促使侵权人消除损害行为对生态环境的威胁。排除妨碍针对的情形主要是已经实施结束的生态损害行为。排除妨碍造成的损害后果主要体现为生态环境损害行为致使生态环境不能发挥正常生态服务功能，影响国家和社会的生态环境权益。对"妨碍"的程度，应当从保护国家和社会利益的角度考虑，当"此种'妨害'无法被一般人所容忍时，我们将其纳入可以采取'排除妨害'的范围，从而给予其法律上的处罚和矫正"。[①] 排除妨碍责任的适用条件：一是妨碍行为或者妨碍状态不具有正当性，即没有合法依据；二是妨碍行为或者妨碍状态已严重妨碍国家和社会的生态环境权益。当然，排除妨碍还应对"妨碍"的程度进行分析判断，在妨碍限于合理限度之内的情形，一般要求被妨碍人负有容忍义务。

---

① 高晶：《论环境民事公益诉讼之民事责任承担方式》，硕士学位论文，河北大学，2017。

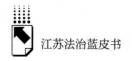

3. 生态环境损害预防性责任方式之消除危险

案例：南京市六合区法院审理的一起医疗废弃物污染环境案中，法院经审理要求责任人通过承担预防性责任的方式，采取有效措施消除危险。在判决作出后，在相关主管部门的见证下，由专门医疗废物处置企业处置完毕，有效地消除了医疗废弃物对环境损害的危险。

消除危险是指侵权人实施的作为或不作为侵权行为威胁或可能威胁到生态环境时，通过请求侵害人采取一定措施来消除此种危险。此处的"危险"可以不是确实存在的，只要有损害扩大的可能性，侵权人就应当承担消除危险的责任。并且，这种"危险"可以仅由一般经验和常识来判断，也可以通过专家鉴定的方式来判断。

（二）生态环境损害修复性责任承担方式解析

修复性责任承担方式是以恢复生态环境服务功能为追求目标，也能够更好地体现刑法的谦抑性原则，"谦抑，是指缩减或压缩。刑法的谦抑性，是指立法者应当力求以最小的支出——少用甚至不用刑罚（而用其他刑罚替代措施），获取最大的社会效益——有效地预防和控制犯罪"。[①]《侵权责任法》第十五条还规定了含上述三种责任承担方式在内的其他责任承担形式，如赔偿损失、恢复原状以及起修复受损社会关系作用的赔礼道歉等修复性责任承担方式，这些方式在生态环境损害赔偿案件中演变成了一些新型的、创新的具体承担方式。"我国生态环境损害赔偿立法所依托的权源应为公法意义上的自然资源国家所有权，在制度构建上应对民事规则予以修正适用。"[②] 这些新型的责任承担方式正是对传统侵权责任承担方式的演变，对于保护生态环境、促进受损生态环境修复具有重要的实践意义。

[①]　陈兴良：《刑法的价值构造》，中国人民大学出版社，2006，第292页。
[②]　张梓太、李晨光：《关于我国生态环境损害赔偿立法的几个问题》，《南京社会科学》2018年第3期。

1. 生态环境损害修复性责任承担方式之恢复原状

恢复原状作为传统侵权责任法规定的责任承担方式之一，在恢复性司法理念下，也是生态环境损害责任承担的首选方式与根本目的。生态环境损害案件中适用恢复原状责任应具备以下条件：一是被损害环境客体具有恢复的客观可能性；二是恢复原状具有经济可行性。法院判令责任人直接履行环境修复义务不仅可以比较彻底地解决环境损害问题，而且可以避开环境修复费用是否合理的难题以及责任人可能产生的异议，并且在实践中只要有"环境损害"存在，环境修复的诉请便可以触发，因此恢复原状的承担方式应当具有优先性，恢复原状这一责任方式在生态环境损害责任承担方式中居于核心地位。"民法上的恢复原状有广义和狭义之分。广义的恢复原状，是指恢复到权利被侵害之前的状态。狭义的恢复原状，是指将被损害财产恢复到被损害之前的状态。"[1] 因此，广义上的恢复原状还应该包括在生态环境损害赔偿实践中的演变形式，如补种复绿、增殖放流、替代修复等。生态环境修复并不是以恢复物理原状为根本遵循，而是结合被破坏地的特殊情况，以生态良性发展的理念，对被破坏的生态环境采取恰当的修复措施。

（1）补种复绿

案例：2017 年 6 月，南京市浦口区人民法院受理检察院指控被告人豆某某犯盗伐林木罪刑事附带民事公益诉讼一案，认定被告人豆某某盗伐林木 7295 株。被告人豆某某对犯罪事实无异议，因其家庭经济困难，无力支付林业主管部门代为栽种和管护相关树木所需的费用 89000 元，民事判决部分遂判决被告人豆某某在指定区域按照南京市浦口区林业局出具的"修复方案"要求栽植高秆女贞 2960 株，并予以管护，且三年后存活率须达 85% 以上；如达不到上述要求，被告人豆某某须承担相应的修复费用。2017 年 6 月 23 日，主管部门出具情况说明，被告人豆某某积极对被其砍伐林地内的补种幼苗进行植被养护，现被盗伐林地内树木已基本恢复

---

① 崔建远：《关于恢复原状、返还财产的辨析》，《当代法学》2005 年第 1 期。

原貌。

补种复绿作为生态修复的创新方式，是恢复性司法理念和宽严相济刑事政策的创新，这一机制要求实施毁林犯罪的被告人在依法承担刑事责任的同时，种植树木以挽回其造成的生态破坏损失。被告人在履行补种复绿生态修复责任时，可选择亲自补种或缴纳生态补偿资金让他人代为补种，并按照相关部门统一制定的补种复绿生态修复方案，确定补种林木种类、数量，定期进行监管维护，保证苗木成活率，确保生态修复效果。这类判决的意义在于：一方面，通过解释性作业使原本抽象的民法上恢复原状得以具体化，适用于生态破坏或环境污染侵权，弥补了自然资源法民事恢复原状规制的不足；另一方面，打通了民事责任、刑事责任与行政责任在恢复原状上的共同渠道，在不同性质的责任方式下皆可为生态环境修复提供救济。需要注意的是，补种复绿和替代修复也存在交叉部分，当在原址补种复绿有难度时，也可以考虑另行选址进行补种，此外，监管补种复绿行为应该在法律和判决的范围内从宽监管，只要达到盖然性恢复即可。

（2）增殖放流

案例：2015 年 6 月 11 日，连云港市连云区人民法院立案受理连云港市连云区人民检察院提起的诉被告人尹某等犯非法捕捞水产品罪刑事附带民事公益诉讼一案。主管部门建议通过增殖放流的方式进行修复。人民法院附带民事判决部分判令被告人在虾苗繁殖季节选择特定海域以增殖放流"中国对虾苗"1365 万尾的方式修复被其破坏的海洋生态环境。

增殖放流是用人工方法直接向海洋、滩涂、江河、湖泊、水库等天然水域投放或移入渔业生物的卵子、幼体或成体，以恢复或增加种群的数量，改善和优化水域的群落结构。增殖放流具有以下好处：一是补充和恢复生物资源的群体，保障濒危物种和生物多样性；二是改善水体使其作为一个独立的生态系统维持生态平衡，同时也能消化一部分水体污染物净化水质；三是保障流域可持续发展，避免竭泽而渔；四是提高环保意识，实现社会效果。与此同时，增殖放流是一把双刃剑，面临很大的风险，现实操作性不强，在没有经过专业机构估算与评价时可实现性差，并且对于后期的环境恢复评估检测难度大。倘若操作不当，会增加环境风险，加大对生态环境的破坏力度。

（3）替代修复

案例：江苏丹阳组建的"生态环境修复基地"，下辖修复林地约150亩，在环境民事公益诉讼中，发现有些环境损害造成的污染大，且难以修复的，为了保护国家和社会利益，打击环境违法行为，判令在修复基地承担一定的修复任务。再如昆明中院在审理破坏矿产资源案件时，被破坏的矿产资源无法修复，法院建成"环境公益诉讼林"，通过异地补植林木的方式保持生态环境的总量平衡，实现修复环境损害的诉讼目的。

替代性修复在《方案》中得到了认可。《方案》规定："赔偿义务人造成的生态环境损害无法修复的……结合本区域生态环境损害情况开展替代修复。"环境修复不等同于恢复原状，对生态环境进行修复，并不能简单直接适用民法上的恢复原状这一责任形式。这类判决的意义同补种复绿类似，除使原本抽象的民法上恢复原状得以具体化外，还能打通不同部门法在恢复原状上的共同渠道，使不同法律性质的责任方式皆可为生态环境修复提供救济。替代修复是对传统侵权责任承担方式的突破和创新，是一种对违法行为的惩罚和对生态环境的弥补。适用替代修复的应具备以下条件：一是被损害的环境原址修复难度较大或者客观不能；二是原址修复经济成本过高，造成资源浪费；三是无原址修复的迫切需要；四是权利人提出或同意。

2. 生态环境损害修复性责任承担方式之赔偿损失

无论在环境私益诉讼还是公益诉讼中，赔偿损失都是最常见的一种责任承担方式，普遍适用于各类侵权案件中。赔偿损失作为货币化的责任承担方式，使赔偿具有可视性。近年来，在判令被告赔偿损失的司法实践中，除传统意义上的赔付外，分期赔付、技改抵赔等新方式也逐渐被认可和接受。

（1）分期赔付

案例：2016 年，南京中院受理的一起环境污染民事公益诉讼一案中，判令被告环境污染修复费用为 2428.29 万元，并可先在判决生效之日起 60

日内支付一半，剩余款项在 2018 年 12 月 31 日前支付。

在传统意义上理解，"分期赔付"是"损害赔偿"这一责任承担方式的"具体履行方式"。《方案》中关于"完善赔偿诉讼规则"的描述为："……根据赔偿义务人主观过错、经营状况等因素试行分期赔付，探索多样化责任承担方式。"在《方案》语境下，对生态环境损害责任人承担的赔偿责任实行"分期赔付"属于"多样化责任承担方式"之一。在《方案》的制定过程中充分考虑了生态环境损害赔偿与经济发展相协调，特别是企业的承受能力问题。分期付款作为传统侵权责任法规定的责任承担方式之外的一种创新性责任承担方式，主要适用生态环境损害赔偿数额非常巨大的案件。在实践中，我们认为可以采用分期付款方式的原因主要有：第一，客观上企业受困于现有的技术条件，排污设备往往存在落后问题，如果要求企业一次性付清赔偿费用，将不利于企业进行环保设施改造；第二，由于这类案件往往损害赔偿的数额特别巨大，不采用分期赔付的方式可能导致企业资金运转出现严重问题，甚至导致企业破产，从而影响整个工业园区的发展和地区的经济发展。因此采用分期赔付方式既可以使受损害的生态环境和自然资源得到赔偿和修复，又可以督促企业转型升级，强化与完善企业的生态环境保护措施。但是，对于长期污染、屡教不改，对区域产业链并不具有决定性影响的污染企业，则不宜适用分期赔付。

（2）技改抵赔

案例：2014 年 11 月 20 日，江苏省高级人民法院受理常隆公司等 6 家公司与泰州市环保联合会环境污染侵权赔偿纠纷二审案件。经审理，最终判决被告 6 家公司应承担环境修复费用合计人民币约 1.6 亿元，以及承担鉴定评估费用人民币 10 万元。如果当事人提出申请，且能够在本判决生效之日起 30 日内提供有效担保的，上述款项的 40% 可以延期至本判决生效之日起 1 年内支付。判决生效之日起 1 年内，如果 6 家涉事公司能够通过技术改造，对副产酸进行循环利用，明显降低环境风险，且 1 年内没有因环境违法行为受到处罚，其已支付的技术改造费用可以向泰州市中院申请在延期支付的 40% 额度内抵扣。

关于技改抵赔归类为修复性责任类型，在理论界存在一定的争议。该案首次使用"技改抵赔"这一新型责任承担方式。所谓"技改抵赔"是指企业在符合污染物排放符合法定要求的基础上，通过技术改造，进一步减少污染物排放的，其技改费用折抵所需承担的赔款。技改抵赔的合理性在于，当环境修复的成本巨大，判决责任人足额赔偿环境修复费用，具有将其"一棒子打死"的可能效应。在责任人环境修复能力不足等情况下，支持责任人以适当技改措施抵补其对环境造成的损害，较一味地要求其恢复或赔偿更具有实效性。如技改费用折抵赔偿费用方式中，企业原排放标准为80，如果通过技改达到排放标准为40，则相应地减少了污染物对环境的损害，客观上达到修复环境的目的，最终的受益方将是社会和国家。

3. 生态环境损害修复性责任承担方式之公开道歉

正如习近平总书记所说："良好的生态环境是最公平的公共产品，最普惠的民生福祉。"因生态环境损害赔偿案件中侵害的是国家公益、社会公共利益，道歉所指向的对象即为不确定的社会公众，故作为生态环境损害赔偿诉讼责任方式的道歉必须强调其公开性，在道歉的方式、方法以及范围上都须达到一定的程度，从而保证该道歉能够为相当范围内的公众所知晓。"赔礼道歉的内容应该明确包括五项要素，即承认损害事实的发生；向受害人表示自己的行为构成违法；表示承担损害赔偿的责任；对于给受害人造成的损害表示悔恨，对于自己的违法行为表示后悔；向受害人保证将来不再做出类似行为。"[1] 公开道歉一方面具有惩罚与教育功能，另一方面，也起到宣示法律权威、安抚社会作用。在实务中，越来越多的生态环境损害赔偿诉讼判决中也倾向于支持原告公开道歉的诉讼请求。但是需要注意的是，在极特殊情况下，对于涉及国家秘密的此类案件不宜采用公开道歉的责任承担方式。

---

① 王立峰：《民事赔礼道歉的哲学分析》，《判解研究》2005 年第 2 期。

三 生态环境损害赔偿多样化责任
承担方式的适用困境

（一）生态环境损害预防性责任承担方式适用困境

1. 停止侵害至因果关系难以认定且缺乏具体适用标准

一是停止侵害至因果关系难以认定。生态环境损害案件具有专业性、技术性和复杂性等特征，生态环境损害因果关系的认定具有很强的时效要求，适用停止侵害容易导致直接证据的灭失或无法及时取证，即使在证据得到保全的情况下，也存在查找致害污染源等方面的困难。司法实践中，由于法官的环境法专业知识较为欠缺，对环境保护案件中的事实认定和因果关系判定主要依赖于鉴定结论，对于环境污染受害者来说，搜集证据几乎不可能完成。特别是大气污染的案件，污染物随着空气流动而消失，对农作物损害的因果关系难以认定。而专家的鉴定评估意见的适用尚需经过庭审质证后才能作为证据使用。

二是停止侵害法律适用缺乏具体标准，经济发展与生态环境保护难以平衡。生态环境损害适用停止侵害缺乏相应的具体适用标准，实践中往往依据一般常识经验判断。企业的生产难免会有污染排放，而一旦停止侵害则会要求责任人全面停止生产经营活动，必然影响经济发展。例如，对于化工园区的污水处理企业而言，一旦该类企业因生态环境损害被责令停止经营，则会造成整个园区污水无法处理，对其他企业造成连锁影响。

2. 排除妨碍适用的必要性和适当性难以把握

对于生态环境损害而言，"危害行为作出后，其危害结果并不一定立即发生并完全显现，往往是随着时间的推移才逐步暴露出来"，① 在生态环境损害责任人的妨碍行为或者妨碍状态已严重妨碍权利人无法行使或者不能正

---

① 李浩：《环境刑事司法的恢复性司法研究》，《河海大学学报》2007 年第 2 期。

常享有生态环境权益时，责任人应承担排除妨碍义务。但妨碍行为是否达到了使权利人的生态环境权益不能正常行使的程度，必须有足够的证据证明。特别是当妨碍行为或者妨碍状态客观上影响了权利人权利的行使，但这种妨碍行为又是维护社会公共利益所必不可少的情形时，如何判断妨碍行为或者状态是否超过了容忍限度，即排除妨碍必要性与适当性是适用排除妨碍必须考虑的问题。

3. 消除危险适用难度较大

消除生态环境损害的危险状态往往成本高、耗时长，消除危险的前提是侵权人有能力或者有足够的经费消除危险。审判实践中，部分生态环境损害的责任人本身经济条件差，并无从事危险废物的生产加工的资质，生产出来的危险副产品或直接排放或通过暗管、渗漏方式偷排；污染环境的企业亦因为环境污染治理设施运行成本高，或生产设备陈旧，无法通过自身的技术改造达到合规排放，遂有意无意地指示、暗示或默许工人违法排放或通过暗管、渗漏方式排放。污染环境行为被查处后，除非侵权行为人或者侵权企业有足够的资金支付消除危险的费用，否则，消除危险就是空谈。

（二）生态环境损害修复性责任承担方式适用困境

1. 恢复原状适用范围有限

相较于传统的侵权损害案件中，受损财产范围明确、状态稳定，因果关系清晰，恢复原状相对较为容易而言，生态环境损害具有长期性、隐蔽性、复杂性的特点，导致损害无明确的范围，亦没有固定的状态，其原状如何难以判定，恢复环境原状往往不具有实际可行性。实践中，除了涉及补种复绿、增殖放流、淤泥清理等的案件，多数案件中直接判令责任人履行环境修复义务是无法实现的。此外，环境修复具有技术复杂性，司法机关囿于专业知识，难以作出适当的修复指令，对于修复效果往往也难以评价，这就降低了判令履行恢复原状义务的适用范围，即便判令恢复原状，也给今后的执行带来困难。

（1）补种复绿

首先，适用补种复绿欠缺法律依据。我国森林法及其实施条例中虽然规定了作为行政处罚手段之一的补种复绿，但是在审判实践中，尚无适用补种复绿的法律依据。其次，适用补种复绿范围有限。一方面，适用对象具有局限性，仅在责任人有劳动能力且愿意主动承担的情况下并提供保证金时适用；另一方面，仅在树木、森林资源破坏领域适用。再次，补种复绿在真正恢复受损害区域包括光合作用在内的生态环境功能方面的作用尚存不确定性。最后，适用补种复绿效果监管难度大。有限的司法资源，难以兼顾数量繁多的此类判决的执行；审判人员专业知识缺乏，使监督程序易流于形式，有损判决的权威性。补种达标与否完全依照监督者的主观判断，这样的做法不仅可能放纵补种者责任打折，还可能导致"同案不同判"的后果。

（2）增殖放流

"增殖放流"一词早已在生物养殖领域广泛使用，但是司法判决引入增殖放流是近几年才有的司法创新。司法实践中，适用增殖放流主要存在以下困境。一是存在潜在生态风险隐患。渔业资源增殖放流作为涉水体资源生态环境损害普遍采用的一种做法，其在提升增殖种类资源量的同时，也会给野生资源种类和增殖水域生态系统健康带来诸多生态风险，存在破坏生物链，对生态环境造成二次损害的可能。二是增殖放流效果难以评估。放流种群生存环境与原有水域生态系统的兼容性、适应性短期内难以显现，除非对水体生态造成质的改变，否则一般无法对其效果进行评估。

（3）替代修复

替代修复作为与原址修复相对应的新的修复方式，其在适用中主要存在以下问题。一是替代修复的合法性存疑，造成实质环境权益不公平。目前，并无法律明文规定，当受损生态环境无法修复或者修复成本过高时，可以采用替代修复。从法理角度分析，学界也存在一些分歧。支持者认为，替代修复追求区域内环境总量平衡，受损生态环境服务的功能不局限于受损原址，而是以受损地为中心的一定区域，通过替代修复使环境总量恢复受损前水平即可。反对者认为，替代修复无法改变受损地点的环境状况，一定区域内无法修复的环境均替代性地在修复基地予以补偿，导致具体环境权益分配不公，这本身就是一种不公。二是替代修复的前期规划选址、后期鉴定都被认为增加了成本和难度。现有的"环境公益诉讼林""生态修复基地"等项目在规划选址上经过多方协调，环境损害采取替代性修复措施是否能达到环境修复的效果，本身也无法量化。三是替代修复效果显现较慢。理论上，由于环境具有开放性、整体性和关联性特征，任何有效的环境修复都应当是一个系统工程，需要较大尺度的空间和较长的周期，局部的、零散的、单一的修复往往徒耗资源、收效甚微。期待一次性修复受损环境只是一个美好的愿望，多数情况下的环境损害需要长时间持续恢复治理方可部分或全部恢复原有生态功能。

2.赔偿损失适用成本高且鉴定难度大

司法实践中，生态环境损害案件中动辄数以亿计的赔偿款项令很多责任人无力承担，法院判决往往沦为一纸空文。环境修复耗资巨大、影响广泛，高昂的环境损害鉴定评估费、难以估量的受损期间服务功能损失费、采用虚拟成本治理法得出的数倍于损失数额的修复费用等往往造成"天价赔偿"，如"泰州天价赔偿案"。然而，即便是"天价赔偿"，对于环境修复而言往往也是杯水车薪，相较于受损环境的实际修复费用而言，远远不够。此外，生态环境系统具有流动性和自我修复功能，受损生态环境会借助一定媒介进行自我净化。有时，因技术标准和计算方法的不同，环境修复费用的认定也不同。因此，在现有科技水平下，无法在错综复杂的因素相互交织的情况下对生态环境损害修复费用得出确定的结论。对于部分企业而言，其存在也创造了社会财富、解决了就业，一定程度上促进了经济和社会发展，虽然破坏生态环境必然承担法律责任，但支付高昂的环境修复费，往往使该类企业直接濒临破产，也不利于经济稳定。

（1）分期赔付

分期赔付作为赔偿损失的具体履行方式，虽然在一定程度上减轻了责任人的负担，但其在适用中仍存在一些困境。一是适用条件难以确定。《方案》中规定，"根据赔偿义务人的主观过错、经营状况等因素试行分期赔付"。实践中，赔偿义务人的主观过错难以认定，作为审判专业人员，对企业经营状况好坏难以判断，适用条件难以判断，导致审判人员适用分期赔付存在一定的随意性。二是影响生态环境修复的时效性。大多数生态环境损害修复工程都具有体量大、牵涉面广和资金需求巨大的基本特征，高效的资金机制正是生态环境损害赔偿制度平稳运行的核心保障。因分期赔付迟延履行的赔付款项，对于及时修复受损生态环境不利。因此，如何平衡企业价值与生态环境价值是摆在审判人员面前的难题。

（2）技改抵赔

"技改抵赔"一词源于泰州"天价赔偿案"。江苏省高院作为二审法院，在判决中判令被告承担环境修复费用约 1.6 亿元，并判定如果 6 家涉事公司能够通过技术改造，降低环境风险，且 1 年内没有因环境违法行为受到处罚，其已支付的技术改造费用，可以申请在修复费用的 40% 额度内抵扣。其作为一项创新性责任承担方式，受到了舆论的认可。但是其适用过程中存在的问题却不能忽略。一是抵赔比例如何确定。上述案例中确立了 40% 抵赔比例并无明确法律依据。二是对"技改"的认定有不同的见解。有的人认为对于技术改造前排污设备不达标的单位来说，技术改造是其基本义务，不技改就应责令停产，企业技改如果是为了增加企业自身的收益，其本身就是一种必要的投资。三是存在违背司法谦抑的嫌疑。反对者认为，通过技术改造，是否给予奖励以及奖励数额是行政法律法规范畴，这样的判决存在司法僭越行政的嫌疑。此外，上述案例判决中，技术改造的评估和认定等都需要行政机关予以认定，以及 1 年内无环保行政处罚等判项本身也值得商榷。

3. 公开道歉仅有道德效果，法律效果有限

一般认为，公开道歉适用于损害人格权益和具有精神价值的生态环境的情形。一方面，我国现行法律及司法解释均未对公开道歉的适用范围、条件及方式等作出明确规定；另一方面，鉴于我国社会征信体系建设还不完善，

公开道歉作为道德责任，对于一些恶意损害、屡教不改的企业而言其法律惩罚性效果有限。

四　生态环境损害赔偿多样化责任
承担方式适用路径探析

（一）生态环境损害预防性责任承担方式适用路径探析

1. 以区分具体责任类型为模式适用停止侵害

平衡经济发展和生态环境保护之间的关系是适用停止侵害时应重点考虑的。针对实践中判令停止侵害过于抽象、缺乏操作性的问题，人民法院在判决时可以使停止侵害责任具体化，提高操作性。在适用停止侵害责任时，法官应当根据具体生态环境损害案件的诉讼目的、受损生态环境的客观情况确定停止侵害的具体责任内容，同时注意区分完全停止侵害和部分停止侵害。完全停止侵害即全面停止责任人一切生产经营活动；部分停止侵害即针对致害人环境侵权的特点，通过限制企业的作业方式、缩短作业时间、设置除害设备等方式将企业生产活动所引起的环境危害减少到受害人能忍受的限度之内，以达到减少环境损害的目的。同时，将责任人停止侵害的积极性和实际效果纳入对责任人责任承担的考量因素中，也便于人民法院开展执行工作。

此外，对于部分生态环境损害案件停止侵害导致的因果关系难以认定问题，及时的证据保全和科学、公正的鉴定是在现有法律框架下破解停止侵害导致认定因果关系困难的有效措施。对于一些复杂的生态环境损害因果关系机制，具有公信力的、高水平的鉴定机构及时受委托采取样本将会为庭审中的责任认定提供坚实的科学基础。

2. 以容忍义务的现实发展性为视角适用排除妨碍

生态环境保护面临的一个潜在挑战是，污染排放是其生产经营的必然结果，合法的或者不合法的污染物排放行为必然对生态环境造成损害。社会牺

牲一定程度的短期环境利益来换取社会经济利益是包括改善环境在内的社会发展的必然结果。这就要求社会承担一定的生态环境损害容忍义务。但是，随着经济社会的不断发展、物质生活的极大改善，社会对损害生态环境的容忍度逐渐降低。因此，适用排除妨碍的必要性和适当性并非一成不变，应以发展性为视角适用排除妨碍。此外，容忍限度和容忍义务在同一时期不同区域、不同条件下也不尽相同。人民法院在适用排除妨碍时应将行政管理需要、责任人行为的特性、社会背景加以综合考虑，确定适用完全排除妨碍的必要性和适当性。

3. 以利益平衡为原则适用消除危险

生态环境保护应注重防患于未然才能真正实现生态环境保护的目的。相应地，在生态环境损害赔偿诉讼中，判断危险是否达到必须消除的程度，应以利益平衡为原则进行综合考量。所谓利益平衡原则是指当两项及以上并列的合理利益诉求产生冲突时，通过法律的权威协调各方冲突因素，使相关利益在共存和相容的基础上达到合理的优化状态。在生态环境损害赔偿领域表现为持续增长的经济社会发展和科学进步的利益需求与持续增长的生态环境保护之间冲突利益的平衡。与此同时，消除危险以保护生态环境应以追求标本兼治、源头防范为目标。

（二）生态环境损害修复性责任承担方式适用路径探析

1. 遵循恢复性司法理念，优先适用恢复原状责任

生态环境损害赔偿制度设计的美好愿景是恢复受损环境原貌，使受损环境恢复到受损之前的原状或者等同受损之前的生态环境功能，这也是由生态环境损害制度公益性价值取向决定的。因此，只要符合恢复原状的可能性、经济性，即应遵循恢复性司法的目的，在多样化责任承担方式中优先考虑适用恢复原状。具体而言，主要考虑以下四点。一是确定受损生态环境短期内通过自我净化和修复自动恢复原状的可能。二是确定在现有技术条件下能否实现环境修复。有的受损生态环境在现有技术条件下无法恢复，或者强行恢复原状可能造成二次生态环境损害，即应该排除恢复原状的责任承担方式。

典型的如大气污染。三是责任人是否具备修复能力。主要指责任人的主观意愿和态度、客观劳动能力以及自身经济能力。四是遵循环境修复科学规律、依照合理修复方案进行修复,并制定附修复方案的裁判文书,以使修复方案具有权威性和合法性。

(1)尊重自然规律,谨慎适用补种复绿

参照南京市浦口区法院审理的豆某某盗伐林木罪一案附带民事诉讼判项可知,适用补种复绿责任方式需要加以辅助性规定以保证补种复绿的时效性。一是林木种类的选择,原则上应根据当地自然地理环境以及自然规律,选择原林木种类栽种;二是保证一定时间跨度内合理的新栽种林木的成活率;三是追缴一定数额的保证金,以便责任人无法履行或者履行不当时追责;四是确定监管和考察机关,加强事中和事后监管,监督管理机关一般由一审人民法院商林业、司法行政、基层管理组织等部门结合当地实际确定;五是采取合理的信息公开方式,保障社会监督。

(2)加强科学指导,避免盲目增殖放流

对于增殖放流这一责任承担方式而言,主要是确保行为的科学性。一方面是增殖放流时间和区域的科学性,应选择在禁渔期位于特定受损水体范围内放殖;另一方面是幼苗选择的科学性,避免盲目放殖幼苗,破坏水体生态既有生物链,对水体生态造成二次伤害。

(3)兼顾实质公平,灵活适用替代修复

替代修复主要是采取灵活的补偿性措施修复受损生态环境。一是严格适用替代修复的情形。当且仅当责任人无法修复受损生态环境,欠缺支付生态环境修复经济能力时承担替代修复责任。二是设置科学合理的生态环境修复基地,避免造成实质环境权益的不公平。三是坚持灵活性原则。替代内容可以在同地区异地点,也可以是同质量异数量、同功能异种类等情形。

2.遵循公平适当原则,谨慎适用损害赔偿责任

"有损害就有赔偿",作为货币化的赔付责任,损害赔偿是司法实践中使用率最高的责任承担方式,其便利性在于一切损害都整齐划一地用货币单位衡量。实践中,适用损害赔偿应重点考虑赔偿的公平公正性。具体而言,

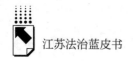

一是排除适用恢复原状的客观情形，这也是适用损害赔偿的先决条件。二是统一鉴定和赔偿标准。实践中，所参照的标准既有应缴排污费倍数，也有违法所得以及虚拟成本。标准的不同带来责任大小的不同，容易造成"重案轻判""轻案重判"等损害司法权威的情形。三是需要兼顾个案正义与整体社会正义。损害结果发生的原因错综复杂，有的可能是数个损害源头共同作用的后果。生态环境损害作为社会问题，有其深层次的根源，生态环境损害赔偿制度的首要目的是实现社会整体公正而不仅仅是个案正义。四是注重社会效果。生态环境修复往往是"天价"，对部分责任人而言，高额赔偿费用可能会使企业遇到困境，进而影响就业、经济社会稳定等。

（1）兼顾法律效果与社会效果，区分适用分期赔付

分期赔付作为《方案》明确提出的多样化责任方式之一，是兼顾法律效果与社会效果的制度创新。适用分期赔付需要考量以下因素。一是责任人主观故意。主观故意作为一个抽象的概念，需要审判人员自由心证，参考因素包括但不限于：过往一定时间内责任人的行政处罚种类与数量、责任人实际责任承担能力、责任人过往社会责任承担、认罪认罚的积极性、责任人之于一定区域内产业链价值、产业本身社会价值等。二是明确分期期限和基数，此举旨在便利执行工作，避免货币化赔偿久拖不缴。三是应设定包括提前收缴在内的违约责任情形，提高违法成本，震慑不依法履行判决的行为。

（2）以实效性为目标，严格适用技改抵赔

适用技改抵赔应符合以下条件。一是原告或被告之一提出，并且双方达成一致意见。设置该条件是为了避免司法权僭越的嫌疑，同时，也避免造成资源浪费。例如，在中华环保联合会诉德州某企业案中，法院并未支持原告要求被告在原厂址增设大气污染防治设施的诉讼请求，理由是在审理期间被告已经停止使用原厂，正在另选新厂址。二是抵扣赔偿款应严格控制在总赔偿款的一定比例内，这是因为技术改造具有不可量化性，设定相应比例以避免"以抵代赔"，也杜绝其他潜在违法者的侥幸心理。三是应由相关科研机构、专家学者和环境实务部门科学论证技改方案的可行性及操作规范。四是由具有验收能力的机关进行实地勘察，作出验收合格或不合格的决定，保障

技术改造的实效性。

此外，需要特别说明的是注意对技术改造的区别认定。技术改造是对技术的升级，不能同单纯的扩大企业生产规模、提高产能的技术投资相混淆。例如，企业原排放标准为80，排放量为100万吨/天，如果通过技改达到排放标准为40，排放量为100万吨/天，则相应地减少了污染物对环境的损害，客观上达到修复环境的目的，可以称之为技改。但如果企业排放标准为40，但排放到环境中的总量为200万吨/天，则未减少污染物对环境的损害，就不能认定为技改。

3. 创新公开道歉形式，提高社会效果

中国人民大学张新宝教授认为："作为民事责任承担主要之一的'赔礼道歉'主要保护的是'人格权'不受非法侵害，具体表现为加害者通过一定的方式向'人格权'遭受非法侵害的受害者进行道歉，获得原谅。"① 公开道歉的裁判适用应具体在具有区域影响力的社会媒体上，同时，不限于传统媒体。公开道歉更应该借助新媒体，实现广而告之的社会效果，以起到对受损社会关系的道德修复作用。

生态环境损害多样化责任承担方式的实践创新做法源于实践，也需要经过司法实践不断完善，并尽快以法律的形式予以确定，以促进我国生态环境损害赔偿制度的最终确定。

---

① 张新宝：《侵权责任法》，中国人民大学出版社，2006，第373页。

B.7
太仓市"政社互动"2.0时期的
理论与实践探索

王晓芸　顾群丰*

摘　要： 太仓市首创的"政社互动"1.0时期，通过厘清基层群众性
自治组织"依法履行职责事项"和"协助政府工作事项"两
份清单，划清"行政权力"与"自治权力"界限，签订"基
层群众性自治组织协助政府管理"协议书，建立"双向评
估"机制，变"领导关系"为"指导关系"，促进了政府依
法行政，深化了基层群众自治。2.0时期在推进"党建引领"
"政府转移职能""政社分开""实行社区自治""多元共治"
"政策创新"等方面取得了实际成效。太仓市在党的十九大
"打造共建共治共享社会治理格局"精神指引下，将进一步
推进"政社互动"取得更大成效。

关键词： 太仓市　政社互动　1.0时期　2.0时期

　　2008年以来，太仓市以贯彻落实党的十七大报告和《国务院关于加强
市县政府依法行政的决定》为契机，积极开展"政社互动"探索实践。历
时10年，"政社互动"已成为太仓创新社会治理的原创品牌。该项实践受
到了中央、国家部委等领导的批示，得到了国家主流媒体的关注，得到了有

---

　　* 王晓芸，太仓市教育局局长，时任太仓市民政局局长；顾群丰，太仓市民政局基政科科长。

关高校专家、学者的肯定,被誉为"我国行政审批制度改革后行政改革的第二次革命",被遴选为2015年度社区治理十大创新成果之首。纵观其发展历程,我们可以看到以下客观事实和内在逻辑。从2008年至2013年,"政社互动"应社会管理创新的要求,主要围绕"实现政府行政管理与基层群众自治有效衔接和良性互动",重点是理顺基层政府与群众性自治组织两类主体之间的关系,我们称之为"政社互动"的1.0时期。2013年,党的十八届三中全会审议通过的《中共中央关于全面深化改革若干重大问题的决定》首次提出了"社会治理"的概念。受"社会治理"内在逻辑和价值理念的影响,从2014年开始,"政社互动"主要围绕"实现政府治理和社会自我调节、居民自治良性互动",重点是理顺基层政府与社会多元治理主体之间的关系,大力实施"三社联动"计划,着力推进社会多元参与,我们称之为"政社互动"的2.0时期。本文试图通过对"政社互动"1.0时期的主要做法和成效进行分析,对2.0时期拟解决的问题、发展的目标和实践做法进行重点研究,以期进一步深化"政社互动",推进社会治理。

一 "政社互动"1.0时期的做法与成效

"政社互动"1.0时期的主要做法是厘清"两份清单"、签订"一份协议"和实行"双向评估",即对照相关法律法规,梳理《基层群众性自治组织依法履行职责事项》和《基层群众性自治组织协助政府工作事项》两份清单,划清"行政权力"与"自治权力"的界限,为推进"政社互动"奠定坚实基础。废止村(居)行政责任书,签订《基层群众性自治组织协助政府管理协议书》,明确协助管理的项目和要求,明确政府必须提供的行政指导和财政支持,明确双方的履约评估和违约责任。弱化行政考核,建立基层政府与群众自治组织工作绩效的"双向评估"机制,不断强调考评结果运用,提升政社双方履职履约能力水平。

"政社互动"1.0时期的实践探索取得了明显成效,推动了基层政府依法行政,促进群众性自治组织理念归位、工作归位、权力归位。一是改变了

基层政府的"思维定式"。政府不再把群众性自治组织作为行政的延伸,当成自己的一条"腿",任意发号施令,而是将群众性自治组织看作合作伙伴,变"领导关系"为指导关系。双方相互尊重,平等协商。二是改变了群众性自治组织的"行政依赖"。废除了行政责任书,依法剥离了不属于群众性自治组织的行政负担,强化了群众性自治组织对基层公共事务和公益事业的责任意识和能力。三是促进了政府依法行政。"两份清单"较好地解决了政府职能"越位""错位"问题,促进了政府职能转变。四是深化了基层群众自治。居民群众通过参与履职履约双向评估,推动自我管理、自我教育和自我服务落到实处。

"政社互动"1.0时期的实践探索也遇到了一些困难,存在诸多不足。政府法治意识、群众自治意识和社区参与意识还不强,推动"政社互动"开展的内在动力不足。政府与自治组织的权责关系没有全部理顺,社会组织和居民多元参与治理还没有全部推开,政府与社会力量良性互动、合作共治的格局还没有真正形成。这些都需要在2.0时期认真予以解决。

二 "政社互动"2.0时期的改革重点和发展目标

"政社互动"2.0时期的改革重点是不仅要继续深化"政社互动",更要大力推进"三社联动",形成政府与社会力量良性互动、合作共治格局,从而实现政府善治、社会公治和群众自治,达到互利共赢的目的。

我们认为,"政社互动"2.0时期要解决的主要问题如下。一是行政权力清理问题。政府各个部门要通过梳理行政权力清单,进一步明确职责、理顺关系,同时要统筹理顺政府部门与党群机构的关系。二是社会泛行政化问题。使政府的事务归政府,社会的事务归社会,加快推动社会组织与主管部门理顺关系和去行政化。三是政府职能转移问题。政府要进一步简政放权,最大限度地减少对微观事务的管理,凡是市场机制能够调节的,坚决不设定行政审批;凡是社会组织能够接得住、管得好的事项坚决转移出去。四是公共服务购买问题。加大政府购买公共服务力度,凡属政府的行政保障类服务、管理咨询类服务和民生福利类服务,原则上都要引入竞争机制,通过合同、委托的方式向社会购买。五是社区治理体系问题。构建基层党组织领导、基层政府主导的多方参与、共同治理的城乡社区治理体系。六是群众自治深化问题。探索"议行分设"社区自治权力结构,推行"村(居)站分设"社区事务治理模式,增强社区参与和民主协商能力。七是社会组织活力问题。政府要根据多元的社会需要和承接政府转移职能的要求,认真做好社团、基金会和民办非企业三大类组织的规划引领。要帮助引导社会组织明确职责,规范制度,诚信自律,依法自治。八是社会工作发展问题。培养社会工作人才、培育社会工作机构、开发社会工作岗位、做优社会工作项目,积极探索社会工作职业化、专业化发展之路。

根据现实情况,我们拟定"政社互动"2.0时期的发展目标:要以法治型和服务型政府建设为要求,推动政府依法"善治";要以社区治理体系和治理能力建设为根本,构建多方协作"共治";要以建设和谐有序、绿色文明、创新包容、共建共享的幸福家园为方向,促进居民有序"自治"。

第一,推动政府依法"善治"。重点以法治型和服务型政府建设为要求,推进基层政府依法履职,促进职能部门协同合作,提升政府工作效率,避免出现部门相互牵制掣肘、扯皮推诿的现象。一是要厘清部门职责边界。要梳理部门行政权力清单,进一步理顺部门关系,提高部门职责界定的科学化程度。二是要完善部门合作机制。对确需多个部门管理的事项,要明确牵头部门,分清主办和协办关系及其各自的职责分工、完成任务期限、相互配合程序和责任追究程序,确保协调事项的落实。三是要推进政府部门服务资源整合。政府各条线部门要充分整合面向基层的服务和管理资源,避免出现政出多门、多头管理、抢占资源、效率不高等问题。四是要强化部门之间的信息共享。各职能部门要打破"信息孤岛",利用现代化的技术和手段,强化部门间的信息共享,提高审批、监督、办事和服务效率。

第二,构建多方协作"共治"。重点是以社区治理体系和治理能力建设为根本,积极发挥政府的引导作用,强化制度设计、科学规划、综合施策,建立基层政府与社会组织、自治组织的合作、协商和伙伴关系。一是理顺关

系、界定职责和划分权限。理顺关系就是要求基层政府主动调整自身与自治组织、社会组织之间的关系。将领导与被领导、命令与服从的关系，调整为指导与协助、服务与监督的关系。界定职责就是明确政府职能部门依法必须独立承担的行政管理职责，不得推给自治组织和社会组织。划分权限就是政府要将原来归属于社会的权力还给社会，按照自治组织或社会组织的法定职权，归还内部事务的决策权、财务自主权、日常管理权等自治权以及协办权和监督权。二是转移职能、购买服务和契约化管理。转移职能就是要求政府职能部门在法律框架下，将公民、法人或者其他组织能够自主决定的，市场竞争机制能够有效调节的，行业组织或者中介机构能够自律管理的职能事项，通过一定法律程序，采取授权、委托、承包、采购等方式转移给社会主体承担的行为。购买服务就是要求政府通过公开招标、定向委托、邀标等形式将原本由自身承担的公共服务转交给社会组织、企事业单位履行，以提高公共服务供给的质量和财政资金的使用效率，改善社会治理结构，满足公众的多元化、个性化需求。契约化管理就是依据《合同法》及相关法律法规，政府与社会主体之间签订协议，明确权利义务，实现责任分担，保证协同共治。三是完善协作动力、信息共享和监督评估机制。协作动力机制就是以激励和竞争为导向，采用绩效考核、资金扶持、资质资格管控、能力培养等方式，增强多元主体协作共治动力。信息共享机制意味着多元主体之间需要畅通的信息传递和交流，强化协作关系，巩固和强化信任合作和良性互动。监督评估机制就是政府与多元主体之间实行双向监督评估，促进互动和共治。

第三，促进居民有序"自治"。以建设和谐有序、绿色文明、创新包容、共建共享的幸福家园为方向，推进社区自治权力结构重塑，深度剥离行政事项，增强自治主体能力，促进社区自我教育、自我管理和自我服务。一是完善社区自治权力结构。核心内容是建立"议行分设"的社区自治组织架构，包括社区决策组织、执行组织、议事组织三大块。社区村（居）民大会或代表大会是社区的决策层，即社区最高权力机构，代表着全社区的根本利益，对社区实行民主议事、民主管理、民主监督、民主决策，对本社区重大问题进行研究决定。社区村（居）委会是社区的执行层，即社区办事机构，由社区村（居）民大会或代表大会选举产生，是社区自治的主体组织，按照自治原则管理社区内的公共事务。社区议事协商委员会是社区的议事层，主要由社区内有一定影响、在群众中享有较高威望、热心社区公益事业的辖区内的主要单位领导和知名人士、居民代表组成，由社区居民大会或居民代表大会选举产生，在社区村（居）民大会或代表大会闭会期间行使社区治理的协商、议事职能并进行民主监督。二是建立"村（居）站分设"的社区事务治理模式。"村（居）站分设"就是将社区工作站从村（居）委会中分设出来成为独立主体，承接村（居）委会协助政府的行政性事务和行政服务，实现社区行政性事务和行政服务与社区村（居）委会完全分离。重新划分社区党组织、社区村（居）委会、社区工作站和社区社会组织的职能，将由村（居）委会协助办理的行政事务和行政服务事项划归社区工作站，将社区自治事务划归村（居）委会，将社区便民利民服务和公益服务划归社区社会组织。"村（居）站分设"是基于当前社区行政事务和行政服务的存在具有客观现实性所做的一种制度安排，但这并不意味着基层政府可以无节制地向社区工作站派活，而是要按照依法行政的总体要求，在控制社区行政事务和服务总量的前提下，以专业化力量提高办事效率。对具备条件的社区工作站，鼓励基层政府通过向第三方专业组织购买服务的方式委托运行。三是培育社区自治参与主体。社区自治参与主体指依法享有参与和自主处理社区公共事务的权利，并承担相应义务和责任的个人和群体。居民是最主要的自治主体，可以个人形式参与自治。现阶段努力培育社区居民参与自治的意识和素质，为居民参与自治提供能力支持、渠道途径和制度保障。村（居）委会是参与自治的最重要主体，除了做好居委会"增权""增能"和恢复其自治本色外，还应发挥自治章程、村规民约、居民公约在社区自治中的积极作用，弘扬公序良俗，促进法治、德治、自治有机融合。社区内自组织是参与自治的重要补充，处于居委会和居民之间，起到动员、组织、支持社区居民参与自治的作用。要鼓励居民根据自身利益和需求成立楼道管理、物业自治、公益互助、兴趣爱好等方面的团体和组织，以自主、协商、协作的方式解决涉及公共需求和公共利益的事务。

三 "政社互动"2.0时期的改革实践和探索

2014 年以来，太仓市以"六个推进"为抓手，积极开展"政社互动"改革实践，培育了协商共治主体、完善了协商共治机制、拓展了协商共治空间、营造了协商共治氛围，为构建新型的政社关系进行了有效的探索。

第一，推进"党建引领"，强化领导核心作用。2013 年以来，太仓市先后印发了《关于进一步深化"政社互动"工作的意见》《关于在推进四个全面战略布局中深化提升"政社互动"实践的意见》《关于推进基层法治型党组织建设的意见（试行）》等文件，要求把党建引领贯穿"政社互动"全过程，切实发挥党组织核心作用，各级党组织要始终处于领导地位，为"政社互动"提供组织保障和思想保障。加强社会组织"开放式"党建模式探索。发挥社会组织党委核心作用，打造开放式党建能量场。通过结合社会组织登记管理工作做到"三同步""六导入"，加强党在社会组织中的有效覆盖。开展"公益先锋"主题教育活动、示范点建设和党员"提质工程"，做好社会组织党组织负责人、党建指导员和专（兼）党务工作者的党建工作能力培训，不断提升社会组织党建的红色能量。

第二，推进"职能转移"，扩大政府购买服务。2015 年 4 月，由市编委办（市体改办）牵头启动政府职能转移和购买服务工作，共收到来自市发改委、市经信委、市民政局、市司法局、市残联等 16 家单位梳理上报的103 项拟转移职能事项。2015 年 9 月，太仓市印发了《政府向社会购买服务实施细则（试行）》，制定购买规则，规范购买流程。2015 年 11 月，太仓市印发了《太仓市政府向社会转移职能事项目录》，以发改委、民政局、住建局、卫计委和残联 5 个单位作为试点，共向社会正式转移职能 41 项。为确保政府职能向社会转移规范有序，市编办制定了《太仓市承接政府向社会转移职能事项工作流程》，提出了职能转移"七步法"，即申请承接、职能转移、签订协议、交接事项、履行协议、资金拨付、监督评估。市民政局连续三年发布《具备承接政府购买服务资格社会组织目录》，为政府职能转移和购买服务提供承接主体。2016年,部分镇区开始制定《社会组织资源对接目录》,尝试将镇级职能事项转移给社会组织。2017年,全市财政资金用于购买社会组织服务的资金总额已超过5000万元。

第三,推进"政社分开",促进权责各自归位。在动态梳理"两份清单"的基础上,2016年5月,太仓市对《基层群众自治组织协助政府工作事项》再次进行了细化,由原来的八个大类细分为29项具体协助事项(居委会为24项)。2016年10月,依据相关法律,太仓市对行业协会(商会)与政府的职能边界进行了勘定,梳理出《行业协会(商会)依法履行职责事项》12项,《行业协会(商会)承接服务事项》4项。2017年5月,太仓市按照《关于推进城乡社区治理现代化的实施意见》的要求,探索制定基层法治型党组织建设工作责任清单,村(居)民大会、村(居)民代表大会、村(居)民委员会三级的《社区自治决策事项目录》,社区工作站《社区行政服务(事务)事项目录》,社区社会组织《社区公益服务和便民利民服务事项目录》。

第四,推进"社区自治",提高社区自治水平。2015年2月,太仓市印发了《关于进一步加强城乡社区建设的意见》,对深入推进社区自治提出了更高的要求,重点如下。一是推行村(居)委会换届选举无候选人"一票直选"。由选民按照本社区应选职位和职数,在不确定候选人的情况下,以无记名投票方式直接选举产生村(居)委会主任、副主任和委员。二是推行"5+X"下属委员会工作制度。将村(居)委会工作职责细化和分解到下属委员会,落实下属委员会分工负责社区事务制度。三是推行村(居)委会兼职委员工作制度,鼓励社区"贤达""能人""领袖"或有号召力的居民担任兼职委员,与专职委员一同参与社区重大问题的研究和讨论,带动社区自治。四是推行新型社区工作站服务模式。要求入住300户以上、2000户以下的农民集中居住区和1000户以上的大型商业居住区均应设立新型社区工作站,负责开展新型社区自治。五是推行"民主决策日"制度。规定每年的1月10日、7月10日为全市统一的民主决策日,讨论决定本社区的重大事项。

第五,推进"多元共治",激发基层社会活力。2015年6月,太仓市印发了《推进社区协商民主建设、深化"政社互动"的意见》,并连续三年举办了社区工作者开放式会议技术培训，努力提升社区开展民主协商的实务能力。连续两年组织开展了"爱家园守公约"活动，要求社区工作者组织居民参与社区公约的制定，吸收利益相关方、社会组织、驻区单位等多元主体参加社区服务和管理。推行社区"微治理"项目。通过居民参与、共治共管的方式，重点解决社区乱停车辆、乱扔垃圾、废绿种菜、饲养家禽、私搭乱建、宠物扰民等问题。推行社区"邻里家园"项目，将专业社工引入社区建设，布点并建设10个"社区邻里生活馆"，积极打造社区多元参与的公共空间。推进"智慧社区"建设，积极构建社区"综合受理、一门服务、全科社工"工作机制，并鼓励专业社工机构承接政府在社区的行政性事务。

第六，推进"政策创制"，引导社会力量成长。2015年以来，太仓市出台了《关于加强社会工作人才队伍建设推进社会工作发展的意见》《太仓市加强资金支持促进社会组织和社会工作发展暂行办法》等20多个文件，积极为社会组织和社工人才的发展营造友好环境。目前，全市登记的社会组织数已突破900家，备案社区社会组织数突破1600家，建设各类社会组织孵化器15家、社会工作实训基地10家，资助社会工作专业大学生31人，开发社工岗位130个，培育专业社工机构16家，评选社会工作领军人才1人、重点人才8人。

习近平总书记在党的十九大报告中提出要"打造共建共治共享的社会治理格局"，"加强社区治理体系建设，推动社会治理重心向基层下移，发挥社会组织作用，实现政府治理和社会调节、居民自治良性互动"，其核心要义是要求在推动社区治理的总体框架下深化"政社互动"。太仓市"政社互动"2.0时期的实践探索是基于社会治理视角下合作共治机制的改革创新，符合十九大关于"政社互动"的理论逻辑，具有鲜明的时代特征和强大的生命力。当然，太仓市"政社互动"2.0时期的改革还存在很多不足，改革仍任务道远。我们决心遵循党的十九大精神和习近平总书记关于"打造共建共治共享的社会治理格局"的要求，在上级部门的关心和指导下，在市委、市政府的正确领导下，把"政社互动"2.0时期的改革进一步深化完善，力求取得更大的成效。

B.8
新时代"枫桥经验"指引下的基层社会综治模式创新研究

南京市公安局栖霞分局课题组 [*]

摘 要: 本文从基层社会治理的角度出发,以南京市栖霞区综治工作为研究对象,对栖霞公安分局在新时代"枫桥经验"指引下的"桩钉工程"综治实践进行分析,梳理了化解基层矛盾、推进社会治理方面的主要经验做法,以期为新时代"枫桥经验"的发展进步和公安改革创新实践提供助力。

关键词: "枫桥经验" 基层工作 社会治理

一 "枫桥经验"的价值内涵与栖霞区综治工作背景分析

(一)"枫桥经验"的历史内涵与时代发展

诞生于 1963 年的"枫桥经验",是新中国发展历史上社会治理模式创新的重要里程碑。其"发动和依靠群众、矛盾就地解决"等主要经验,为此后数十年的基层社会治理提供了指引。尤其是贯彻群众路线和积极妥善地化解基层矛盾的工作方向,为新时代的社会治理工作奠定了基础。在十

---

* 执笔人:王政昱,南京市公安局栖霞分局四级警长;朱晓伟,南京市公安局栖霞分局指挥室副主任。

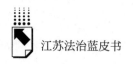

一届三中全会以后，"枫桥经验"进一步发展成为全国社会治安综合治理的典范。

在 2003 年举行的纪念"枫桥经验"40 周年大会上，时任浙江省委书记的习近平同志指出，要牢固树立"发展是硬道理、稳定是硬任务"的政治意识，不断推广和创新"枫桥经验"。在此后的工作中，习近平同志就坚持和发展"枫桥经验"多次作出重要指示，为新时代"枫桥经验"的发展创新注入了强大动力。尤其是近年来，中国特色社会主义进入了新时代。在新的历史条件下，"枫桥经验"有了新的时代发展。我们认为从根本上讲，新时代的"枫桥经验"就贯穿于十九大报告所提出的"打造共建共治共享的社会治理格局"主线之中。

新时代"枫桥经验"继承了传统"枫桥经验"的群众路线，契合新时代以人民为中心的发展思路。以人民为中心就要求坚持人民的主体地位，发动和依靠人民正确处理人民内部矛盾。同时，以人民为中心的思想，贯彻人民共建共治共享的群众观点，成为新时代"枫桥经验"的价值追求。

新时代"枫桥经验"继承传统"枫桥经验"化解矛盾的社会治理功能，发展了现代社会治理理念。尤其是在完善社会治理体制建设，提高社会治理社会化、法治化、智能化、专业化水平，推动社会治理重心向基层下移，实现政府治理和社会调节、居民自治良性互动等多个方面具有重要意义。推动在党的领导下多元主体共同参与的社会治理格局创新，是新时代"枫桥经验"的实践特征。

2018 年 1 月，党的十九大后首次召开的中央政法工作会议提出，要以总结推广新时代"枫桥经验"为契机，提升城乡基层社会治理现代化水平。这为新时代"枫桥经验"赋予了新的使命。长期以来，南京市栖霞区党委和政府在继承传统的基础上，坚持实践和发展新时代"枫桥经验"，不断推进辖区基层社会治理现代化水平的提高。尤其是近年来在栖霞公安分局的积极努力下，以新时代"枫桥经验"为指引的栖霞区综治实践，取得了丰硕的成果。其经验做法为新时代"枫桥经验"的丰富与发展，以及共建共治共享社会治理格局的伟大实践提供了珍贵借鉴。

（二）南京市栖霞区的区位背景分析

栖霞区地处南京东北城郊接合部，面积395平方公里，相当于其他五个主城区的总和，是全市电子、化工、科教、人才密集区，实有人口92.57万人。全市四大保障房片区中的丁家庄保障房和花岗幸福城保障房均在辖区，建筑层高普遍在30层左右，人员完全入住后将净增人口约18万人。

从区域发展阶段上看，目前栖霞区正处在深度城市化的进程之中。在以往的城市化进程中，栖霞区这样的城乡接合部主要是由农耕区域转变为工矿企业区域。在当前的深度城市化进程中，城乡接合部地区则是由城中村、老旧小区、工矿企业的集中区域，转变为负担文化、商业、交通、居住等城市功能的成熟区域，甚至发展为城市中新的区域核心。在这一深度城市化的进程中，我们的社会治理工作出现了许多新的特点。

一是人口流动呈现多样化态势，基层社会组织存在运行障碍。以往城乡接合部居民以当地居民和外来务工人员居多。而随着城市化进程的深入，外来人口赖以工作和生活的工厂、城中村等不断压缩。区域的流动人口甚至开始呈现下降趋势。随着新兴居民区、商业中心的发展，一批社会、经济地位相对优越的居民也陆续入住。而在保障房片区，部分低收入人群也陆续迁入。同时鉴于辖区在医疗、教育等方面的配套保障相对滞后，相当一部分人群出现人户分离的情况。上述人口流动的多样化态势，使基层社会组织在运转的有效性方面受到很大影响。

二是矛盾纠纷呈现群体性、政策性和集中性等特点。随着城市建设开发进程的加快，原来的城乡接合部逐渐成为许多商业楼盘及保障房片区的承接带。涉及征地拆迁、户口迁移、安置房分配、施工建设等诸多问题，必然会触及辖区群众的切身利益。矛盾纠纷从以往个人之间随机发生的"小打小闹"，向由政策等原因产生的群体性事件转变，且矛盾通常在各种政策推进的"紧要关头"集中爆发。这种情况导致的非法上访、扰乱公共秩序等群体性事件，非常容易造成严重的社会影响。

三是治安防控工作出现严重的不均衡性。辖区城中村等地段的拆迁无疑

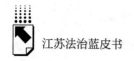

减少了治安防范的热点，但新建区域呈现井喷态势，技防设施与防控力量的构建远未跟上。加之新建区域房屋相对封闭、邻里关系疏远，且人口流动性增大、社会成分复杂、缺乏群众组织基础等，治安防控工作的各种基础出现参差不齐的情况。此外，辖区内还有高等教育资源相对集中的大学城等科教区域，常住境外人员总数逐年增长，受文化、宗教信仰、风俗习惯等因素影响，涉外矛盾纠纷、案件等日益增多，给日常治安管理工作提出新的挑战。辖区化工企业、地下管线也较多，金陵石化、港华燃气等大型石油化工企业集中，西气东输、川气东送等地下管道管线总长约 436 公里，"九小场所"较多，消防等公共安全监管难度较大。

从辖区客观情况来看，辖区的社会治理工作存在严重的不平衡性。矛盾纠纷呈现出新旧矛盾并存、化解渠道有限的情况。加之各种历史遗留原因，辖区的警力配备、基层组织等社会治理力量严重不足。单纯依靠政府和公安机关，根本无法有效适应现代化治理的要求。

（三）"桩钉工程"——新时代"枫桥经验"催生的基层综治工作新模式

自 2015 年起，栖霞公安分局通过全面的调研分析，并结合辖区实际，开始在辖区进行综合治理创新——"桩钉工程"试点。"桩钉工程"是栖霞分局结合辖区不同片区治安特点，通过全民参与、公安主导、专群结合、网格管理、技术支撑等多元模式，全面夯实治安防控、矛盾化解、基层治理等基础工作，推进共建共治共享现代社会治理格局建设的系统工程。"桩钉工程"重在发动社会化力量、借助信息化手段、运用网格化管理，把每一名辖区参与者当作维护平安稳定的防范桩、守望钉。通过群众性、自主性、融合性的工作模式，以及法制化、信息化、社会化的工作方法实现固本强基，全面推进辖区的基层社会治理。

尤其是 2017 年以来，"桩钉工程"逐渐形成一套科学运行体系，在辖区范围内整体推进。从某种意义上讲，在新时代"枫桥经验"的层面上，栖霞区的"桩钉工程"综治实践探索，可以概括为"以人民为中心的多元化基层社会治理模式"创新。

"桩钉工程"推广之后,社会力量参与综合治理的积极性被充分激发调动,科技信息化手段在治安防控、人口管理等基础领域发挥出更大效能,辖区刑事发案持续下降,群众安全感逐年上升,连续 6 年被省政府评为"社会治安安全区"。"桩钉工程"相关经验做法被公安部《公安工作简报》《人民公安报》,江苏省委、省政府《快报》《每日要情》,以及《南京日报》等刊发介绍。

二 南京市栖霞区"桩钉工程"基层 综治模式运行分析

(一)"桩钉工程"综治模式的基层多元化社会治理思路

栖霞区人户分离面广量大、租赁市场泥沙俱下、治安业态交织并存、管理力量严重不足。单一的治理模式无法适应所有治安业态,必须因地制宜、创新应用,才能织细织密社会治理网格。为此,属地公安机关经过前期调研和探索试点,确定了"党政领导、公众参与、分类治理、法治保障"的社会治理工作思路。

(二)"桩钉工程"多元化基层社会治理的具体模式

1. 农村地区的"桩钉工程"运行质态

在农村地区,推出以村民自治为导向的"十户联保"模式。通过充分发动和依靠群众的内生动力,将村务与警务相结合。以十户为一网格,选举老党员、老干部等有较高威信的"五老人员"担任"保长",以乡贤特有的亲缘、人缘和地缘优势,配合公安机关完成矛盾调解、纠纷化解、信息采集、线索提供等工作。通过把最基础的每家每户管好,促进良好"家风、民风"的形成。

为解决农村地区辖区范围广、群防群治基础弱、矛盾纠纷隐患多的问题，由公安机关牵头拟定《十户联防邻里守望承诺书》，承诺书从学法守法、治安防范、环境保护、尊老爱幼、见义勇为等多方面进行了规定，共列出了十条承诺项目，对由意识到行为、由邻里到家人、由遵纪到守法等各方面进行了阐述和规定，激发村民从自我做起，增强"为自己代言"的责任感。组内每户签订，通过承诺的形式，充分发挥村民的主观能动性，增强村民自我管理意识，用承诺让村民先自己给自己定好标准、打好"包票"，运用村规民约，让村民知道什么"该做"，什么"不该做"，进一步规范村民行为，强化法律意识，净化邻里环境。同时，每月组织组长召开工作例会，总结交流互通信息，部署工作，对各小组信息采集、遵纪守法、线索提供、纠纷处置等情况进行积分考核公示排名并给予奖励，进一步提高执行力，激活原动力。实现了"自家事，自己管"，形成了"零上访、零矛盾"、纠纷不出村、矛盾不出组的农村治理格局。

2. 大学城等科教地区的"桩钉工程"运行质态

在大学城等科教地区，推行境外人员网格管理模式。据统计，仙林大学城地区常住境外人员总数占全区的85%以上，栖霞公安分局通过警院协作，建立以高校自管为基础、社区民警为主体、出入境管理部门为指导的三层管理网格。

学校负责掌握底数、基本情况和在校管理，派出所社区民警依法负责留学生日常管理，出入境管理部门每月走访1~3所高校，指导学校和派出所开展留学生管理，及时发现和查处涉外案事件，形成动态管理循环模式。公安机关牵头成立"外租房"协会，将为境外人员提供租房服务的房东、中介纳入网格治理队伍，通过召开例会交流工作信息，对协会成员进行有针对性的培训。

同时，紧紧抓住境外人员在国内就业的特点，将泰式按摩、外语培训机构、涉外酒店、酒吧及外资（合资）企业等划入网格，会同市场监督、教育等相关部门联合执法、协同管理。立足以"外"管"外"，在高校中选取42名品学兼优的留学生担任校内网格员，每天开展巡查，汇总报送留学生住宿登记情况，并对留学生持有证件和签证有效期情况及时进行提醒。成立外管警务室，设立 24 小时自助服务区，配备自助签证机、临住登记机等，提供法律咨询、房屋租赁等服务。搭建交流平台，建立外籍志愿者队伍，为初次来华、高校清查及涉外案件办理等提供义务翻译援助，并通过为社区孩子补课等一系列志愿活动，进一步增进外籍人员与社区群众的情谊。目前，警务室已有外籍志愿者 11 人，提供志愿服务活动 107 人次。

3. 拆迁安置房和保障房地区的"桩钉工程"运行质态

在拆迁安置房和保障房地区，推行"桩钉工程"辐射模式。在各街道的支持下，由社区民警会同社区干部共同主导，通过宣传发动、报名筛选、加强培训，新建一支楼栋长、单元长队伍。以 200～300 户为一个网格，7 层及以下楼栋每幢楼设楼栋长 1 名，7 层以上以单元为单位设置单元长 1 名，每 10 层设置 1 名楼层长，把每一名楼栋长打造成一根"桩"，每一名单元长和楼层长打造成一根"钉"，明确每名楼栋长信息采集员、矛盾调解员、消防安全员、治安巡防员和政策宣传员等五个方面的职责，构筑起小区治安防范屏障。

截至目前，全区共有小区楼栋长、单元长、楼层长 12485 名。实行挂牌上岗，为每一名楼栋、单元平安志愿者制作胸牌，标明姓名、职务、责任楼栋号、单元号、照片，规定日常工作时平安志愿者要佩戴红袖标，在每个楼栋单元口制作楼栋长、单元长、楼层长公示牌，标明姓名、照片、责任区、工作职责等；实行例会制度，社区、社区民警每周组织召开楼栋长、单元长、楼层长会议，交流工作，通报情况，提出要求，提升楼栋长、单元长、楼层长工作水平和能力；实行定期走访，楼栋长、单元长、楼层长每天对责任楼栋、单元进行巡查，及时发现流动人口信息、消防及治安安全隐患等情况，对居民开展相关宣传教育工作；实行及时报告。对发现的人口信息、房屋出租、消防及治安隐患等情况第一时间上报社区和社区民警，协助开展相关工作。同时，建立考核奖励机制，在上级下拨社区警务专项经费的基础上，再配套相应经费，按照每人 4 元、每户 10 元、每名关注对象 50 元的标准，对楼栋长采集的流动人口、出租房屋信息进行奖励，进一步提高工作积极性、主动性。

4.城中村等治安复杂地区的"桩钉工程"运行质态

在城中村等治安复杂地区，推行城乡社区互助协商治理模式，将党务、警务、综治工作有机融合。社区民警作为下辖社区支部委员，常态开展"进万家门、访万家情、送万家暖、结万家亲"的"四万"走访活动，社区书记、主任、民警根据社区重点工作、警务工作和居民反映的治安管理意见，随时召集支部成员议事。

借助微信工作群，每周推送一次治安分析数据、每月召开一次社区治安工作会议，分析案情、推送数据，实施精准管理，每季召开一次向社会报告工作会，社区民警向社区居民代表大会或党员代表大会提交治理报告。民警协助掌握辖区家务、居务、事务、物管、私房出租、重点人员、社区巡防和涉稳信息，协助社区将党务、事务、居务、财务和警务等信息向全体居民公开。

将警务融入社区民生服务，社区民警对因拆迁拆违或其他涉法涉访涉稳人员，及时倾听诉求，寻求解决办法。对社区失足、重点和"两劳"人员中的特殊困难群体，掌握信息，走访帮扶。对失独、孤寡、伤残和行动困难高龄老人和其他重大生活困难居民，协助做好社会救助、联系扶贫对接。支持帮助失业、待业和下岗人员开具各类就业工作所需要的证明，对防范薄弱区域加大内外巡防力度。

（三）新时代"枫桥经验"视角下的"桩钉工程"多元化社会治理实现路径

1.坚持以人民为中心，增强社会化力量支撑

针对辖区面积大、安置小区多、实有人口多的实际，积极引入社会力量参与网格化社会治理，有效破解网格工作压力大、人员有限、专业技能不足等问题。

首先，深化警企合作，强化"花钱买信息"意识，落实100万元专项奖励资金，充分调动房屋中介、物业企业采集信息、提供信息的积极性。与辖区93家房屋中介直接建立购买信息机制，占全区房屋中介总数的

43.1%；与高科置业、栖霞建设等物业服务企业签订信息采集外包协议，将物业人员纳入三级网格体系，通过开展业务培训和签订保密协议，提升信息采集全面性、准确性、安全性。同时，推动成立"二房东"协会，通过制定出租房自律公约，明确出租房租赁、管理标准，有效解决出租房乱象。

其次，深化警校共建，与辖区 14 所大中院校保持长期密切合作，通过设立大学生实践基地，提供大学生兼职网格员实习岗位，为困难大学生提供勤工俭学平台，真正将具备一定专业能力的大学生纳入网格化社会治理队伍，带动队伍专业化水平整体提升。

最后，深化"警社"共建，设计完善信息采集"一张表"，推动实现楼栋长上门采集信息，由社区网格化治理中心统一登记、流转办理、兑现奖励的网格化管理流程。广泛宣传报道"桩钉工程"特色亮点，定期开展"和谐警民社区行"活动，主动征求群众意见建议，努力营造共治共享的良好社会氛围。

2. 坚持矛盾纠纷高效化解，突出法治化运用保障

大力推进和完善"公调对接"制度，设立专门的公调对接工作室，配备必要的办公设备和办公用品，在调解等候区设有电视墙，滚动播放矛盾纠纷化解案例，以事实教育双方当事人；在调解室安装监控探头，当调解员在调解纠纷过程中遇到围攻、人身侵害、财物损毁等情况时，派出所民警迅速到场控制事态发展，并依法进行查处。严格按照执法规范化要求，客观公正对待每一起纠纷和每一位当事人，不断加强人民群众的信赖感。做到"诉求合理的解决问题到位，诉求无理的思想教育到位，生活困难的帮扶救助到位，行为违法的依法处理到位"，健全群众诉求表达、协调机制，引导居民依法表达诉求、解决纠纷。通过公调对接，将小区居民反映的困难、诉求、举报、线索和问题一并受理解决在家门口，将福利、扶贫和保障落实在家门口，将信访、上访和诉求的疑难问题全力化解在家门口，彻底解决居民反映的业主委员会管事能力不强，诉求找不到门、找不到人和越级的老旧问题。

社区民警与社区成员共同负责化解和钝化社区疑难复杂矛盾纠纷，使小

区居民来警务室要求化解的矛盾不上交；对在拆迁拆违中出现的治安民事纠纷，协调社区城管跟踪化解；对出现在邻里、社区和社区办公室的疑难纠纷，民警主动上门或到社区办公室协商化解；民警和社工始终对各类疑难矛盾纠纷跟踪协调、掌握信息，全力构建群防群治、联防联治的社区治安防控网。

3. 坚持发展进步的辩证观点，注重智能化手段应用

充分借助大数据、物联网、云计算等现代科技把社区人、物、监控等通过新的方式连在一起，形成人与物、物与物相连，实现远程管理控制的多元化基层社会治理模式智能应用体系，切实提高社会治理质量、减轻日常治安管理负担。

推广应用"实有人口动态分析模型"，实现"从户到人"和"从人到户"双向智能研判，真正实现"脚板+网络"无盲区管理。一方面，通过对拿房信息、水电气信息及警务平台信息自动比对，将房屋分为自住、出租、空置和待核查 4 类，实现分类管理。其中，自住房屋每年核查一次；出租房屋每半年核查一次；空置房屋不核查；待核查房屋即刻核查。另一方面，对上网、物流等信息进行分析，及时核查、登记新增流动人员，相比传统的逐户上门核查方式，工作量减少三成以上。

对社区自治管理范围内的饭店、旅馆、网吧、工地、停车位、加气站、中小学、幼儿园和危化单位等驻社区易发案部位，推进视频监控"雪亮工程"建设和"猎鹰"图像智能分析系统建设应用，解决人工值守巡防"防不胜防"问题，在重点网格布建 82 台车牌识别摄像机，全区 1648 条路公安自建监控与 5000 余条路社会面监控联网共享，实现辖区主次干道、重点场所全覆盖。区、街两级网格化治理中心通过视频巡查，及时发现治安隐患、占道经营、车辆违停问题，提醒并督促二、三级网格落实整改责任。同时，大力推广应用人脸识别、Wi-Fi 探测、智能门禁等技术，提高智慧社区建设水平。依托微信等移动互联网平台，将民警、警辅、楼栋长、协管员、物业等力量按照网格层级分类建群，形成"线上部署、线下解决、线上反馈"的工作闭环。

三 "桩钉工程"基层综治模式的效能评价

（一）社会治安防控体系日益完善

通过建立专职民警巡防队伍、专职特勤保安巡防队伍、专职社区保安巡防队伍、专职楼栋长治安志愿者队伍和专职物管保安队伍，完善指挥调度、武装处突、主次干道、支街背巷、居民小区等多个层面的防控力量，开展社会面治安管控、重点高危人员管控、场所阵地管控、"黄赌毒食药环"、民生案件管控、消防和治安安全隐患管控。

运用迈皋桥、仙林等警务工作服务站的对接与辐射功能，将巡防力量推向街面、推向重点敏感部位、推向掌上指上路上。在全区所有物防技防不到位的小区，对小区围墙、门卫、门禁、防爬设施、监控提档升级，强化小区防控力度，通过建设各楼幢单元长队伍，将其与社区网格员、小区物管员、小区周围房屋中介公司人员、警辅力量充分整合，产生邻里守望的效果。一方面，由专职警辅每天登记各单元长的反馈信息，经社区民警筛选后，当日分别报送派出所和社区负责人，开展对应工作。另一方面，强化信息的及时互动，形成"一呼百应"效果。

目前，全区共新封闭小区 42 个，新安装围墙防爬设施小区 30 个，新安装大门道闸 205 处、门禁 124 处，新安装单元门禁 1215 个，更换防盗锁芯 1342 个，安装防爬刺 6219 根，新安装高清监控探头 1306 个。社区民警、特勤和市驻区特警大队负责早晚高峰节点人员密集场所、幼儿园、加气站、公交场站等重点部位的勤务；社区民警负责并指导平安志愿者、安全员和"小广播"对社区死角盲区及重点易发案部位进行巡防值守；社区民警协同社区、安监和街道负责落实公交场站、加气站、中小学、幼儿园、棋牌室和网吧等人员密集场所的安检制度，落实治安排查整治、指导平安志愿者对重要敏感部位值守巡防工作。

依托各类数据资源，通过分析、比对、碰撞，为社区民警精准推送待登

记出租房屋信息，以及重点人员入住核查信息，真正实现情报引领治安管理的工作模式。对流动人口聚集的拆迁安置房和保障房区域定期开展流动人口整治。按照"房不漏户、户不漏人、人不漏项"的要求，长期开展流动人口清查，紧抓房源主阵地，一户一户排查，最终梳理出一张清晰的涉传窝点图，将以往突出的传销问题打击由"运动战"变为"阵地战"，捣毁数个传销室内固定窝点和户外流动窝点，坚持说理明法相结合，对已掌握的房屋出租情况进行分析，对疑似非法传销户和房屋出租户发放告诫书，督促非法传销人员停止违法活动和自行离开暂住地，房主终止房屋租赁协议。对非法传销人员没有自行离开的由分局会同市场监督管理部门、社区等联合上门进行驱离。对房主不予配合的给予告诫，告诫后仍不劝退的依法进行处罚，不断完善打防管控一体的治理体系，防止死灰复燃，巩固打击成果。

（二）矛盾纠纷预防化解体系日益完善

公调对接机制运行以来，人民调解员严格按照"应调尽调、案结事了"的工作要求，立足于抓早、抓小、抓苗头，把矛盾纠纷及时、有效地解决在萌芽状态，化解在基层，不断提升调处工作实效，矛盾纠纷得到了便捷、高效的调处，基层派出所有限的警力得以从纷繁复杂的矛盾纠纷调处中解放出来，集中精力做好巡逻防范和打击犯罪主业，有效压降了现行案件发案率。

农村地区"五老人员"和小区楼栋长、单元长等来自群众、贴近群众，具有良好的群众基础和较高的社会威信，对各类纠纷调解技巧能够熟练运用，使矛盾纠纷调处的质量和水平显著提升，有效避免了矛盾激化升级。在开展矛盾纠纷调解的同时，也为当事人提供相关法律咨询和法条讲解，使矛盾纠纷双方当事人切实体会到调解的公平与公正，将调解的过程变成普法的过程，扭转部分群众"信访不信法、不闹不解决"的错误观念，无理缠访、闹访事件有所下降，社会风气明显好转。

同时，严格按照《公安机关信访工作规定》的要求，切实维护群众切身利益。对一些疑难信访案件和重大信访案件，"定人、定岗、定责"，树立问题不解决不撤退的信心、群众不息诉不罢休的决心，始终以积极的心态去面对群众，解决群众实际问题。积极搭建公安机关内部及与检、法机关的沟通协作平台，推动涉法涉诉信访事项在公安机关内部及政法单位之间有序流转、依法处理。主动向党委、政府汇报，与区信访、综治部门保持密切沟通联系，配合建立涉法涉诉信访工作例会制度、案件通报和信息共享机制，定期研究解决工作中的困难和问题，形成依法处理涉法涉诉信访问题的合力。通过跟进回访，做细信访人的教育转化工作，做到案结事了，不留隐患。

（三）公共安全动态监管体系日益完善

社区民警创新用"人工采集＋动态智能化采集"新方法，通过社区警务云应用平台、移动警务云、移动互联网、微信和微博平台等各类人口信息数据采集运用，通过信息采集率考核、有偿服务和奖惩措施把小区"双实"管理落实落地。民警以科技信息手段创新社区"七防"人口管控机制。防越级上访信访，走访帮助涉法涉稳涉诉涉警人员；防"盗抢骗"，分析涉"两抢"、经案重点人员；防"恐暴"，管控敏感地区高危人员；防"吸贩毒"，关注涉毒前科、易感染艾滋病病毒危险人员；防"涉黑"，关注涉敲涉闹人员；防重新犯罪，帮教"两牢"释放、社区服刑人员；防"意外"，关注扬言报复社会人员、易肇事肇祸精神障碍患者。

建立预警打击机制，依托警务大数据和警务云应用，以数据研判、数据分析、数据管理和数据创新，进一步改进警务室治安晴雨表和社区预警形式，对犬类管理、管制刀具、反恐防暴、治爆缉枪和电信防骗等全面治理和预警；对旅馆、旧货、公章、废品收购、洗浴等重点管理和预警；社区民警按周、月、季时间节点，对社区的治安动态、热点和敏感问题健全分析预测、预警研判机制；对预警研判结果，通过社区警务室及时向居民发布，力求小案多破、大案必破，完善社区防范打击、实战指挥和单位联动机制；将数据研判、分析和运用结果以微警务形式按周、月及时推送至协防社区的警务工作服务站、特勤巡逻队、特警巡逻队、便衣巡逻队、社区治安夜巡队、社区物业工作群和平安志愿者群等，实现精准防范和精确打击。对公安自建

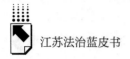

监控点位全部进行 GIS 地图标注，遇有突发群体性事件或事故灾害，第一时间通过地址库进行关联图像调阅，全景展示警情现场情况，为实现科学调警提供直观依据。

推进企业、商户自建监控联网共享，提升图侦工作实战效能。借助建成的"猎鹰"系统，同时处理 40 路高清图像，快速明确嫌疑目标，节约大量办案时间精力。在 KTV、典当行等行业场所内部，大力推进"智慧在线"平台应用，在将内部监控资源全部接入公安平台的同时，提供从业人员报备登记等功能，成为场所管理的有力抓手。每月根据"一案双查"通报，反查小区及周边易发案部位监控盲区。对小区内部监控，督促指导物业公司抓好补盲、修复工作；对外围社会面盲点，由派出所实地勘察上报补盲需求，限期抓好整改落实。2017 年，全区入室盗窃发案下降 16.2%，人民群众安全感、满意度进一步提升。

B.9
政府引导社会组织参与
社区治理问题研究

——以淮安市洪泽区高良涧街道为例

王亚林　鲁海军*

摘　要： 社会组织以其独有的特征和优势承接着政府大量职能，为公众和社会提供着大量公共产品和服务，是社会治理的重要力量。社区是社会治理的基本单元，是党和政府联系服务人民群众的最后"一公里"，引入社会组织参与社区治理，利用其志愿、自发的基本特征，激发社会组织活力，发挥其在社会服务、社区事务、慈善救助、矛盾纠纷化解等方面的功能，形成自治、法治与德治有机融合的共享共治社会治理新格局。政府需要在培育、监管、引导社会组织方面下功夫，打造良好的社会组织发展环境；社会组织应在自身能力提升、内部治理完善、妥善处理政府与市场之间关系方面下功夫，创新参与社区治理方式。

关键词： 政府职能　社会组织　社区治理　购买社会服务

社会治理仅靠政府一个主体，难以承受众多的公共服务，而引入社会组织等社会力量共同参与，则成为社会治理的趋势。结合我国社会组织的发展

＊ 王亚林，淮安市洪泽区人民法院院长；鲁海军，淮安市洪泽区法院审管办副主任。

历程来看，其实自 2013 年 3 月 19 日民政部对于行业协会商业类、科技类、公益慈善类、城乡社区服务类等四大类社会组织不再由业务主管部门审查批复，实行直接登记制以来，社会组织如雨后春笋般得以快速发展。中共十八届三中全会作出《中共中央关于全面深化改革若干重大问题的决定》，明确提出要加快实施政社分开，推进社会组织明确权责、依法自治、发挥作用；适合由社会组织提供的公共服务和解决的事项，交由社会组织承担。社会组织日益成为与国家公共组织、市场企业组织同等重要的第三方，其"以志愿求公益"的理念，使其具有弥补政府缺陷、市场不足的一般功能。① 社会组织参与社区治理是对政府不能解决所有社会问题的有益补充，使其能摆脱"越位""手过长""错位"等尴尬。但社会组织参与社会治理现状，与其快速发展、参与的领域拓宽、参与的意识增强、内部的治理能力提高等不相适应，因而有必要对此问题展开研究，本文以淮安市洪泽区主城区高良涧街道为样本，分析其社会组织参与社会治理存在的问题，挖掘根源，在借鉴其他典型经验的基础上，提出相应对策，以健全社会组织参与社会治理机制，为有关部门决策提供借鉴。

一 样本分析：社会组织参与社区 治理现状分析

截至 2018 年 7 月，淮安市洪泽全区注册登记的社会组织共有 326 家，其中社会团体 171 家，民办非企业 152 家，基金会 3 家，社会团体及民办非企业是洪泽区主要的两个社会组织类型，占比达到 99.08%（见图 1）。

高良涧街道作为洪泽城区核心，辖区内的社会组织 180 余家，社区社会组织 45 家，其中社会事务类 19 家，主要类型为社区事务 4 家、养老助残 8 家、公益服务 1 家、残疾人服务 1 家、幼儿教育 4 家、文艺宣传 1 家（见图

---

① 参见马庆钰、贾西津《中国社会组织的发展方向与未来趋势》，《国家行政学院学报》2015 年第 4 期。

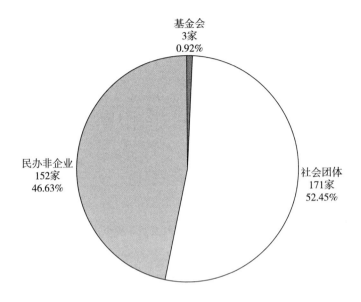

图 1　洪泽辖区注册登记社会组织情况（截至 2018 年 7 月）

2）；基本公共服务类社会组织 3 家，皆为教育培训类；行业协会 23 家，如洪泽区粮食行业协会、洪泽区企业信用管理协会、淮安市洪泽区稻米产业协会等（见图 3）。

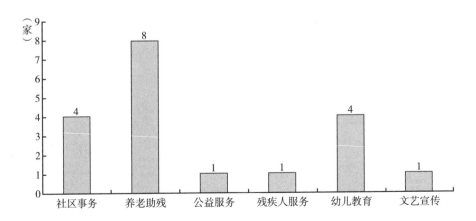

图 2　高良涧社区社会组织社会事务类组织类型

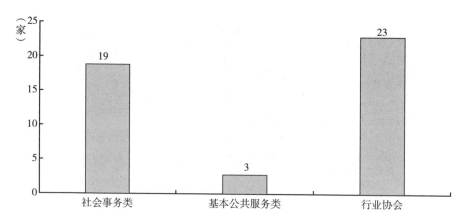

图3 高良涧社区社会组织类型

（一）高良涧街道社区社会组织的特征

通过调查发现，社会组织呈现出以下几个方面的特征。

1. 存在政府背景

发起、成立的社会组织大多具有自上而下的色彩，政府或社区推动痕迹较为明显。

2. 专业化程度不高

社会组织负责人大多由社区工作人员或离退休老干部兼任，专业化程度不高；社区社会组织经费来源主要为财政补助、公益创投奖金、会费、培训费、学费、捐助、银行利息等。

3. 社会组织类型不均衡

从社会组织数量上看，行业协会、社会事务类社会组织较多，占有优势；从活动能力、取得成效来看，社会事务类、文体活动类、行业协会类较为突出。

4. 志愿者数量偏少

社会组织中的志愿者服务越来越成为公益慈善类、参加人服务类、养老助残类等社区事务的重要参与力量，也是参与社会治理的重要依靠力量，但目前社会组织中的志愿者数量偏少，不能满足实际服务需求。

（二）社会组织参与社区治理现状分析

1. 发展规模扩大，实际效率较低

自 2013 年对四类社会组织实行直接登记以来，我国社会组织迎来快速发展，规模也不断扩大，洪泽辖区内社会组织也由 2013 年的 179 家，快速发展到目前的 326 家，数量增加近一倍。但在社区社会组织数量得到大发展的同时，其出现了结构的失衡。如高良涧街道存在的 45 家社区社会组织，社会公益类、志愿服务类组织较少，行业协会类、教育类、服务类较多，在推进社会治理中主要还是依靠前者，尽管后者对促进社区治理有一定的作用，但与前者相比还是有很大差距。社会公益类、志愿服务类组织更多的是自发、自愿参与，其来源于群众、服务于群众，具有很好的群众基础，因而在推进社会治理中具有重要作用，这部分力量的缺乏，势必影响社区居民参与社区治理的积极性。[①]

2. 参与领域外扩，尚未形成合力

随着社会组织融入社区生活，其种类不断细化，服务外延不断得到拓展，以高良涧街道为例，其之前的社会组织主要为文体类，后来逐渐发展为社区事务、养老助残、公益服务、残疾人服务、教育培训、行业协会等类型，服务种类数量和质量有较大提升，致力于社区矛盾纠纷调处、养老助残服务、行业行为规范、文化素质提升等事业，社会组织在提供服务的同时，其实践也在不断促进自身成长和发展。但社区居民需求多元化，不同主体之间利益交织，矛盾纠纷易发多发，大量涌向法院，从而暴露出社会治理中的薄弱环节，需要利用一切社会资源参与到社会治理中来，而目前相关部门对激活、用好包括社会组织在内的社会力量并没有一个清晰的认识和工作引导的方式方法，而是放任其存在和发展。同时，社会组织自身缺乏有效适应市场化、社会化管理方面的能力和经验，其大多停留在自娱自乐、自我服务层

---

① 参见何欣峰《社区社会组织有效参与基层社会治理的途径分析》，《中国行政管理》2014 年第 12 期。

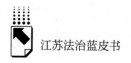
面上，主动参与社会治理的意识不强。因而可以说，社会组织参与社会治理缺乏政府相关部门的引导，其自身缺乏必要的主动参与社会治理的愿望和能力。

3. 发展受制于政策，自主能力不强

目前社会组织的设立多源于政府的某种需要，而群众自发形成的尽管有，但为数尚少，主要表现在其在社会治理中的设立、发展受制于政府的政策引导和扶持。如杭州利用社会组织参与社会治理存在相同的问题："政府对一些社区服务类社会组织采取购买服务方式，对一些社区维权类社会组织采取政策引导、法律服务和业务指导等方式，这类社区社会组织就能得到发展；政府对一些社会事务类社会组织采取权随责走、费随事转、事费配套、政府购买岗位、购买服务和项目资助等方式，这类社区社会组织就呈现较好发展态势。"[①] 目前此种情况虽有一定改观，但如"枫桥经验"中"老娘舅"、洪泽法院"无讼村居"中"新乡贤"等相关社会组织，也是为矛盾纠纷多元化解而设立，仍体现出依靠当地政府的引导重视，其才得以有效运转，发挥其功能作用，否则将难以为继，这也说明了其自主性亟须得到加强。

4. 管理能力有提升，但信任度不高

鉴于目前由政府推动和主导的社会组织参与社会治理现状，社会组织的参与意识和工作能力随之提高，其主要通过以下几种方式发挥其参与社会治理的功能：一是通过参与公共政策制定，利用其成员来自群众，便于听取群众声音和搜集群众意见优势，实现下情上传辅助政府决策，还有利于传达政府声音，满足群众多元社会需求；二是通过参与处理社会公共事务，及时了解、掌握社区群众需求、矛盾纠纷发展动向、邻里之间关系、物业和业主之间关系、家庭亲属之间关系等；三是通过承接政府无力提供和市场不愿提供的部分公共事务，扩大其参与社会治理的服务半径，如提供养老、家居、托管等服务，提升其知名度和社会信任度。社区群众对于社会组织的信任远不

---

① 郁建兴、金蕾：《社区社会组织在社会管理中的协同作用》，《经济社会体制比较》（双月刊）2012 年第 4 期。

如设立该类社会组织所预计的那样，一方面是由于社会组织自身存在内部管理不足、人员能力不一等问题，难以形成有效调动社会资源的能力；另一方面是社会组织虽然有民政部门或者相应主管部门进行监管，但这种监督管理存在滞后性，且难以形成有效监管，影响群众对其的认可和信任度。同时，我们还应看到，政府是治理社会的主体的思想仍根深蒂固，群众信任政府胜过信任社会组织。

二 成因分析：社会组织参与社会治理功能欠缺

社会组织的设立、生存与发展，同政府相关政策、职能等有密切关系，同时社会组织承接着政府、社区的相关职能，游离于社区与政府之间，只有处理好与社区群众、政府、社区三者之间的关系，其才能有效发挥功能作用。

（一）政府放手与管控两难

政府推动社会组织发展，一方面是迎合社会发展的需要，另一方面是其社会职能改革的需要，政府在将无力承担的相关职能交给社会组织时，也扮演着限制其发展的管控者角色。有学者提出，政府对社区社会组织的发展面临束缚多于支持的困境，主要是政府推动和主导社区社会组织的发展，表现为政府既是社会组织发展的裁判员亦是推动其发展的运动员。[1] 政府职权延伸到社区表现出社区治理的行政化，其可以通过社会组织等形式实现其行政管理的目的，也就是说其将社会组织参与社会治理的职能纳入并成为其职能的一部分，并为其提供人力、物力、财力等多方面的支持与社会资源投入，供其运转，政府成为社会组织的主要供给者，这也就形成了政府从职能发挥、资源供给等方面对社会组织进行管控的格局。而社会组织的自主性、独

---

[1] 参见何欣峰《社区社会组织有效参与基层社会治理的途径分析》，《中国行政管理》2014 年第 12 期。

立性遭到破坏，加剧其对政府的依赖性，不利于社会组织的正常有序发展。如果政府过于对社会组织进行管控，则也可能会达不到其参与社会治理的效果，甚至会引发新的社会问题。

（二）社区聚集能力不足

社区是政府和民生的核心联结点，其通过资源流通、资源共享、资源整合联结社区内外资源进而实现社区有效治理。而社区治理就是以社区内群众的利益为基本的价值出发点，使社区内的公共决策和事务执行应符合社区及群众的整体利益，总之，社区治理的目的就是要尽最大可能满足社区群众的多元服务需求。社区是社会治理的最小单元，其所拥有的社会资源主要是社区内的人、事、社会组织等，尽管其与外界有着千丝万缕的联系，但具体到提供公共服务时往往捉襟见肘，表现为：一是聚集社会资源的能力不足，二是推动社会治理的力量不足，三是创新社会治理意识不强。为了弥补以上不足，社区一方面依赖于上级政府的指导甚至领导来换取相应的物力、人力支持，另一方面在上级政府的帮助下引入社会组织或政府购买社会服务等方式来弥补其治理能力的不足。这也为社会组织等提供了广阔的发展空间。

（三）社会组织自治能力不足

尽管在我国推动社会组织发展进程中，官办社会组织大量存在，随着改革的不断深入，民办社会组织占绝大多数，社会组织的非政府性、自愿性等特征也并未受到影响。但社会组织在其发展过程中存在内部管理和自治能力不足两个方面的问题，成为社会组织推进社会治理过程中的瓶颈。内部管理方面问题，主要表现在三个方面。一是资源有限。资金保障不稳定，社会组织运转费用主要是靠政府资助、成员个人捐助，而这种资金来源具有不确定性，容易导致社会组织的不稳定；场地保障不到位，社会组织运转需要一定的场所，从调研情况来看，大多是从小区物业租赁或自行解决的，致使其运行成本加大。二是管理不足。高良涧街道中的社会组织兼职较多，投入社会组织的时间和精力明显不足，且身兼数职的负责人或发起人对于内部机构设置、团队建设等缺乏科学性配置，制约了其有序发展。同时缺乏相应的外部监督使得这种管理能力不足很难及时得到弥补，偏离正常良性发展轨道。三是人才不足。人才资源匮乏，从社会组织成员的组成来看，大多为退休老干部、教师以及社区干部等，并不具备系统的专业知识，且存在人员不固定情形，尤其是骨干人员的流失使得部分社会组织运转难以为继；从社会组织成员的待遇情况来看，其自身收入不稳定，难以吸引专业人才，限制其提供产品的质量和数量。

三 他山之石：借鉴境外社会组织参与
社会治理典型模式

为对社会组织参与社会治理进行深入研究，通过文献检索的方法，从数十篇论文中筛选出美国、新加坡及我国香港地区成熟的经验，之所以如此选择，是从社会组织体系完备且发挥作用明显、典型性、可借鉴性三个维度来考虑的。具体来说，上述三种经验都具有完备的社会组织体系，且与政府之间保持着良性互动、发挥着积极作用；很多学者对其经验进行研究、推介，具有一定典型性；借鉴经验还应考虑其是否符合当地实际，综观美国、新加坡及我国香港地区的社会组织参与社会治理经验，西化程度依次降低，且渐趋华人社会，对于我们来说具有一定的相似性，可以作为一定的借鉴参考。

（一）美国："政府购买服务" 的治理模式

美国有健全的社会组织体系，政府与社会组织有明确的职能分工，政府侧重于宏观社会管理，具体社区公共服务交由社会组织承担。采取政府购买服务的方式，主要是通过政府与社会组织签订公共服务合同，而社会组织则在履行公共服务合同过程中，享有政府给予的相关社会资源，进而为社区提供更加优质便捷的服务，实现社区的事情交由社会组织办的社会治理格局。美国的成功经验为：一是健全的社会组织体系；二是社会民众参与社区服务积极性较高；三是政府采用购买社会组织提供公共服务的模式，一方面规范

政府与社会组织的职能分工，另一方面有效激活社区治理的各方力量；四是社会组织服务质量得到认可，民众信任社会组织。

（二）新加坡："政府主导、社会组织补充"的治理模式

新加坡政府在社区治理中形成了政府主导、社会组织补充的良性互动格局，但始终以政府为主导，强力推动并保障新加坡社区治理。新加坡社区治理模式，源于其行政体制不设置市、区政府，而是以选区作为社会管理的区域性基本单位，相应地在每个选区设有公民咨询委员会和居民联络管理委员会。公民咨询委员会，组织、协调社区事务，募集社区基金，增进社区福利；居民联络管理委员会，代表全国社区组织总机构——人民协会，履行建设和管理社区民众俱乐部的职权，组织举办文化、教育、娱乐、体育等各种社区活动，架起政府和民众之间的沟通桥梁。[1] 新加坡这种选区内的社会组织、社团，尤其是主要社区组织的领导成员不是民选，而是由选区内的国会议员委任或推荐，国会议员和社区领袖的深度参与，使得新加坡社区治理受到政府的有力影响和控制。

（三）中国香港："小政府、大社会"的治理模式

中国香港地区社区治理的明显特征就是"小政府、大社会"，其最早借鉴西方经验，并逐渐形成自己的特色。经过一百多年的发展，香港社会组织体系得以健全，形成了"整笔拨款制度"和"服务表现监察制度"的双重管理体制，从资助和监察两方面保证社会组织健康、有序、有效地发展。[2] 政府与社会组织一般是通过签订购买服务协议的方式，实现政府与社会组织分工协作。政府侧重于宏观层面，主要是制定诸如社区治理的政策，对社会组织提供的服务进行监管及提供资金支持等；而社会组织则从事微观执行操作层面，承接政府中的社会公共服务。香港的这种购买服务方式是双向互动

---

[1] 参见刘见君《国内外城市社区管理的模式、经验和启示》，《江淮论坛》2003 年第 5 期。

[2] 参见成元君、陈锦棠《经验与启示：香港民间社会组织的发展》，《学习与实践》2010 年第 1 期。

的，一方面是政府依据社区居民对社会服务的实际需求，一般会具体到社会服务类型，向社会组织招标，并向其提供财政资助；另一方面是社会组织承接并提供合格社会服务，由政府相关部门对其提供的社会公共服务进行科学化的监督。社区社会组织提供的服务则以人为本，体现在服务理念、服务设施、服务内容中，为社区民众提供"以人为本"的精细化服务。在稳定社会组织人才队伍方面，香港则是依托高校开设社工专业，为社会输入专业人才，同时进入社会组织工作需要进行专业训练，还要经过一定的资格考试。因而，这里的社会组织人才众多，还学有专长，能为民众提供更好、更优质的社会公共服务。

（四）启示

我国正处于社会发展转型的关键时期，建立和发展社会公益事业，助推多元主体参与社会治理，从不同层面满足群众多元需求，是政府的责任，也是社区、社会组织层面的义务。借鉴境外先进地区社会组织参与社区治理的先进经验，从健全社会组织体系、管理模式、人才培养、资金来源等方面，结合自身情况，进行学习和改良，以促进社会组织有序健康发展，最大化地发挥其社会作用。

1.政社职能互补

厘清政府、市场、社会组织三者之间的关系，对社会资源分配就是要在三者之间协调各自职能，实现资源有机流动。从上述经验来看，政府的主导作用不能减弱，社会组织可以针对政府供给社会事务不足提供补充，相应地政府可以针对社会组织资金不足等给予资助。政府可利用掌握财政资金优势，而社会组织则利用从居民中来、了解居民需求、能提供政府无法提供的服务等方面的优势，实现优势互补。发展社会组织同政府管理社会公共事务有共同的目标，因而做好政社职能分工，实现两者优势互补，才能达到政府转移部分社会事务至社会组织的目的。

2.政府购买社会服务

政府将部分社会事务让渡给社会组织，可通过购买服务的方式，一方面

满足社区居民对紧缺的公共事务的需求，另一方面通过对其财政支持助其健康有序发展，同时还在引入市场机制方面，给予社会组织更大的生存发展空间。高良涧街道乃至我国其他地区社会组织的资金来源主要依赖于财政，侧重于对资金的投入，而对于服务的监管还需要进一步完善相关机制。

3. 社会组织内部自律

上述三种模式的一个共同特点是有健全的社会组织体系和高效运作的内部管理机制，尽管其组织成员多来自社区居民，但居民的参与程度、服务意识使他们都能很好地为社区志愿服务。政府对社区社会组织的监管是他律，对其设立则通过简明法律予以明确规定，更侧重于对其购买服务资金与服务效果方面的监管；社会组织的内部管理则更注重自律，一是要加强内部组织机构的制度建设和完善，二是要注重提供服务的规范性，三是要通过建立一定的行业标准让服务透明于社会，四是要实行社会组织承接公共服务公开，主动接受公众监督和政府相关部门的监管。

4. 激励群众广泛参与

社区社会组织的服务对象是社区居民，而居民亦是社会组织发展的重要力量来源。积极发动社区居民参与社会组织，提升其公益心、参与度，这就需要政府通过各种途径和手段，加强对居民的集体意识和公共精神的培养，对于社区治理还应培养其参与意识、责任意识。同时，社会组织还应不断为居民提供更高质量的公共服务，增加群众对社会组织的信任感，让其在享受服务的同时，也履行公民个人义务。居民的参与将有助于提升社区公益事务效率和质量。

四　对策建议：政府引导社会组织参与
社会治理机制构建

（一）政府层面：强化引导与职能管控

政府在推动社会组织的发展中的主导地位在当前乃至今后一段时间内

仍不会改变，社会组织的发展对政府的依赖不仅是资金，还在于政策、人力等方面。因而，如何发挥好政府在社会组织发展中的重要作用至关重要。

1. 政府权力的有限介入

政府掌握着政治、经济、社会等资源，对于社会组织门槛准入、监管等享有主导权，发挥其在社会组织发展中的主导作用，可以规避其自身存在的问题，但社会组织的发展毕竟体现出自愿性、基层性、群众性等特征，有其自身的发展要求与规律，我们认为，政府的这一主导作用，应有必要限度，应该为适应社会组织内驱发展而不断调整。

2. 政府在职权让渡层面的引导

社会事务繁多，政府不能包揽所有事项，应转变社会治理观念，合理让渡职能，充分利用社会组织这一"接地气"的组织，发挥其搜集居民意愿、促进居民融合、参与纠纷化解、供给社会服务等功能作用，逐渐形成政府主导、社会参与、民众受益的良好社会治理格局。①

3. 政府在购买服务层面的引导

社会组织的发展有社区居民的内在需求，也有外在如政府、市场的推动，借鉴境外经验，通过与社会组织签订购买服务协议的方式，进行招投标，通过竞争，引导社会组织注重社区公共事务、养老、矛盾纠纷调处、文化娱乐等项目的建设，以便于提高政府购买服务的质量，并根据其服务工作量给予适当的财政资助，鼓励其在政府及社区无力涉及的方面保质保量供给社会服务。具体考核可由政府相关部门、社区及相关社会组织代表实施。

4. 政府在法律规范层面的引导

社会组织合法化，是政府职能转变、借助社会力量参与社会治理必须解决的问题，政府应为社会组织的发展运行提供法律保障，以此规范其合法化、法治化健康发展。要健全社会组织登记备案管理制度。一方面对设立提

---

① 参见何欣峰《社区社会组织有效参与基层社会治理的途径分析》，《中国行政管理》2014 年第 12 期。

供公共服务职能的社会组织，严格准入标准，进行注册登记并且须具备法人资格；另一方面对于拥有注册资格的社会组织，则可以采取多样化的登记办法，并出台相关的政策推动社会组织的备案工作。

5. 政府在人才培养层面的引导

人才不足问题是社会组织发展的瓶颈，政府可在人才培养方面给予适当倾斜。如香港社会治理中，其主要是依托高校开设社工专业，培养高素质人才，并在资格准入时给予培训、资格上岗选拔，同时借助社会组织体系的完备，将社会组织市场化、政府购买社会服务常态化，稳定的社会组织运行模式和资金来源，以及可观的收入吸引了专业人才，稳定了人才队伍。同时，我们还可以利用政府机关挂职锻炼、交流、人才培训等方式，使政府相关工作人员与社会组织工作者之间进行交流学习，加强沟通、互通有无，共同提升社会服务。

（二）社会组织层面：强化管理与能力提升

鉴于社区社会组织在强化社区管理、加强精神文明建设、聚集社区力量、发展社区服务、促进社区自治等方面发挥的作用，[1] 重视社会组织的建设，引导其承接政府相关职能，共同参与到社会治理中来，也是当前《城乡社区服务体系建设规划（2016—2020 年）》（以下简称《规划》）的一项重要任务。

1. 加强内部治理管理

社会组织有效运转的发动机是内部治理机制的完善，依法确立和尊重社会组织的社会主体地位，按照民法总则的规定，给予其法人身份，依法享有独立财产权、独立行使对内对外职权，实现"自愿成立、自选领导、自律运行、自聘人员、自主业务"和"无行政级别、无行政事业编制、无行政业务主管部门、无现职国家机关工作人员兼职"。[2] 对于内部治理，一方面

---

① 参见邓恩远《社区民间组织的特征与功能定位分析》，《中州学刊》2006 年第 4 期。

② 参见马庆钰、贾西津《中国社会组织的发展方向与未来趋势》，《国家行政学院学报》2015 年第 4 期。

要建立相对完善独立自主的权责管理体系，有相应的议事、决策的机构、程序和章程；另一方面要建立以社会组织机构的章程为核心的相关机制，以及人事、财物、内部机构设置等相关内部制度，贯彻执行民主决策、民主管理、民主监管、民主选举，并确保执行的质效，即在登记范围内履行对社会的责任和义务，最终实现社会组织的自治和规范运行。

2. 加强人才队伍培养

社会组织同其他机构、社会团体一样，都需要稳定的人才队伍，而社会组织机构具有不稳定性，具有较强的对政府的依赖性，其对人才的培养一方面取决于政府的政策和决策，另一方面取决于提供社会服务的质量和数量，因为上述两种因素决定着社会组织的生存和发展。而人才则决定着社会组织供给社会的服务质量，进而影响政府购买服务的数量和项目种类的选择，因而在人才培养和社会组织的生存、发展中陷入循环，也就是说，两者中缺少任何一个，都会影响社会组织的生存和发展。我们认为，社会组织对于人才队伍建设应给予高度重视，要建立一套吸引人才集聚的相关机制，强化社会组织文化建设，提升人才队伍的凝聚力、战斗力，拓宽承接政府相关职能的项目种类，用事业留住人，不断提高人才工资待遇，加强吸引力。

3. 拓宽资金来源渠道

从境外经验来看，可以从以下三种渠道进一步拓宽获得资助渠道：其一是获得政府资助，在政府规划范围内承担一定的供给社区相关服务，获得一定的财政资助；其二是参与市场竞争获得盈利，主要表现为社会组织承办的养老服务、托管服务、培训业务等，在市场运作中获得一定资金；其三是收取会员会费，该笔费用受会员人数限制、不稳定等影响，收取的资金具有不确定性。我国目前的社会组织资金来源主要是政府财政资助，自筹资金虽有一定比例，但存在数量不足、不稳定等情况。对此，一方面需要政府加大对购买社会服务的扶持力度，用公共财力为社会组织的基本运转提供保障；另一方面要引导社会组织积极参与市场竞争，除保证购买服务的质量和效果外，可以获取更多的社会资源，积累更多社会财富。

（三）社区层面：激励群众与宣传引导

社区服务是社区层面为居民群众提供的公共服务，但该种服务又超越了社区承受的能力，激发群众、引领群众，并引入社会组织共同参与社区公共事务的供给，以弥补社会治理供给的不足。社区层面要做好社区居民发动、加强基础设施建设、发挥聚合作用等方面的工作。

1. 做好社区居民发动

社区服务对象是居民，居民亦是社会公益事业的生力军，发动居民积极参与到社会公益事业中来，需要社区做好发动宣传、激励等相关工作。志愿者是社会组织精神之所在，居民参与志愿服务可以大大降低社会组织资金支出，让居民在服务他人的同时获得他人同样的服务，提升其自豪感。鼓励居民参与社会组织，一方面要做好宣传发动，结合社区作为社区社会组织的平台，通过宣传让居民认识、了解社会组织，并通过对社会组织提供的社会服务进行监管，听取居民或邀请居民参与对其服务质量的考核、评价，也可以在社会组织提供服务之时，有针对性地让部分居民参与、见证整个活动，使其对社会组织有全新的认识，唤起居民主人翁意识，让其主动投入到和谐社区建设中来。另一方面可以适当给予相应的激励举措，通过居民参与志愿服务，给予其相应社区义务的减免，并可以将其塑造成先进典型，给予其荣誉感，并以此指引更多居民参与到志愿服务中来。

2. 加强基础设施建设

党的十八大提出要"加强基层社会管理和服务体系建设，增强城乡社区服务功能"。党的十八届三中全会提出，要"统筹城乡基础设施建设和社区建设，推进城乡基本公共服务均等化"。党的十九大提出要"发挥社会组织作用，实现政府治理和社会调节、居民自治良性互动"。按照《规划》要求，力争通过 5 年的努力，全国大部分地区能培育并发展一批在城乡社区开展为民服务、养老照护、公益慈善、促进和谐、文体娱乐和农村生产技术服务等活动的社区社会组织，切实发挥其提供服务、反映诉求、规范行为的积极作用，以社区社会组织的培育发展，推进社区服务水平的进一步提升。这一要求为进一步加强社区基础设施建设，开展线上线下提供公共服务活动，并探索"社区公共服务综合信息平台建设""智慧社区"提供了方向指引、压实了动力之源。

3. 发挥聚合作用

社区应承担起在社会组织培育、资源整合、人才集聚等资源方面的平台搭建作用，为专业性社工人才提供施展才华的大舞台，他们所提供的"精神慰藉、资源链接、能力提升、关系调适、社会融入等专业社会工作服务筑好人才平台"，① 受到居民的认可和信赖。同时，社区还可以为此种专业人才推介，在服务业等第三产业相关行业中进行创业，进一步稳定人才，也可以使社会组织与市场有效接轨，扩大其服务范围、提升服务质量，目前香港就是这种"社会组织＋市场"运作模式，收效明显。

综上，社会组织的发展得益于社会发展及国家治理的需要，其在多元主体参与社会治理中发挥着重要作用。政府在注重引入社会组织参与社会治理的同时，要扮演好监管者、指导者、服务者的角色，为打造良好的社会组织发展环境、培育更优质的社会组织，提供更多的政策支持、财政资助，以期承接政府大量公共服务职能，为公众提供更优质的社会服务，满足群众多元社会需求，为社会治理贡献更多智慧。

---

① 参见民政部就《城乡社区服务体系建设规划（2016—2020 年）》的主要内容和相关工作措施等的答问，http：//www. gov. cn/xinwen/2016－11/14/content_ 5132242. htm，最后访问日期：2018 年 8 月 20 日。

B.10

新时代国家公祭保障
立法的南京答卷

——《南京市国家公祭保障条例》评析

陈天笑*

摘　要： 作为新时代国家公祭立法保障的南京答卷，《南京市国家公祭保障条例》（以下简称《条例》）是我国首部贯彻落实全国人大常委会《关于设立南京大屠杀死难者国家公祭日的决定》的地方性法规，旨在以地方立法的形式保障国家公祭相关活动的有序开展。《条例》全面设定了国家公祭活动的行为规范，建立了南京大屠杀幸存者帮扶制度，并以国家公祭教育为基础建立健全了爱国主义宣传教育体系，充分彰显了国家公祭的严肃性，实现了内在规范与外在规范的结合。《条例》具有坚持全面保障、科学民主立法、凸显地方特色、彰显价值引领等创新之处，但在可操作性等方面还有待加强。《条例》是新时代推进立法高质量发展的重要体现，是国家公祭保障工作体系化、成文化、规范化和法治化的重要标志，在立法、法理、社会和政治等层面具有深远的意义。

关键词： 国家公祭　立法保障　南京　地方性法规

---

* 陈天笑，香港中文大学法律学院 2019 级 JD 候选人。

一 引言

2014 年 2 月 27 日，全国人大常委会审议通过了《关于设立南京大屠杀死难者国家公祭日的决定》（以下简称《决定》），以国家的名义沉痛悼念南京大屠杀死难者和所有在日本侵华战争期间惨遭侵略者杀戮的死难者，初步建立起了我国国家公祭制度。① 在《决定》基础上，2018 年 4 月 27 日，全国人大常委会审议通过了《英雄烈士保护法》，进一步彰显了国家和人民尊崇与保护英雄烈士的坚决态度与行动。② 《决定》和《英雄烈士保护法》均属于国家层面的立法性决定和法律，限于立法体例未能针对国家公祭活动的保障问题进行详细规定，这无疑为理论与实践中研究探索国家公祭立法保障问题留下了创新发展空间。

着眼于新时代加强国家公祭立法保障的重大现实需要，2018 年 10 月 31 日，南京市人大常委会审议通过了《南京市国家公祭保障条例》（以下简称《条例》）；2018 年 11 月 23 日，江苏省人大常委会全票表决通过《条例》备案审查；2018 年 12 月 13 日，《条例》正式实施。作为新时代国家公祭立法保障的南京答卷，《条例》是我国首部贯彻落实全国人大常委会《决定》的地方性法规，旨在以地方立法的形式保障国家公祭相关活动的有序开展。③ 《条例》是新时代推进立法高质量发展的重要体现，是国家公祭保障工作体系化、成文化、规范化和法治化的重要标志，具有深远的法政意义。本文将在揭示国家公祭的法治功能及其立法保障现状的基础上，深入细致解读《条例》文本，探究《条例》的总体情况、具体制度、创新和缺憾之处，进而揭示其影响深远的法政意义。

---

① 参见朱成山《国家公祭体现了人民主体性的宪法精神》，《南京日报》2014 年 3 月 2 日。
② 参见王历磊《法律利剑出鞘　捍卫英雄烈士》，《人民日报》2018 年 8 月 15 日。
③ 参见姚雪青《〈南京市国家公祭保障条例〉正式实施》，《人民日报》2018 年 12 月 14 日。

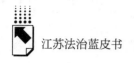

二 我国国家公祭的法政属性及其立法现状

"凡列于国家祀典者为国祭，仅有地方举行者为公祭，人民祭其祖先为家。"① 从权威词典定义来看，"公祭"指"公共团体或社会人士举行祭奠，向死者表示哀悼"。② 国家公祭作为我国最高级别的纪念活动，具有重要的法政功能属性，也需要通过立法的方式，为其顺利进行和功能发挥提供制度化保障。

（一）国家公祭的法政属性

近现代以来，礼仪日渐与法治相结合，成为推动国家公祭法治化进程的重要载体，使得国家公祭成为法治文化与礼仪仪式的重要契合。③ 国家公祭不仅是一种国家的盛大典礼和仪式，更是历史传承的重要方式，在我国社会主义法治建设中具有重要的地位和意义，具体体现在以下方面。

第一，国家公祭具有法定性。我国国家公祭制度系由 2014 年全国人大常委会《决定》初步确立，并由一系列法律法规加以完善。《决定》以最高立法机关立法性决定的形式对国家公祭日加以确定，为国家公祭活动明确了基本史实及其政治定性，以及对象、范围、时间、目的等一系列要素。《决定》之外，2017 年 10 月 1 日正式实施的《民法总则》以及 2018 年 5 月 27 日正式实施的《英雄烈士保护法》等，也为之提供了一定的规范依据。在地方立法层面，《条例》尤为集中地建构了国家公祭保障相关制度，助力了国家公祭制度体系的完善。

第二，国家公祭具有权威性。国家公祭制度的确立与中央重视程度和决策部署紧密联系。21 世纪以来，我国从中央层面开始对国家公祭活动的开展和落实情况给予重视，并投入了巨大的人力、物力和财力用于支持和鼓励

---

① 国立礼乐馆编《北泉议礼录》，北碚私立北泉图书馆民国 33 年印行，第 4 页。
② 《现代汉语词典》，商务印书馆，2007，第 472 页。
③ 参见付子堂《论法治中国的原生文化力量》，《环球法律评论》2014 年第 1 期。

地方层面和国家层面公祭活动的开展。2014年全国人大常委会《决定》迈出了我国国家公祭立法的关键一步。习近平总书记从2014年起，四年两度出席国家公祭日的悼念仪式，体现了党和中央对《决定》的部署，对国家公祭仪式的高度重视，使得国家公祭成为推动我国法治建设的重要环节和不可僭越之事。

第三，国家公祭具有象征性。在仪式活动中，需要借助特定的场所和具有纪念意义的物品来象征仪式的意义。《条例》第4条规定，国家公祭场所及设施包括"南京大屠杀遇难同胞纪念馆公祭广场、纪念馆、丛葬地"。这些场所和设施是举行公祭活动的载体。国家公祭场所内象征和平的设施，如国家公祭鼎、和平大钟等，足以揭露日军残忍罪行，警醒国民牢记日本侵华战争造成的历史灾难，进而点燃国民的爱国热情，为实现中华民族伟大复兴而奋斗，同时提醒世界各个国家和民族警惕日本军国主义卷土重来，抵制战争，珍爱和平。

第四，国家公祭具有秩序性。秩序性表明国家公祭往往按照法定抑或是习惯的流程和秩序进行，且不得违反有关规定。[1]《决定》为国家公祭活动建构了根本性秩序框架。在《条例》出台之前，我国的国家公祭仪式一般在《决定》确立的秩序框架下，按照国际习惯举行。《条例》通过后，一方面，在南京市范围内，《条例》为国家公祭活动的有序开展提供了完备的规范基础；另一方面，《条例》的常态化实施在不断地建构着国家公祭的法治秩序，为日后保障国家层面的国家公祭有序开展提供了"先行先试"的宝贵经验。

（二）国家公祭立法保障状况

作为二战以降的一种国际潮流，国家公祭具有促进法治文化与礼仪仪式相契合，推动我国社会主义法治进程的法治意义。全国人大常委会《决定》

---

[1] 王小林：《法治礼仪是推进法治文化建设的重要载体和基本元素》，《中国法治》2016年第10期。

为我国的国家公祭立法迈出了重要的一步,以南京市人大常委会《条例》为代表的相关地方立法,进一步促进了我国国家公祭立法保障制度体系的发展完善。

在中央立法层面,我国国家公祭制度建立始于2014年2月27日全国人大常委会通过的《决定》。《决定》表述精练,意涵丰富,包含如下重要内容。

第一,设立国家公祭日的必要性。设立国家公祭日的核心要义在于悼念死者,铭记历史。具体而言,一是追忆历史,控诉罪行,即是对南京大屠杀历史的再确认,是对侵华日军惨无人道、泯灭良知的暴行的强烈谴责。二是体现最高立法机关对生命价值的尊重。在南京大屠杀中,三十多万平民和军人死于非难,我国国民的生命安全遭到了极大的威胁。通过国家公祭日悼念南京大屠杀死难者以及其他所有惨遭日军杀戮的死难者有着恒久不变的价值。

第二,国家公祭日的法政定性。对国际社会而言,我国国家公祭日的设立旨在重申对日本军国主义色彩政治的警惕,防止日本军国主义死灰复燃;对我国国内而言,国家公祭日的设立旨在激发国民爱国之热情,为实现中国梦而努力奋斗。在法治层面,东京审判及远东军事法庭的审判活动,使得南京大屠杀的史实早有法律支撑和历史定论。在日本右翼势力否认侵略暴行的言论和行为不断发生的今天,我国设立国家公祭日就是对日本右翼势力的坚决反击,是对死难者尊严和名誉的捍卫,是对反法西斯战争胜利成果和二战后国际社会新秩序的维护。

第三,国家公祭制度的立法目的。国家公祭的历史目的在于悼念,即悼念以南京大屠杀死难者为代表的在日本侵华战争中惨遭杀害的所有遇难者。国家公祭的现实目的在于铭记,即铭记历史,不忘国殇,亦即铭记日本军国主义的罪恶行径,铭记中华民族的历史重创。国家公祭的长远目的在于激励。国家公祭制度有助于帮助国民铭记历史,从而激励国民为促进国家多方面发展及人类文明发展而自强不息,使得中国以大国姿态屹立世界民族之林。

第四,国家公祭的时间、对象、性质等。《决定》明确国家层面的公祭活动于每年 12 月 13 日举行，公祭对象包括南京大屠杀死难者以及在日军侵略期间的所有受难者。《决定》是由全国人大常委会制定通过的规范性法律文件，是创设性的立法决定，也是全国人大常委会行使立法权的体现。其在立法位阶上被视为与法律有同样的效力等级，由国家强制力保障实施。[①]《决定》弥补了我国在公祭立法方面的缺位，完善了国家公祭法律体系，推动了依法治国的进程。

在地方立法层面，《重庆市抗日战争遗址保护利用办法》对管理和修缮抗日战争遗址和文物设施等作出了明确规定，《北京市烈士公祭实施细则》对烈士公祭仪式的程序进行了细化安排，下文将要详细解读评析的南京市人大常委会《条例》，则是我国第一部专门规定国家公祭活动保障措施的地方性法规。这些地方立法都实质性地推动了我国国家公祭法律体系的建立健全。

三 《南京市国家公祭保障条例》的文本解读

"不抵触、有特色、可操作"是当代中国地方立法的基本原则和要求。对南京市人大常委会《条例》文本进行深入解读，可以发现，作为首部专门保障国家公祭活动的地方立法，《条例》无论是在篇章结构上，还是在制度设计上，都体现了南京市地方立法的创新特点，同时也存在些许缺憾。

（一）《条例》的总体情况

总体而言，南京市人大常委会《条例》立法背景重大深刻，立法过程合法合规，主要内容完备健全，是一部质量较高的地方立法，其制定和批准全过程均符合《江苏省制定和批准地方性法规条例》的基本要求。

首先看立法背景。发生在 1937 年 12 月的侵华日军南京大屠杀，是人类历史上不可饶恕的暴力行径，是中华民族的沉痛记忆和南京城市的深重苦

---

① 参见金梦《立法性决定的界定与效力》，《中国法学》2018 年第 3 期。

难。多年来，我国国民尤其是南京市民众，通过多种形式持续悼念南京大屠杀遇难同胞。从 1994 年 12 月 13 日开始，南京市的民间组织或政府机关持续牵头举行仪式，悼念南京大屠杀遇难者，业已形成较为成熟的公祭程序，积累了妥善处理与国家公祭有关事务的宝贵经验。在 2014 年国家公祭日制度确立后，南京市范围内的公祭仪式以何种形式、何种流程举行，备受国内外关注。与此同时，近些年来，不断有"精日"分子用行为和言语否定和侮辱南京大屠杀的历史，对社会秩序造成了严重的负面影响，亟待予以有针对性的规制。由此，对国家公祭进行立法保障，对"精日"现象进行法律规制，成为民生所向、社会所需和国际所望。在此背景下，《条例》的制定出台体现了《江苏省制定和批准地方性法规条例》规定的以人为本的基本理念，体现了从南京市实际情况和公祭保障立法实际需求出发的基本要求，体现了与南京市经济社会发展和深化改革要求相适应的基本原则。

其次看立法过程。在国家公祭保障立法势在必行的现实背景下，南京市人大开展了有关国家公祭保障的立法探索。从 2018 年 5 月至 2018 年 10 月，南京市人大法工委就《条例》的草拟多次召开立法调研座谈会，宣传立法工作，向社会各界征求立法意见，并委托市律协和知名律所作为第三方开展立法前评估工作。2018 年 10 月底，南京市十六届人大常委会高票通过了《条例》。2018 年 12 月 13 日，《条例》正式实施。《条例》立法过程充分发扬民主，坚持立法公开，让民众以多种途径参与公祭立法，符合《江苏省制定和批准地方性法规条例》规定的地方性法规起草程序要求，也符合地方性法规审批程序要求。

最后看主要内容。《条例》由 7 个章节构成，共 45 条，从"国家公祭活动保障""国家公祭设施保护和管理""行为规范""宣传教育""法律责任"五大方面，对属于"国家公祭"范围内的行为要求与设施管理和维护制定了具体规范，尤其明确了恶意贬损民族尊严及情感的"精日"行径的法律责任。《条例》还科学划定了国家公祭仪式举行的场所，明确了公祭设施的范围，并对国家公祭相关文物修缮和管理、死难者人格利益的保护等作出了翔实规定。

（二）《条例》的具体制度

在具体制度上，《条例》全面设定了国家公祭活动的行为规范，建立了南京大屠杀幸存者帮扶制度，并以国家公祭教育为基础建立健全了爱国主义宣传教育体系，充分彰显了国家公祭的严肃性，实现了内在规范与外在规范的结合。

第一，全面保障公祭活动并规制相关行为。南京作为日本侵华战争的受难地之一，保留着较多的抗战遗址、抗战胜利纪念馆和其他国家公祭设施，也曾经数次发生"精日"行径等恶劣事件。《条例》防微杜渐，从既有社会现象出发，作出一系列禁止性规定。一是言语上的禁止。"禁止任何单位和个人歪曲、否认南京大屠杀史实，侮辱、诽谤南京大屠杀死难者、幸存者，编造、传播含有上述内容的有损国家和民族尊严、伤害人民感情的言论或者信息。"二是对物理空间和网络空间行为的禁止。"禁止在国家公祭设施、抗战遗址和抗战纪念馆等地使用具有日本军国主义象征意义的军服、旗帜、图标或者相关道具，拍照、录制视频或者通过网络对上述行为公开传播。"三是对侵犯合法权益的禁止。"禁止任何单位和个人侵害南京大屠杀死难者、幸存者的姓名、肖像、名誉等合法权益。"

第二，设立南京大屠杀幸存者帮扶制度。对大屠杀幸存者的保护与支持是南京市特别的地方事务，也是南京市义不容辞的责任。《条例》正式规定了南京大屠杀幸存者帮扶制度。一是物质生活帮助。《条例》第 8 条明确了市、区人民政府给予南京大屠杀幸存者必要的物质帮助，并大力鼓励和支持用不同形式对幸存者进行多重关怀，让南京大屠杀幸存者老有所依，老有所养。二是人格利益保护。《条例》第 28 条和第 30 条针对社会中"精日"行为和言论对幸存者造成的人格伤害进行规制，将对幸存者合法权益的保护纳入立法。三是诉讼和法律援助。幸存者或其亲属通过诉讼途径维护权益的，南京市相关法律援助机构提供无偿法律服务来捍卫幸存者合法权益。南京大屠杀幸存者帮扶制度体现了南京市政府对幸存者人道主义的关怀，也是对南京大屠杀历史的抢救和维护。

第三，建立健全国家公祭宣传教育体系。《条例》第五章"宣传教育"章节，从公祭主题教育的主要对象、理论课程的安排、实践课程的计划和相关教材的编写等方面对国家公祭宣传教育体系进行完善，这一做法在全国尚属首次。思想政治教育是人们理解和诠释国家公祭仪式精神的重要方式，在《条例》中具体规定思想教育的内容有利于对南京大屠杀的史实有更为清楚的认识，对国家公祭仪式的正义精神有更为正确的理解。值得一提的是，《条例》划定公祭教育的重点对象为青少年学生，并要求从普及和宣传南京大屠杀的历史开始，用适合青少年心理特征的方式开展历史教育和爱国教育。《条例》从公祭教育入手，有利于搭建体系化的爱国主义教育体系，牢固树立爱国主义精神的旗帜。

第四，充分彰显国家公祭立法的严肃性。立法是执法的前提。《条例》中"法律责任"条款的设定体现了立法的严肃性。一方面，"行为模式＋法律责任"的立法模式，为执法机关提供了地方性的法律依据，让执法机关在执法过程中依据明确且充分。另一方面，"法律责任"章节让"精日"行为清晰明确。考察过往案例，行政执法部门往往寻求于寻衅滋事的兜底条款处理"精日"行为，或随意处罚，而情节特别恶劣，严重伤害民族情感，造成社会秩序混乱的不法行径却无法覆盖在兜底条款之中。有鉴于此，《条例》从行为类型的角度，针对不同程度违反国家公祭秩序的行为，建构了全面的法律责任体系。

第五，实现外在规范和内在规范相结合。《条例》第四章"行为规范"从举行悼念活动、参观国家公祭设施时的行为礼仪到国家公祭设施讲解人员的讲解要求进行了规定。与此同时，礼仪也是由内而外的体现，虽然规范外在行为能够直接发挥作用，但如果没有内在的信念、法律精神和人文素养的提升，对外在行为的规范就会显得苍白无力，变成一纸空文。《条例》第五章"宣传教育"明确公祭教育为爱国教育的重要组成部分，围绕"如何展开公祭教育"进行了体系化的安排，这样的安排有利于凝聚民族精神，激发爱国热情，弘扬社会主义核心价值观。《条例》第四章和第五章的紧密布置是对国家公祭活动的外在规范和内在规范的结合的体现，两章相互配合更有利于公祭活动及相关纪念活动的展开，更有利于国家公祭氛围的营造以及社会良好风气的形成。

（三）《条例》的创新特色

南京市人大常委会《条例》以"保障"为核心关键词，对国家公祭活动进行了全方位的立法保障，具有鲜明的创新特色。

第一，坚持全面保障。综观《条例》全文，以"保障"二字为核心关键词，完整全面的国家公祭保障体系基本建立。首先，软硬结合，在硬件设施建设和公祭氛围营造上同步发力。作为国家公祭仪式的开展地，南京市必须协调城市氛围，以便与国家公祭庄严肃穆的氛围相符合。《条例》明确了纪念馆的特殊法律地位，不仅仅关注 12 月 13 日国家公祭仪式的保障，还应该推而广之，对国家公祭场所及设施 365 天的保护和管理给予重视。此外，国家公祭场所管理机构有权对管理区内实施符合《条例》要求的管理，管理区及周边建设项目及设施应当与国家公祭场所的规划协调一致。其次，分类治理，针对不同责任主体设定不同的保障职责。《条例》是对南京市、区人民政府和江北新区管理机构应做好国家公祭保障工作的总体规定，具体到机关、企事业单位、人民团体等，还应按照《条例》规定的各自职责承担国家公祭保障工作。《条例》尤其强调了公祭场所和设施所在地的职能部门和单位的工作部署，从而做到由面到点的工作安排。最后，多元共治，形成和凝聚全社会保障国家公祭的合力。《条例》第四章"行为规范"从个人行为和集体行为的角度对举行国家公祭活动和参观国家公祭设施时的行为制定了禁止性规范和命令性规范，还尤其注重从现实生活空间和网络生活空间等多个维度对行为言论作出具体规定。例如，《条例》第 27 条针对日益火爆的网络直播、影视化作品拍摄和采访等作出"事先同意方可进行相关行为"的规定，即是立法考量全面、与时俱进的体现。

第二，科学民主立法。科学立法和民主立法是对立法理论的丰富和发展，是新时代立法高质量的重要方面，是建设中国特色社会主义法治体系的基本要求。首先，专业律师全程参与《条例》的草拟体现了科学立法的精神。一方面，《条例》是南京市首部人大委托地方律所和律师草拟的法规。在立法过程中，参与律师代表的不仅是立法方式的创新，还是对科学立法原则的响应，体现了立法过程及方式的科学化，符合立法高质量发展的要求。另一方面，南京律师参与公祭保障立法工作也是进行公祭教育和爱国主义教育的一种重要形式，是对参与者唯物主义历史观的培养，是增强民族精神、培养民族情感的重要途径。其次，人民群众全面参与《条例》的制定体现了民主立法的精神。一方面，南京市人大在立法工作中贯彻群众路线，扩大群众参与，完善立法的民主协商机制。市法工委多次召开公祭日保障立法专家论证会，并与教育系统、文化系统等进行立法座谈会，各个区人大常委会基层立法联系点座谈会听取人民群众的意见，让不同人群参与公祭保障立法，让绝大多数声音在《条例》中得以反映。另一方面，南京市民积极主动参与立法，关注"精日"分子及"精日"行为的后续处罚情况，在问卷调查、街头采访、群众座谈会等不同形式的参与中反映南京市国家公祭保障实情，积极建言献策。最后，科学民主立法确保《条例》成为地方立法精细化的标杆。地方立法精细化不仅包括立法内容精细化，也包括立法过程精细化。[①] 在立法内容精细化方面，《条例》以《决定》等上位法为依据，着力解决"如何保障国家公祭相关事务"的问题，从南京开展公祭活动的地方实践出发，对处于不同立场主体的权利与义务、公祭场所及其周边的环境及氛围要求和举行公祭活动的时间等分情形作出了具体翔实的规定。在立法过程精细化方面，南京市人大多次召开立法座谈会、专家评审会，积极开展立法调研工作，征求多方立法意见。尤其值得关注的是，南京市人大常委会组织对《条例》的立法前评估和文本起草，并首次将立法前评估和文本起草的重任委托给地方律师事务所。可以说，《条例》的制定与出台是南京市地方人大对新时期人大理论及制度的探索和理解，标志着南京市人大工作的与时俱进。

---

① 谭波、侯梦凡：《设区的市地方立法精细化研究——以河北省为例》，《江汉大学学报》（社会科学版）2018 年第 5 期。

第三，凸显地方特色。地方立法在符合不重复上位法、不与上位法抵触的原则下，应当重点关注和解决本地范围内亟待解决而中央并未进行规制的问题，充分反映本地的经济、文化、教育和民情等。《条例》的地方特色体现为如下方面。一是空间和时间的多维度拓展。在空间上，对常规化的悼念活动，由点到面，由集中的公祭场所扩散到整座南京城市；在时间上，对国家公祭的保障，由国家公祭日每年12月13日延伸到南京市民的日常生活中去。二是加强对南京大屠杀史实的保护。一方面，《条例》鼓励社会各界积极开展史料研究，参与国家公祭保障，这是对南京大屠杀史实保护的重要体现，是对日本右翼否认南京大屠杀史实的有力驳斥；另一方面，《条例》加强对幸存者生活的保护，南京大屠杀幸存者是史实最为直接的见证者，对幸存者的保护就是对南京大屠杀史实的有效保护。三是富有南京特色的宣传教育体系。结合南京市实际教育情况，让公祭教育走入课堂，纳入课本，进行实地教学，让学生走进南京大屠杀纪念馆，让学校及教室、南京大屠杀纪念馆及其工作人员等不同主体在国家公祭教育中扮演合适的角色，使得国家公祭教育和爱国主义教育富有"南京特色"。

第四，彰显价值引领。《条例》是对社会主义核心价值观和以人民为中心两方面的价值引领。在国家公祭及保障立法中强调社会主义核心价值观是传递社会核心价值观的一种重要途径。以地方立法形式保障国家公祭活动和设施，体现了高举法治旗帜同历史虚无主义抗争的决心。国家公祭教育是爱国主义教育的重要一环，而爱国主义是社会主义核心价值观的重要方面，将爱国主义融入《条例》，尤其体现了社会主义核心价值观对立法的引领作用。就"以人民为中心"而言，《条例》在立法过程中让民众以多种形式参与其中，开展民主协商，听取多方意见。《条例》在主要内容上，一方面是对参与国家公祭活动、参观纪念设施的民众权利义务的规定，另一方面是对南京大屠杀幸存者合法权益的有效保障。这些都充分彰显了《条例》"以人民为中心"的价值引领。

（四）《条例》的缺憾之处

党的十八届四中全会决定指出："法律的生命力在于实施，法律的权威

也在于实施。"如何保障地方立法的可实施性，关键在于法规必须具有可操作性。相对于中央立法，可操作性是地方立法最为突出的价值。虽然《条例》规定了一系列具有创新特色的具体制度，但是其可操作性有待实践检验。

首先，《条例》的适用范围有待进一步明确。《条例》第 2 条确定了其适用范围，强调了"南京市"的地域范围和"国家公祭相关"的事项范围。但随着网络时代的发展，"网络公祭"依托于网站逐渐成为一种新的形式。[1] 在"侵华日军南京大屠杀遇难同胞纪念馆"官网上"国家公祭"的板块，其子栏目有"在线悼念"。通过"在线悼念"的页面进行悼念并自主填写的"祈福留言"已经成为一种固定的形式。《条例》没有将"侵华日军南京大屠杀遇难同胞纪念馆"官网纳入保障公祭实施的范围，略显遗憾。实践中，可以将"南京大屠杀遇难同胞纪念馆"的官网作为公祭的全新场所，或者说是南京大屠杀遇难者同胞纪念馆的另一种表现形态。如此便可使《条例》的适用范围由物理空间覆盖到网络空间，有利于《条例》发挥其应有的立法价值。此外，"精日"现象也在各种社交媒体中时有发生。这些情形虽然不是发生在南京市的公祭场所及活动中，但确有侮辱南京大屠杀死难同胞的言论或行为，有待进一步的立法回应。

其次，参加公祭的对象范围有待进一步拓展。《条例》对参加国家公祭的对象尚未规定。《条例》立法的目的为以法律形式对以公祭为主题的、形式多样的活动进行全方位的保障，唤起全市人民乃至全国人民的历史记忆，不忘国耻，珍爱和平。因此建议将邀请全国各地在日本侵华战争中的幸存者代表和抗战老兵等参加在南京市举行的公祭活动纳入国家公祭立法，[2] 从而让国家公祭更具有典型性和参与性，扩大南京市公祭活动的影响力，切实让《条例》内容与其立法目的相契合，与社会实际相呼应。

---

[1] 参见赵立涛、都晓琴《网络公祭与青少年爱国主义教育》，《河北青年管理干部学院学报》2015 年第 2 期。

[2] 参见张国松《从历史记忆到国家公祭——南京大屠杀死难者国家公祭日解析》，《文教资料》2014 年第 33 期。

最后，国家公祭相关制度建设有待明确。《条例》中有一些关于公祭保障制度建设的规定，例如第22条规定"保护和管理单位对公祭场所和设施的管理制度"以及"文物保护职能部门对公祭场所和设施的巡查制度"，但制度该如何建立健全，又如何落实以及何时落实等问题有待实践的检验。虽然《条例》创设性地提出了设立南京大屠杀幸存者帮扶制度，但是制度本身如何建设和落实尚未在《条例》中明确。鉴于南京大屠杀幸存者的数量逐年减少，他们自身的生存情况和家庭情况不容乐观，亟须借助立法有效地保障并改善其生存生活。南京大屠杀幸存者帮扶制度规定的保障职责需要明确到各个区政府职能部门，从经济保障着手，体现人道主义与人文关怀。

四 《南京市国家公祭保障条例》的法政意义

作为我国国家公祭立法体系的重要组成部分，南京市人大常委会《条例》以地方立法先行推动国家公祭法律体系完善，在国际社会高度彰显我国对和平发展的追求，对构建人类命运共同体的决心，具有极其深远的法政意义。

（一）立法层面的意义

首先，保障国家公祭活动，规范公祭相关行为。《条例》为当今和以后很长一段时期南京市国家公祭仪式的举行、国家公祭设施的管理和保护提供了可行规范，有利于国家公祭仪式的有序开展及公祭设施的长久保护。《条例》对国家公祭的场所及设施、参加公祭的行为礼仪等进行规范，对扭曲和否认南京大屠杀史实以及严重伤害民族情感和自尊的言行进行严厉处罚，将国家公祭活动的保障主体及其职能、公祭活动的参与者、公祭场所及设施的参观者的礼仪要求、国家公祭仪式程序及公祭对象等以立法的形式明确，划清公祭活动的管理和保护主体与参与主体的各项权利义务，完善工作机制，使保障有序进行，为南京市国家公祭事宜提供了有力的法治保障。其次，彰显南京地方特色，凝聚南京立法共识。《条例》在"不违背上位法原则"和"不重复立法原则"下体现了南京特色。"创新性"是江苏省多年来形成的

"不抵触、有特色、可操作"地方立法要求。① 《条例》综合南京实际情况，对国家公祭保障和管理制定出细致精准的规定，其中凝聚了长期以来南京市无论是举行南京大屠杀国家公祭还是地方公祭的实践经验，是对多年来形成的经验和做法的总结，是对国家公祭和地方公祭习惯的升华，是南京市保障国家公祭的智慧结晶，对发挥地方立法积极性、保障我国法制统一以及推动南京市法治发展具有重要意义。最后，填补上位立法空白，引领未来相关立法。国家公祭立法保障是新时代法律体系完善的热点方向，国家公祭立法发展是新时代新宪法背景下地方立法创新的可行方向、创新举措与有为空间。《条例》先行助力国家公祭立法，一方面，在上位立法的框架下，对国家公祭保障和管理"再精细化"，用地方条例弥补国家层面对公祭保障立法的缺失，起到地方立法对中央立法的补充作用。另一方面，无论是公祭保障立法的内容，还是南京市人大常委会的立法过程，都体现了地方人大对立法的审慎态度，对未来中央和地方在公祭保障内容的确定以及科学民主立法的方式方法等方面都具有示范带动作用。

（二）法理层面的意义

首先，彰显以人民为中心的法治发展准则。一方面，《条例》遵循立法工作之宗旨，以人为本，立法为民。南京市人大常委会坚持以人民为中心的立法导向，从人民期待的领域出发，让民众参与立法，畅通民意表达，将民意体现在立法之中。在为期半年多的立法过程中，南京市人大常委会动员各方，广泛听取社会各界的意见，让全体市民以不同的方式在不同的阶段参与到公祭保障立法中，让《条例》真正反映南京市实际情况，体现南京市民对国家公祭保障立法的呼声。② 另一方面，为人民服务，就是为每一个群体服务，满足每一个群体的生存发展需求。③ 《条例》创立南京大屠杀幸存者

---

① 吴欢：《时代法治政府建设的区域探索及其意义——基于江苏省近年来实践的评析》，《黑龙江社会科学》2018 年第 6 期。
② 周小毛：《坚持以人民为中心的价值意蕴》，《光明日报》2018 年 10 月 11 日。
③ 欧阳康：《"以人民为中心"推进社会治理现代化》，《中国社会科学报》2017 年 11 月 17 日。

帮扶制度，从物质帮扶入手，解决南京大屠杀幸存者的衣食起居，保障基本生活质量，让历史的见证人老有依靠，努力实现人民群众对美好生活的向往，坚持以人民为中心的价值追求。其次，以区域法治发展助力国家法治发展。我国《宪法》奠定了中央与地方共同行使立法权的宪法基础。这样的规定适当赋予地方一定的立法职权，以作为对中央立法的补充。《宪法修正案（2018）》对地方立法权进一步确认。《立法法》是地方立法的根据。区域法治发展是国家法治发展的有机构成要素，是国家法治发展在主权国家的特定范围内的具体实现。① 南京市人大运用地方立法权，对在南京市范围内举行的国家公祭活动进行立法。一方面《条例》体现了区域法治发展的个性。一是《条例》的制定结合实际需要，将区域经济、文化、地理等多方面因素纳入考虑，二是《条例》自身体现了内容和立法程序的创新。另一方面《条例》体现了区域法制的统一性，即严格遵从不违背上位法、不重复立法的要求及地方立法程序。因而，《条例》是区域发展多样性和统一性结合的成果，在国家层面有关国家公祭保障缺失的情况下填补空缺，以其先行先试之经验以及区域立法的共性和个性助推国家法治发展，使我国国家公祭法律体系日臻完善。最后，夯实法治国家建设的共同文化心理。李昕认为："社会认同是一个范畴化的过程，将未经历过痛苦的人范畴化为广义的'受害者'从而对那段经历感同身受。"② 为南京大屠杀死难者国家公祭活动及其保障进行立法，是一个范畴化的过程，使人民和国家可以从"南京大屠杀受害者"的视角审视历史，同时审慎对待公祭立法，担负公祭立法的重任，从而促进了个人与国家之间的精神沟通，稳定团结关系，成为一项长久而坚固的国家性与社会性兼具的行动，有助于民族精神的长久凝练，众志成城，为建设中国特色社会主义法治国家贡献光热。

---

① 公丕祥：《区域法治发展的概念意义——一种法哲学方法论上的初步分析》，《南京师范大学学报》（社会科学版）2014 年第 1 期。

② 李昕：《创伤记忆与社会认同：南京大屠杀历史认知的公共建构》，《江海学刊》2017 年第 5 期。

（三）社会层面的意义

首先，《条例》寄托特殊哀思，追求和平生活。《条例》的落实是民意的推动，南京是承载南京大屠杀记忆的载体，南京市民对南京大屠杀的记忆比常人久远而深刻。古老的南京市以及那段刻骨铭心的历史对南京市民来说是符号般镌刻的记忆。《条例》对国家公祭的保障，保护的不仅仅是公祭活动和公祭设施，更是南京市民对大屠杀遇难者的追思，对幸存者的悯惜，对美好生活的追求，对和平的无限热爱。其次，《条例》引导社会风尚，构建良好秩序。《条例》是贯彻落实社会主义核心价值体系入法入规的具体实践。爱国主义是社会主义核心价值观中最根本和永恒的价值观念。作为国家公祭仪式举行地，作为南京大屠杀惨案发生地，南京市及时出台融合社会主义核心价值观、融入爱国主义教育的国家公祭保障立法社会意义重大，有利于凝聚民族力量，深化爱国情感，弘扬社会主义核心价值观，引领良好社会风尚。再次，《条例》有利于实际解决国家公祭保障工作中面临的纷繁复杂的问题。《条例》是对现有工作经验的总结和固化，有利于国家公祭保障工作的规范进行，有利于公祭仪式的顺利展开，有利于公祭设施的保护和管理的常态化。最后，《条例》固化悲悯历史，塑造民族共同记忆。《条例》的生效是对南京大屠杀史实的第四次固化。第一次固化始于远东国际军事法庭和南京审判战犯军事法庭的判决，对南京大屠杀发生的时间、对象、人数、地域范围、内容等作出定论。第二次固化是"建馆立碑编史"，即建立侵华日军南京大屠杀遇难者同胞纪念馆，建立侵华日军南京大屠杀遇难者同胞纪念碑以及编辑和出版了与南京大屠杀历史有关的史料书籍。第三次固化是国家公祭活动的确立，以法律的名义对南京大屠杀死难者进行国家级别的公祭，是对南京大屠杀真实情况的再确认，对公祭时间、对象和范围等进行了明确。① 第四次固化即《条例》的生效。《条例》对公祭日活动、国家公祭

---

① 朱成山：《国家公祭是对南京大屠杀历史的第三次固化》，《解放军报》2014 年 12 月 13 日，第 3 版。

设施进行了保障和管理，对南京大屠杀的史实及性质进行了再次确认，让国家公祭活动和其他相关的纪念活动有法可依。对南京大屠杀史实的四次固化，是对南京大屠杀乃至整个日本侵华战争记忆的强化，构成了民族共同记忆的重要一部分。

（四）政治层面的意义

首先，提升国民认识，加强民族情感。《条例》规定公祭日娱乐活动与媒体报道的限制、教育宣传活动的开展和对研究南京大屠杀史料贡献者的奖励等，对公众在公祭日及公祭场所的行为进行体系化的规定，提高人们对公祭活动的参与感。《条例》规定公祭仪式程序与场所礼仪，在提升公众对公祭活动的认识的同时，让人们在庄严肃穆的公祭活动中了解历史真相，感受爱国主义情怀，增强国家和民族尊严感。其次，从"南京记忆"到"人类共同记忆"。南京大屠杀死难者悼念仪式经历了从家族祭祀到地方公祭再到国家公祭的漫长过程，正是这漫长的祭祀演变过程，使有关南京大屠杀的史实得以唤醒与传承，完成了国家公祭仪式化和制度化的构建，并使南京大屠杀的历史成为中华民族乃至全人类的共同记忆。2015 年 10 月 10 日，"南京大屠杀档案"成功进入联合国教科文组织《世界记忆名录》，标志着南京大屠杀档案正式成为世界记忆遗产，标志着南京大屠杀从国家民族的共同记忆上升为全人类的共同记忆。《条例》的相关规定既是对南京大屠杀历史在物理性上的保护，也是对其主要内容和精神的保护。2014 年国家公祭日的设立使南京大屠杀的历史记忆由"南京记忆"上升到"中华民族共同记忆"，而《条例》的出台则是希望推动南京大屠杀的史实由"中华民族共同记忆"上升为"人类共同记忆"，使南京大屠杀的历史和国家公祭日被赋予更多的时代意义。最后，维护世界和平，构建人类命运共同体。习近平总书记在党的十九大报告中系统阐释了"人类命运共同体"理念，呼吁"各国人民同心协力，构建人类命运共同体，建设持久和平、普遍安全、共同繁荣、开放包容、清洁美丽的世界"。反对战争和暴行，维护世界和平，体现了"人类命运共同体"的理念，也是全世界人民的共同愿望。南京大屠杀不仅仅是

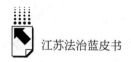

中华民族的记忆，还应该是世界人民的记忆，通过《条例》保障和固化南京大屠杀的史实，从心灵秩序和行为操守两个方面提升人们对南京大屠杀的认识，倡导中华民族乃至世界各民族向往和平、坚守和平，共同开创和平发展、互利共赢的新局面，引导国人和世人牢记历史，珍爱和平，共同构建人类命运共同体。

五　结语

一段时期以来，我国的国家公祭秩序建构侧重于中央层面，集中体现为通过全国人大常委会《决定》的方式确立国家公祭日。以南京市人大常委会《条例》为代表的地方立法则提供了另一种思路。这种新思路通过地方立法的形式，以"不抵触、有特色、可操作"为考量，将中央立法性决定进行具体化，使国家公祭活动不仅仅依靠纪念仪式，也不局限于心灵秩序，而是将行为规范和心灵秩序相结合，对国家公祭活动进行有序安排，对公祭设施进行全面的保障，这是国家公祭法政秩序建构的新维度，也是区域法治发展的重要功能。《条例》为国家公祭保障立法交出了第一份地方答卷，有助于推进更高层面的国家公祭保障立法和相关的国家荣典立法体系建设，同时在理论上充分彰显和有力回答了地方法治创新或曰区域法治发展在何种程度上有助于国家法治发展的重大命题。《条例》通过建立系统完备的国家公祭宣传教育体系来弘扬爱国主义精神，体现了党和国家对生命的尊重和关怀，警醒人们时刻热爱和平、抵制侵略，勿忘国耻，实现民族共同记忆的永久传承，同时以地方性法规的形式，郑重宣示了中华民族愿同世界各民族共同构建人类命运共同体的坚强决心与坚定信心。

法治调查报告

Investigation Reports on Rule of Law

B.11

基层法院员额法官队伍可持续
发展的问题与出路
——以南京市栖霞区人民法院为基础的研究

江苏省南京市栖霞区人民法院课题组*

摘　要：　与中级以上人民法院可以通过从下级人民法院选调来增补员额法官不同，基层人民法院的员额法官只能从其内部人员中增补。调查数据显示，5年以后基层人民法院将面临为期10年的员额法官增补高峰期，近三分之二的员额法官因退休而需要增补。因此，稳定、可靠、高质量的增补来源是员额法官制度长期有效实施的关键。通过对南京市栖霞区人民法院员额制改革

---

　*　课题组成员：吕宁华，南京市栖霞区人民法院副院长；陈平，南京市栖霞区人民法院立案庭庭长；殷婉璐，南京市栖霞区人民法院立案庭法官助理；张敢冲，南京师范大学法学院诉讼法专业研究生；吴迪，南京师范大学法学院诉讼法专业研究生。

现状的调查和分析，基层人民法院应以在编法官助理为基础，建立梯次培养、遴选晋升的员额法官后备队伍，并且辅之以相应制度措施的意见建议，以解决基层人民法院乃至整个法院系统员额法官队伍的可持续发展问题。

关键词： 基层法院　员额法官　可持续发展

员额法官制度改革是司法体制综合改革的重要内容，对整个审判制度改革有着广泛而深远的影响。然而，目前的员额法官是从原有的审判员、助理审判员中遴选而来，随着时间的推移，员额法官队伍将因退休、调出、退额等因素而不断减少。从可持续发展的角度看，稳定、可靠、高质量的增补来源是员额法官制度长期有效实施的关键。按照制度设计，下级法院的优秀法官构成了中级以上人民法院员额法官的主要来源，而基层人民法院则只能从初次进入法官队伍的人员中增补员额法官。因此，基层人民法院员额法官的增补来源不仅关系到其自身的可持续发展问题，而且关系到整个员额法官制度的可持续发展问题。

本文试图通过对南京市栖霞区人民法院员额制改革现状的调查和分析，对员额法官队伍的可持续发展问题提出意见和建议。

一　员额法官制度实施的基本情况

栖霞区人民法院实施员额法官制度是从 2016 年开始的。在这之前，作为改革尝试，2014 年栖霞区人民法院出台了《关于审判权运行机制改革实施方案》，试行主审法官制度，任命了 6 名业务能力强的资深法官为主审法官，挑选优秀书记员任命为法官助理，组成一审一助一书的审判工作团队，承担相应的审判工作，并辅之以各项支撑团队工作的配套措施，以充分发挥审判工作团队的作用。此项试点工作提高了审判效率和审判质量，收到了良好的效果，得到了上级法院的认可，并且为员额法官制度的推行提供了前期基础。

2016 年员额法官制度在全省正式推开，栖霞区人民法院按照省法院的统一部署，完成了首批员额法官的遴选工作，并于 2017 年进行了首次增补。截至 2018 年 3 月，全院共有员额法官 36 人（21 男 15 女）。从年龄结构、教育背景、专业背景、审判经验等方面看，现有的员额法官队伍是一支优秀的法官队伍，能够满足基层人民法院审判工作的需要。

员额法官中年龄最小的 30 岁，最大的 55 岁，其中 30～35 岁年龄段 7 人（5 男 2 女），36～40 岁年龄段 5 人（均为女性），41～45 岁年龄段 3 人（1 男 2 女），46～50 年龄段 14 人（9 男 5 女），51～55 岁年龄段 7 人（6 男 1 女）。

员额法官中受过研究生教育的 24 人，占比 66.7%。不同年龄段的学历差异并没有规律性，例如在 30～35 岁年龄段的员额法官中，具有研究生学历或学位的占比低于平均数，并没有表现出年龄越小、学历越高的趋势。① 36 名员额法官绝大多数都有法学本科的专业背景，② 其中 10 人在 985、211 高校获得全日制法学学士学位；③ 4 人在普通高校获得全日制法学学士学位；另有 19 人为专升本、自考、在职法学本科。④ 36 名员额法官中有 17 人通过国家司法考试，其中 40 岁以下的全部通过考试，具有法律职业资格。

从审判经验看，年龄段越高的员额法官审判经验越丰富，而年龄段越低的法官目前承担的审判任务越重。从 2015 年 1 月 1 日到 2017 年 12 月 31 日的数据显示，年人均结案数 30～35 岁年龄段为 274.7 件，36～40 年龄段为 210.2 件，41～45 岁年龄段为 188.89 件，46～50 岁年龄段为 147.62 件，

---

① 这种情况应当与研究生学历主要是通过在职读研的方式获得有关，在职时间越长，获得研究生学历的机会越多。

② 36 名员额法官中只有 3 人本科为非法学专业。

③ 考虑到我国专门政法大学在法学教育方面的专业性和培养质量，本文将专门政法大学统计在 985、211 院校类型中。

④ 分析数据显示，年龄段越低，本科为专升本、自考、在职的占比越低，35～40 岁年龄段的员额法官中，本科为专升本、自考、在职的比例为 0，46～50 岁年龄段的比例为 64%，51～60 岁年龄段的比例为 86%。这表明员额法官队伍中本科受到良好法学基础教育的比例在不断提升。

51~55 岁年龄段为 173.3 件。①

在遴选员额法官的同时，栖霞区人民法院还建立了法官助理制度。现有的法官助理队伍包括两种类型的法官助理：一种是在编法官助理，由未能入额的原任法官和近年来陆续招收的编制内法官助理构成；另一种是聘任制法官助理，由面向社会招聘的、编制外的法官助理构成。前一种类型的法官助理队伍相对稳定，后一种类型则流动性较大。

员额法官制度实施以后，栖霞区人民法院审判工作的基本模式是由 1 名员额法官、1 名法官助理和 1 名书记员组成审判团队，承担审判工作。简易程序案件由员额法官独任审理，普通程序案件通常由 1 名员额法官和 2 名人民陪审员组成合议庭审理。就制度设定而言，在一个审判团队中，只有员额法官享有审判权，法官助理只承担审判辅助工作，不能作为合议庭成员参加审判工作。

二　员额法官队伍可持续发展的基本问题

现有的员额法官编制主要是根据法院所承担的审判工作量确定的。从发展的角度看，在可预见的未来，栖霞区人民法院年受理案件数量不会大幅度下降，因而员额法官编制至少会保持稳定。然而，现有的员额法官却会因退休、调离、辞职等因素而减少，从而产生员额法官的增补问题。

（一）员额法官后续增补的需求分析

根据我们调查的数据，如果按照男 60 岁、女 55 岁退休计算，栖霞区人民法院现在的员额法官将在 2019 年开始有 1 人退休，5 年后，即 2023 年开始进入退休高峰期，2023~2027 年将有 11 名员额法官退休，2028~2032 年还将有 11 名员额法官退休。此外，因工作调动、个人辞职等离开法官岗位的情况也有可能发生，尤其是确立了上级法院从下级法院选调审判能力强、审判经验丰富法官的制度以后，栖霞区人民法院的员额法官因上级法院补充

---

① 人均结案数包括执行案件。

法官的需要调出的情况也会不断增加。可见，除了因法官退休而导致的自然减员外，员额法官队伍还会因其他因素而加速减员。

因此，在未来的 15 年中，栖霞区人民法院将有近三分之二的员额法官需要增补，且主要集中在 2023～2032 年 10 年中。员额法官增补的第一个高峰期是 2023～2027 年，即使不考虑上级法院选调法官和因工作需要调出法院的因素，在这一高峰期中也需要增补 11 名员额法官。

（二）员额法官增补的来源分析

就员额法官队伍的增补而言，实行法官选任制以后，主要有内部和外部两种来源：内部来源是从法院内部选任，包括基层法院从自己的法官储备人员中选任和上级法院从下级法院法官中选任；外部来源是从律师、法学教育和法学研究人员，以及立法工作者、检察官等法律职业共同体人员中选任。从目前的情况看，外部选任工作虽然已经开始，但是总体规模不大，尤其是基层法院从外部选任员额法官的情况非常少见。未来 5 年到 10 年甚至 15 年，外部选任制度能够发展到什么程度我们无法预期，[①] 因而不能作为员额法官队伍增补的可靠来源，法院内部来源仍然是员额法官队伍增补的基本来源。

学术界对法院内部员额法官的增补来源有着不同的意见，法院系统的现行制度也存在不确定性。[②] 一些学者认为"法官助理作为入额法官的后备军

---

① 外部选任制度的有效实施需要诸多的条件，这些条件能够保障法官职业具有足够的吸引力，能够吸引优秀的律师、法学教育和研究人员加入法官队伍。而目前我国的实际情况是法官队伍人员流出情况比较严重，可见保障法官职业具有足够吸引力的条件并不具备，并且在近期内很难具备。关于法官队伍的稳定性问题，请参见方宏伟《法官流失及其治理研究》，《武汉理工大学学报》2015 年第 3 期，第 472 页；刘斌：《从法官"离职"现象看法官员额制改革的制度逻辑》，《法学》2015 年第 10 期，第 48 页。

② 例如目前法院系统明确规定未入额人员不得独立办案，从而切断了法官助理有效获得审判经验的通道，使这一群体难以成为员额法院的增补来源。在这一制度下，法官助理不能参与庭审，更无法作为庭审的主导者而获得主持庭审的经验，尽管在编法官助理可以在员额法官的指导下草拟裁判文书，从而可以部分地获得裁判经验，但是如果不能参加庭审而撰写裁判文书，这本身便违反了审判的规律，不审却判这样的经验对法官助理未来的审判生涯来说甚至可能是有害的。

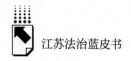

应当成为主要的遴选对象"，① 而也有学者持极力反对的态度，认为现有
"法官助理都算不上法律人中的佼佼者"，以其作为法官队伍增补来源只会
导致法官大众化，从而背离目前改革所确立的法官精英化的既定目标。② 然
而我们认为，上述两种观点并非截然对立，仅仅是因为未能区分不同层级的
人民法院而导致了表面冲突。事实上，就中级以上人民法院而言，员额法官
增补来源主要是下级法院的员额法官，不能从本院的法官助理中选任，但是
就基层人民法院而言，如果没有可靠的外部来源，增补员额法官便只能从本
院的法官助理中选任。

（三）在编法官助理队伍的初步分析

栖霞区人民法院的在编法官助理队伍是通过两种途径形成的，一是在员
额法官制度实施过程中未能入额的审判员、助理审判员成为法官助理，二是
每年根据人事部门下达的编制公开招收符合条件的人员成为法官助理。③ 前
者 16 人，占比为 43.24%，后者 21 人，占比 56.76%。④

目前栖霞区人民法院的在编法官助理共有 37 人（18 男 19 女），年龄最
小的 24 岁，最大的 58 岁，在年龄结构、教育背景、专业背景方面与员额法
官相比，具有一定的优势，但是在审判经验方面存在较大差距。

与员额法官队伍相比，在编法官助理队伍的结构相对年轻，37 名在编
法官助理中，29 岁及以下 8 人，30～40 岁 21 人，46～55 岁 6 人，56 岁及
以上 2 人。⑤ 从受教育程度看，在编法官助理中 20 人具有研究生学历或学

---

① 参见拜荣静《法官员额制的新问题及其应对》，《苏州大学学报》（哲学社会科学版）2016
年第 2 期，第 61 页。
② 参见刘练军《法官助理制度的法理分析》，《法律科学》2017 年第 4 期，第 19 页。
③ 栖霞区人民法院目前的在编法官助理最早于 2005 年招入法院，至 2017 年平均每年招收
2.76 人，如果不考虑退休的情况，在编法官助理队伍将以每年 3 人左右的速度持续增加。
④ 从发展的角度看，前一类法官助理的数量是既定的，只会减少，不会增加，他们当中不排
除有部分优秀者因员额法官的名额限制而未能入额，以后在需要增补时因其符合条件而成
为员额法官；后一类法官助理的数量会随着每年招收新人而不断增加，这一部分人将越来
越成为员额法官增补的主要来源。
⑤ 41～45 岁年龄段人数为 0。

位，占比为 54.05%，^①低于员额法官，但是 40 岁以下年龄段的在编法官助理本科段受教育情况好于员额法官，有 4 人本科段在 985、211 高校受过全日制教育，在普通高校受过全日制本科教育的占比也较高。^②

与员额法官相比，在编法官助理的专业背景也表现出两方面的特征，一方面是法学教育基础和司法考试通过情况，后者好于前者；另一方面是后者的审判经验明显弱于前者。就前一特征看，40 岁以下年龄段的在编法官助理绝大多数分别在本科阶段或研究生阶段接受过全日制法学教育，除 1 人外全部通过国家司法考试，具有法律职业资格，16 名在编法官助理还具有助理审判员以上审判资格；^③从后一特征看，实行员额法官制度以后，法官助理已经很少参与审判工作，因而其审判经验主要是在员额法官制度实行之前，基于其所具有的审判资格参与审判，或是新入职时参加培训而获得的。^④

（四）初步结论与问题

在编法官助理是栖霞区人民法院中在教育背景、专业背景、工作能力等方面最接近员额法官的群体。从整体上看，在编法官助理的年龄结构优于员额法官，其教育背景和专业背景总体上好于员额法官。尤其是 30～40 岁年龄段的在编法官助理中有 9 人具有助理审判员身份，已经积累了一定的审判经验。但是，缺乏审判经验而导致审判能力不足，仍然是这一群体与员额法官之间最重要的差距，并且在 40 岁以下年龄段的在编法官助理中表现得特别明显。

法官制度改革的基本目的，是建立一支规范化、专业化、职业化的高素

---

① 在编法官助理中具有研究生学历或学位的主要集中在 40 岁以下年龄段，46 岁以上年龄段中仅 1 人有研究生学历，这与 46 岁以上年龄段具有研究生学历的法官入额较多有关。

② 29 岁及以下年龄段在编法官助理在本科阶段均受过全日制正规教育，30～35 岁年龄段有 9人，36～40 岁年龄段有 8 人本科阶段受过全日制正规教育，占这两个年龄段总人数的 81%。

③ 其中 29 岁及以下年龄段为 0，30～35 岁年龄段 4 人，36～40 岁年龄段 5 人，46～55 岁年龄段 5 人，56 岁及以上年龄段 2 人。

④ 有审判资格并参与过审判的法官助理年龄偏大，年龄段较低的法官助理主要是通过入职培训获得审判经验。

质法官队伍,① 因此,在编法官助理在进入员额法官队伍之前,应当具备精英法官的基本素质。基于这一考量,全面提升在编法官助理,尤其是 40 岁以下年龄段法官助理的学历水平、专业水平,着力提升其审判经验和审判能力,便成为关系员额法官队伍可持续发展的一个基本问题,需要在未来 5 年内采取必要措施,认真加以解决,以应对 5 年后员额法官增补高峰期的到来。

三 解决基层法院员额法官队伍可持续发展问题的基本路径

基于上述分析,在未来的 5 年左右时间内,全面提升在编法官助理的综合素质,尤其是使其具备一定的审判经验和审判能力,达到增补员额法官的条件,是员额法官队伍可持续发展需要解决的一个基本问题。我们认为,这一问题的解决路径主要有以下几个方面。

第一,适当提高在编法官助理的准入门槛。目前基层法院的在编法官助理是通过公务员考试招收的,一般招收条件为法律类专业本科以上学历、学位,并通过国家司法考试。由于本科学历也要求有学位,因而基本上已经将本科学历限定为在全日制高等院校获得,但是在本科以上学历中,只要求有一个是法律类专业便可满足招收条件,因而本科为非法学专业而研究生为法学专业的考生也符合招收条件。

我们认为,基于新录用在编法官助理构成基层法院员额法官的后备队伍,而且间接影响到中级以上人民法院未来选调员额法官的质量基础,应当适当提高在编法官助理的准入门槛。可以考虑将本科为法学专业并获得法学学士学位、具有法学各学科研究生学历、通过国家司法考试等 3 项作为准入

---

① 最高人民法院院长周强提出了法官队伍建设的目标,参见《法院队伍建设要坚定"三化"方向》,中国法院网,https://www.chinacourt.org/article/detail/2013/07/id/1042753.shtml,最后访问日期:2018 年 6 月 10 日。有学者认为这一目标体现了法官队伍建设的精英化方向,参见戴传利《论我国员额法官改革困境与出路》,《江淮论坛》2016 年第 3 期,第 119 页。

条件，在此基础上考核其文字能力和分析判断能力，择优录用，为员额法官后备队伍的培养提供良好的基础。①

第二，进一步提高在编法官助理的学历和教育水平。采取措施鼓励和支持 40 岁以下年龄段的在编法官助理在职攻读法律硕士学位，以提升其专业素养中的理论能力和学习能力。5 年内力争使 40 岁以下在编法官助理的研究生学历（含在读）占比提高到 70% 以上。

第三，对在编法官助理实行分级管理，分级培养，逐级遴选，建立员额法官增补的梯次后备队伍。我们建议把在编法官助理岗位区分为初级、中级、高级 3 个层级，法官助理在每个层级上至少工作满 2 年。初级法官助理工作满 2 年后，经过工作考核和员额法官推荐等程序，遴选优秀者进入中级法官助理岗位，在中级岗位上工作满 2 年后，经过相同的程序，遴选优秀者进入高级法官助理岗位。

第四，区分不同层级法官助理的工作重点，逐步提升其工作经验和工作能力。初级法官助理的工作范围以辅助性审判工作为主，包括审判案卷的整理，查询相关法律资料或案例，依法调查、收集、核对有关证据，送达法律文书，办理财产保全、委托鉴定、评估、审计等事务工作。

中级法官助理的工作范围可以扩展到审查诉讼材料，梳理程序性事项，整理、归纳诉讼争点，参与案件的调解工作，处理涉案来电来信来访和协助判后答疑，在员额法官的指导下草拟裁判文书，等等。

高级法官助理在解决了参与审判的权限问题后，其工作范围可以进一步扩展到在员额法官的指导下独立承担诉调案件的调解工作，或者作为合议庭成员参与普通程序案件审理，作为合议庭成员时独立承担主持庭前会议、主持证据交换等庭前工作，可以主持庭审，并且可以在员额法官指导下制作裁判文书，由员额法官审核后签发。

第五，厘清高级法官助理的工作性质和权限，界定参与审判权的权限范

---

① 考虑到中级以上人民法院将主要从下级人民法院的员额法官中选调增补员额法官，以及高校博士生培养模式已经向全日制培养转变等实际情况，基层人民法院在录用在编法官助理时还需要特别注意吸收具有法学博士学位的优秀人员。

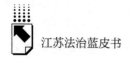

围。上述高级法官助理所承担的工作范围已经涉及审判工作和审判权限，与目前法官助理一律不得行使审判权、不得独立办案的规定存在冲突。然而已有学者提出了进一步将"审判工作"区分为必须由法官裁断的事务、可以在法官指导下代行的事务、可以完全交由审判辅助人员处理的事务，分别由全权法官、限权法官、书记员3种岗位人员承担的观点。① 资深法律专家胡道才先生也用限权法官的概念来表达介于员额法官和普通法官助理之间的法官助理，其基本含义也是具有一定参与审判权的法官助理。②

事实上，现行《法官法》第2条规定助理审判员为依法行使国家审判权的审判人员，是助理审判员参与审判工作的法律依据。我们认为，在现有的法律框架下，可以将审判权进一步区分为裁决审判权和参与审判权，前者是包括裁决权在内的完整审判权，后者是参与审判但不能独立裁判的部分审判权。员额法官基于人大任命为审判员而获得审判权，行使裁决审判权；而基层法院院长依据《法官法》第11条第6款的规定任命的助理审判员可以行使参与审判权，但不能行使裁决审判权。③

第六，通过任命为助理审判员，解决高级法官助理参与审判的权限问题。栖霞区人民法院现有的在编法官助理中，有些人已经在员额法官制度实施前获得院长的任命而有助理审判员资格。我们建议，可以考虑在核定的员额法官编制的基础上，根据员额法官增补的需要，确定高级法官助理的比例，在遴选高级法官助理后，对未获得助理审判员任命的人员，由基层法院院长任命为助理审判员，从而使其获得参与审判的权限。

---

① 参见傅郁林《以职能权责界定为基础的审判人员分类改革》，《现代法学》2015年第4期，第14页；傅郁林《法官助理抑或限权法官?》，《中国审判》2015年第17期，http：//www. chinatrial. net. cn/magazineinfo312. html，最后访问日期：2018年6月10日。

② 胡道才先生认为，可以让限权法官"在资深员额法官的监督和指导下从简单案件着手参与案件审理，逐步成长为合格的员额法官"。参见胡道才《法官员额制改革"落地"后的思考》，《中国社会科学报》2017年3月28日，第5版。

③ 裁决审判权是完整的审判权，包括参与审判和作出裁决的权力；参与审判权是部分审判权，其权限范围包括作为合议庭成员参与审判并提出裁决意见、在员额法官指导下独立承担诉调案件的调解工作等，但不能签发裁判文书。享有参与审判权的高级法官助理在权限和功能上，类似于大陆法系国家的限权法官，也可以称之为"预备法官"。

第七，建立高级法官助理培训机制，通过培训提高其审判能力。为遴选进入高级岗位的法官助理提供审判业务培训，作为其未来可能担任员额法官的岗前培训。从某种意义上看，这类培训相当于域外法院为初任法官提供的专门培训。[1] 我们建议，针对不同层级法官助理的工作范围，制订并实施相应的培训计划。初级法官助理的培训重点是程序性辅助事务，主要由基层法院负责，中级法官助理的培训重点是审判理论和案件审判中的辅助性事务，主要由中级人民法院负责，而高级法官助理的培训重点则是审判事务，由省高级人民法院按照初任法官的培训要求，统一组织实施。

第八，建立员额法官遴选推荐制度。目前我国已经初步建立起了法官选任制度，但是员额法官在法官选任制度中的作用不大。事实上，无论是从理论的角度，还是从实践的角度，员额法官在法官选任过程中都应当发挥重要的作用。从理论的角度看，法官选任意味着被选任者进入员额法官队伍，而员额法官作为一个自律、自治的群体，当然应当对新来者的准入具有很大程度的决定权；从实践的角度看，员额法官是对法官助理的基本素质和审判能力最为了解的群体，其对新进入者的评价，应当成为最重要的决定因素。因此，在基层法院法官选任程序中建立员额法官推荐制度具有重要的意义，可以考虑规定高级法官助理必须获得 2 名以上员额法官的推荐，才能够进入法官选任的程序。[2]

应对即将到来的员额法官增补高峰期，尽快建立基层法院员额法官增补的后备队伍，这不仅关系到基层法院员额法官队伍的可持续发展问题，而且关系到未来上级法院从下级法院选调的法官的质量问题，因而也关系到整个法院系统员额法官队伍的可持续发展问题，需要从制度上和措施上加以认真解决。

---

① 关于域外初任法官的培训情况，请参考吴仕春《域外初任法官培训机制及其要素评析》，《人民法院报》2016 年 1 月 22 日，第 8 版。

② 员额法官的推荐应当是其独立作出的，而不能是应被选任者的要求作出的。具体做法可以考虑：当员额法官出现空缺时，每 1 名员额法官均有权推荐与空缺额等额的员额法官增补候选人，获得 2 名以上员额法官推荐的高级法官助理才能成为员额法官增补候选人。

B.12
南京市检察机关国家司法
救助实践报告

南京市人民检察院课题组 *

摘　要：　自中央政法委等六部委出台《关于建立完善国家司法救助制度
的意见（试行)》后，检察机关及时制定《人民检察院国家司
法救助工作细则（试行)》，对检察机关开展的国家司法救助活
动以制度化进行规范运行。在实际操作中，国家司法救助的程
序及形式虽然达到制度要求，但救助实质性的效果却有待商
榷。针对当前存在的此类现象，笔者对南京市检察机关近年来
国家司法救助实际运行情况进行调研，着重考察国家司法救助
的现状、存在的问题，并提出解决问题的具体路径。

关键词：　国家司法救助　检察机关　司法保障

党的十八届三中全会通过的《中共中央关于全面深化改革若干重大问
题的决定》要求完善人权司法保障制度，健全国家司法救助制度。为了落
实这一要求，中央政法委、财政部、最高人民法院、最高人民检察院、公安
部、司法部于 2014 年 1 月联合印发《关于建立完善国家司法救助制度的意
见（试行)》。2016 年 7 月 14 日，最高人民检察院《人民检察院国家司法救

---

* 课题组成员：谢健，南京市人民检察院党组成员、副检察长；毛志成，南京市人民检察院控
告申诉检察处处长；徐义刚，南京市人民检察院控告申诉检察处员额检察官；陆晓彬，南京
市溧水区人民检察院检委会专职委员；黄立家，南京溧水区人民检察院控告申诉部科长；邱
雷，南京市溧水区人民检察院控告申诉部科员。

助工作细则（试行）》（以下简称《救助细则》）经最高人民检察院第十二届检察委员会第 53 次会议通过，并于 2016 年 8 月 16 日正式在全国检察机关推开。这是检察机关历经十年探索发展形成的第一部比较系统完备的司法救助工作操作规范，提升了检察机关国家司法救助工作的规范化水平，标志着检察机关国家司法救助工作发展到了新阶段、新层次，开启了新征程、新起点。[①] 检察机关开展的国家司法救助活动也由原来的刑事被害人救助模式转化为国家司法救助模式，本文以南京市检察机关 2014 年 1 月至 2017 年 10 月间司法救助数据为基础，总结司法救助制度在运行中的实际情况，分析司法救助过程中存在的难点问题和进一步完善的对策建议。

一 南京市检察机关国家司法救助工作现状

（一）救助量与公诉办案量不呈正相关，且波动性大

南京市检察机关司法救助量由 2014 年的 167 件，下降到 2015 年的 70 件、2016 年的 41 件，而 2017 年 10 月 31 日在办或已办案件已达到近 80 件（见图 1）。与之相对应的却是全市刑事案件数量的逐年上升，2014 年全市公诉案件 6403 件，2015 年全市公诉案件 7260 件，2016 年全市公诉案件 8442 件，2017 年截至 10 月 31 日已达到 9880 件（见图 2），与司法救助量走势形成鲜明反差。从数据分析来看，司法救助案件占检察机关公诉案件的比例不到 1%，主要原因是随着国家发展利好政策不断，居民收入水平不断提高，福利待遇越来越好，生活特别困难需要救助的当事人比例较低；而司法救助案件量的波动，主要是受到考核指挥棒的影响，2012 年起将刑事被害人救助案件纳入考核中，2015 年起考核力度有所下降，2017 年又将司法救助作为办案量考核。

---

① 参见尹伊君、马滔《〈人民检察院国家司法救助工作细则（试行）〉的理解与适用》，《人民检察》2016 年第 20 期。

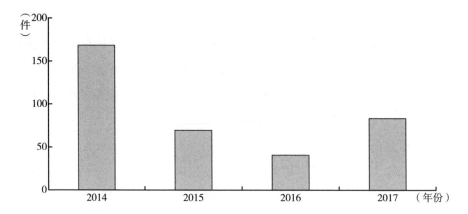

图 1　南京市检察机关 2014 年 1 月至 2017 年 10 月司法救助数据分布

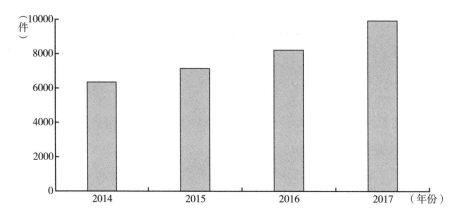

图 2　南京市检察机关 2014 年 1 月至 2017 年 10 月公诉案件数据分布

（二）救助案件罪名相对集中，救助阶段及对象较为固定

《救助细则》第七条规定了应当予以救助的情形，但在实际操作中，从救助罪名及类型来看存在两种情况：一是涉案罪名相对集中，以人身权利受到损害的案件为主，其中交通肇事位居前列；二是刑事犯罪案件居多，涉及民事侵权的案件较少（见图 3）。《救助细则》第二条规定救助的阶段为在办理案件过程中，比如批准逮捕、审查起诉、刑事申诉、民事行政申诉等，但在操作中检察机关能够对案件当事人最开始系统了解掌握实际情况的大部

分还处于审查起诉阶段，所以救助线索的搜集也大多发生在这一阶段，造成救助的对象集中为案件被害人或其家属，目前申诉信访人所占比例较低。

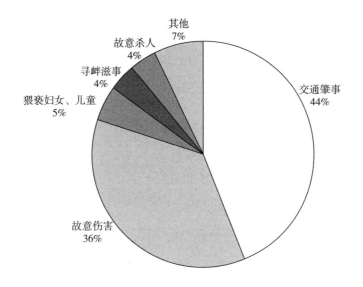

图 3　南京市检察机关 2016 年 8 月至 2017 年 10 月司法救助案件类型分布

（三）受地区经济影响大，救助金额差距明显

现行规定对救助资金有明确规定，由地方各级政府财政部门列入预算，统筹安排，并建立动态调整机制，中央财政通过政法转移支付，对地方所需国家救助资金予以适当补助。目前，全市共有 8 个区院①建有专项救助资金，但在建有专项救助资金的基层院中，救助受地方经济影响较大，差距较为明显。如南京市 11 个区中 2016 全年 GDP 最高的为江宁区，江宁区院2016 年全年共救助 6 件 6 人，救助金发放总额为 20 万元，人均救助 3.33 万元，其中救助金额最高的为 1 件交通肇事案，救助金额为 5 万元；雨花台区2016 年全年 GDP 为 444.68 亿元，处于全市下游水平，2016 年全年共救助 4

---

① 玄武区院、溧水区院和高淳区院没有设立专项救助资金。

件 4 人，共发放救助金 2.6 万元，其中救助金额最高的为 1 件交通肇事案，救助金额为 1 万元，人均救助金额为 6500 元。

（四）救助方式较为单一，探索创新性工作不多

在实际操作中，在救助形式上，还是以支付救助金为主要方式，探索性工作在各基层院之间也参差不齐，有现实困难存在，如囿于人员紧张、专业化不强等，同时外部机构衔接不畅，司法救助案件存在机械化办理现象，救助工作有程序化倾向，办理效果不佳。在 2016 年全市 41 件救助案件中，绝大部分是发放救助金救助，心理疏导等其他救助方式只占到总救助案件的 3.53%。

二　南京市检察机关司法救助工作的有益探索

南京市检察机关坚持将司法救助工作作为彰显司法人文关怀、维护公平正义的重要举措，长期以来严格贯彻落实上级司法救助文件精神，积极开展有益探索，取得一定的宝贵经验，对检察机关司法救助工作的完善起到有效的参考作用。

（一）强化工作举措，实现司法救助规范化

1. 落实线索移送及时高效

当前，绝大部分司法救助线索来源于侦监、公诉部门移送，依职权发现较少。针对上述情况，南京市检察机关能够及时调整思路，主动作为，确保司法救助线索移送及时高效，建立了多渠道线索移送反馈机制。一是与案管、侦监、公诉等部门会商，建立线索移送机制，要求案管部门受案后第一时间将故意伤害、故意杀人、交通肇事等常见的救助类型案件信息报送控申，要求侦监、公诉等部门在办案中发现存在有救助需要的需在 24 小时内通报控申部门，并协助控申部门调阅材料，如溧水区院建立《南京市溧水区人民检察院司法救助线索互通联络机制》，对线索移送的方式、时间节

点、各部门线索处置责任进行明确，保证了救助的及时性。

2. 探索心理疏导运行

心理疏导，是通过解释、说明、同情、支持和理解，运用语言的沟通方式，改变或改善有心理问题人员的认知、信念、情感、态度和行为，达到降低、解除不良心理状态的目的。运用到刑法学领域，心理疏导指在办理刑事案件中，办案人员在一般情形下通过对被害人亲属的异化心理进行相应引导，以改善其不良的心理状态，或者成立专门的心理疏导工作室，对心理异化严重的被害人亲属邀请心理专家进行专业的疏导。① 南京市检察机关开展专项探索，尤其加强对刑事犯罪未成年被害人的心理疏导工作，对每一起未成年人被伤害案进行心理评估，对其中心理创伤大、恢复难度大、还存在加重伤害可能的及时介入，探索建立"三步走"工作机制。一是快速营造健康新环境，避免伤害延续。从外部消除对未成年人成长不利的因素，如对未成年人父母进行必要的心理技巧培训，淡化伤害，转移伤害关注度，与教育系统协调，更换受教育环境，消除未成年受伤害标签。二是开展专题心理疏导，引导走出困境。与公益心理咨询组织共同开展联合疏导，设计心理疏导方案，将方案与未成年人成长、学习、生活紧密结合起来，让未成年人乐于接受、易于接受，不断用正确观念影响，使其能够逐步战胜自己、接受自己，目前控申部门配备心理师、咨询师的基层院达50%。三是将救助金专款专用，确保有效救助。及时召开协调会，由检察机关牵头，召集监护人、教育系统、社区、公安机关等开展协调，在教育部门或者社区设立单独账户，将救助金作为专项资金，专门用于未成年学习、生活，钱款使用必须建立台账，由多方进行监督，确保救助金专款专用。

3. 稳步降低涉检信访风险

涉检信访作为我国信访制度的重要组成部分，旨在通过法律以外的手段来化解社会矛盾、稳定社会秩序，具有十分重要的社会意义。② 南京市检察

---

① 参见赵艳霞《心理疏导：解开被害人亲属的心结——以暴力犯罪致被害人死亡案件为视角》，《山东审判》2016年第2期。

② 参见高宗祥《完善涉检信访工作机制探究》，《人民检察》2015年第16期。

机关坚决杜绝"花钱了事、花钱买平安"的思想，面对被害人或其家属、信访申诉人的困难救助申请时首先以是否符合救助条件作为受理前提，提供多种工作方式，有效开展司法救助工作，稳步降低涉检信访风险，如某基层院推出"四二一"工作机制。所谓"四二一"工作机制，就是"四方参与、二个阶段、一个底线"。其中"四方参与"，即邀请申请人所在社区（村集体）主要负责人、原案件承办人、当事人三方与司法救助案件承办人共同参与配合救助工作，在审查司法救助申请时，走访申请人所在社区（村集体）详细了解申请人家庭实际情况，与前阶段承办人及检察阶段承办人了解案件真实情况，询问申请人了解真实困难，让申请人从内心感知检察机关工作的努力；所谓"二个阶段"，一个阶段为救助前的释法说理及心理疏导阶段，从人性关怀、心理疏导技术手段等方面，帮助走出困境，树立正确的人生观、价值观，另一个阶段为救助后跟踪阶段，持续关注申请人状态，开展经常性走访、电话联络，实时掌握申请人困难解决情况，对新困难、新情况及时提供检察帮助；所谓"一个底线"，指在案件办理阶段，明确告知申请人如果对检察机关办理程序及结果不服，要依法依规进行申诉，签订承诺书，不得采取缠访闹访、越级访等不正常信访行为，并将其作为司法救助的底线，如果违反将启动救助金追回机制。

（二）拓宽工作维度，提升司法救助实质化

1. 上下联动，协同救助

南京市检察机关基层院司法救助活动的开展在救助金额、救助手段、救助经验上与南京市院相比都稍显薄弱，针对特殊、疑难救助案件，基层院积极上报市院，进行联合救助，寻求资金、技术支持。如 2015 年 12 月玄武区院开展的对一起伪造公司和企业印章、合同诈骗、票据诈骗案当事人李某救助活动中，积极上报市院，市区两院联合开展救助，共同与市房改办、市安居集团多方协调，帮助申请人申请一套两居室经济适用房供其居住，并共同给予救助金 174602 元，此金额为迄今联合救助最大的一笔，也有效解决了连续 18 年的信访积案问题。在心理技术的运用中，市院配备疏导经验丰富

的多名心理专家，为心理疏导的有效开展提供有力的支持，如2015年6月，建邺区院对故意伤害案被害人邓某的救助中，借助市院优质的心理疏导技术及时开展疏导工作，从心理层面缓解申请人的心理痛苦，建立科学的疏导计划，并及时跟踪落实，有效确保了申请人情绪的利好转变。

2. 精准核算，多维救助

近年来，南京市检察机关认真探索司法救助的方式和途径，尤其对救助金拨付的标准进行有益思考。2017年4月，在南京市院对一起故意杀人案被告人未成年子女开展的司法救助中，救助申请人为贵州偏远山区留守儿童9周岁的杨某仪、10周岁的杨某航，姐弟二人因其父亲故意杀人、母亲改嫁而面临失学、生活无着落风险。救助承办人计算救助金额时以当地实际情况为标准，深入当地掌握地方经济情况，走访当地政府、学校详细了解上学所需花费。在掌握大量实际情况下，承办人结合当地最低生活保障、支付未成年人完成义务教育学业所需花费、正常生活需要等情况精准核算，经审批发放60000元救助款。同时，承办人积极与当地政府、教育部门沟通，协调从当地政策上予以关爱，及时建立信息互通机制、资金使用监管机制，准确动态掌握两名未成年人的学习、生活情况，确保救助金用到实处。此次救助是南京市院打破常规第一次救助被告人未成年子女，通过救助较好地解决了两名未成年人的成长烦恼，有力给予被救助人司法关怀，受到申请人所在地党委、政府和检察院的高度赞赏，夸赞南京市院的做法"制度先进""理念超前"。

三　检察机关国家司法救助工作的检讨

（一）检察环节国家司法救助的救助实体需要明确

1. 关于救助对象

《救助细则》对遭受犯罪侵害或者民事侵权，无法通过诉讼获得有效赔偿，生活面临急迫困难的当事人，规定已经将申请当事人予以定位，要以遭受伤害为前提，等于否定了被告人作为救助申请人的可能性。此类当事人是否包含被告人依然是当前司法救助上的空白，2015 年 5 月洪泽县（现洪泽区）检察院办理了一起诈骗案，被告人倪某因为身患癌症无钱医治，用其姐姐的医保卡骗取了 3 万余元的新农合医疗费用。倪某的行为虽不能免予法律追究，但考虑到倪某的犯罪动机和贫寒家境等特殊情况，干警想为其提供救助。该院便积极联系当地慈善总会和民政局，最终为倪某一次性提供了5000 元的救助金，并为其申请办理了低保。虽然洪泽县检察院以社会救助予以解决实际困难，但其不失为对生活困难且悔罪改罪的被告人救助的探索。同时，对于被告人未成年子女的困难是否予以救助在适用上也争议较大，应该有明确救助范围。

2. 关于救助阶段

《救助细则》第二条指出救助阶段是检察机关国家司法救助工作在人民检察院办理案件过程中，那么是否包括检察机关所有正在办理的案件，是否包括办理控告、申诉等阶段。对此司法实践中操作人员意见也不统一，有一种观点认为：不服法院生效判决裁定的申诉过程中向检察机关提出救助申请的，一般情况下可以告知其向法院提出。[①] 持上述观点的人员，显然是从防止当事人未救助而申诉这个角度出发，我们不能批判这种观点不正确，但从司法救助的本质而言是为了救助因案而困难的当事人，如果当事人向检察机关申诉或控告，而其家庭确实困难且困难的原因与案件有关联，则可以予以救助。

3. 关于救助条件

准确把握"无法通过诉讼获得有效赔偿"在实际操作中较难，检察环节的救助只能立足于检察机关办案阶段，在刑事案件的办理中除了少部分不起诉决定的案件有终结权利外，其他案件需要经过审判才能知晓赔偿执行情况，而将这一内容作为审查充分条件则有一定困难。

---

① 参见尹伊君、马滔《〈人民检察院国家司法救助工作细则（试行）〉的理解与适用》，《人民检察》2016 年第 20 期。

（二）检察环节国家司法救助的救助程序需要规范

1. 申请期限规定不明确

《救助细则》第十四条规定，对于符合救助条件的人员，办案部门应当告知其向本院申请司法救助。救助申请人应该在得知申请权利后被告知在多长期限内申请，超过多长期限则不再受理，明确申请期限既便于司法救助承办人员及时介入了解情况，也体现了司法救助的救急属性。

2. 困难情况核实难

以书面审核为主的方式难以查明救助申请的实际情况，尤其对于户口在异地的申请人提供的证明等材料真实性难以掌握，无法排除一些证明材料系虚假提供或者伪造的情况，对提供证明的单位或者组织缺乏相应的监督约束。

3. 救助的评价体系欠缺，救助效果难以追踪

国家司法救助为辅助性救助，原则上是一次性救助。在救助中，救助方式以发放救助金为主，救助金一般以银行转账方式发放，且均为一次性发放，发放完毕即意味救助结束。救助措施的落实是否满足救助需要，当事人生活困难有无好转、心理变化是否趋于正常等情况缺乏规范性评价要求，对救助效果难以追踪掌握。

（三）检察环节国家司法救助的救助资金使用管理不足

1. 救助资金保障不一

虽然《救助细则》对国家司法救助资金的建立有指导，但受当地政府重视程度、地方经济水平等影响较大，包括南京市检察机关在内，到目前为止，仍有少部分基层院没有建立专项资金，造成救助资金短缺，还有的虽然有专项资金，但使用管理权限在政法委，使用必须经政法委审批，无形中增加了司法救助办理成本。

2. 救助金发放自由裁量性大

根据申请人救助进行审查，根据困难情况进行救助，但承办人在实际操

作中缺乏可依据的困难评定细则，大部分依赖救助承办人自由裁量，对申请情况估计评判缺乏统一标准，体现不出救助差异性，难以做到公平公正救助。

3. 救助金发放后缺乏监管

虽然对救助规定了责任追究方式，但局限于检察人员违纪救助、申请人虚假申请获得救助等情况，对被救助人将救助金挪作他用、用于犯罪等情况监督及惩罚依然缺乏统一的规定，救助金的使用存在后续跟踪、监督乏力。

（四）检察环节国家司法救助的内外衔接还需要加强

1. 检察机关内部的衔接不畅

检察机关内部缺乏线索移送机制进行约束，面对节奏快、办案量大的工作模式，刑检部门往往疏于对被害人情况的深入了解，加之对国家司法救助的熟悉不够、重视程度不高，线索移送不及时，易错过最佳的救助时机。

2. 司法机关之间的衔接不够

国家司法救助制度遵循"一次性救助原则"，以现金救助为主，救助的阶段是在司法环节，包含检察环节和审判环节，其中无法通过诉讼获得有效赔偿作为检察机关救助的一项充分条件，这就需要审判环节工作的支撑。现实中还是存在困难导致诉讼费用难以支付而无法启动诉讼索赔，从而发生以此向检察机关申请救助的情况。同时，还存在各环节责任不明的情况，如对犯罪嫌疑人未能抓获、公安机关撤案等情形的救助案件则应当移送公安机关办理。

3. 司法救助与社会救助、保障机制衔接不紧密

国家司法救助只是暂时性的，具有帮助渡过难关的目的，是一种过渡性的救助，难以解决长期生活的困难。如果救助后仍然处于贫困阶段，则需要社会救助，由其他部门接棒开展，如民政机关。申请人除了需要物质救助外，因自身身体受伤或亲人死亡而造成的心理创伤修复则需要社会专业团队进行关注。

四　检察机关国家司法救助工作的完善建议

（一）提高思想认识，切实增强国家司法救助工作的重要性

1. 检察机关要深刻理解开展国家司法救助的重大意义

要顺势而为，顺应人民群众对司法公正、权益保障的新期待，顺应加强权利救济的现代法治发展趋势。加强国家司法救助工作是检察机关践行人权司法保障的重要任务，是促进司法公平正义、维护社会和谐稳定的重要途径。在工作中应该强调国家司法救助工作的重要性，各级检察机关应该有清醒认识，国家司法救助不是可有可无、可抓可不抓、救助多与少可自由选择的工作，要切实增强责任感、紧迫感和主动性，将国家司法救助工作作为控告申诉工作重要的经常性工作抓好、抓实，通过国家司法救助工作让人民群众感受到来自检察机关的司法温暖。

2. 明确国家司法救助工作的价值取向

国家司法救助工作的价值取向应当从直接取向和间接取向两个方面理解。一方面，其直接价值取向在于扶危济困，重点在于"救急"，这是国家司法救助最本质的属性。救助工作的首要功能和根本目的在于帮助因遭受犯罪侵害而导致生活陷入困境的当事人，解决他们暂时的生活、医疗困难，保障公民的基本权利。另一方面，其间接价值取向是化解社会矛盾，防止被害人二次被害和向犯罪人转变，减少申诉上访，维护司法权威，促进社会和谐稳定。这是救助工作次要的、间接的价值取向，是第一个层面价值的自然延伸。

（二）坚持以人为本，积极发挥国家司法救助工作的能动性

1. 完善救助对象和条件

国家司法救助工作范围要进一步放宽，要体现国家司法救助工作的人性化关怀，紧紧围绕司法救助的本质性属性，突出在检察环节的有效救济。在

原有应当救助和不予救助之间，应更加明确救助的对象，设定救助条件区间，要突出注重保护未成年人，有效保障真正需要救助的当事人。有限度地探索对被告人或其家属予以救助，严格设定救助条件及范围，尤其针对未成年被救助人，可将范围明确到因父母服刑或者遇害而生活困难或者没有生活来源的未成年人。[①] 建立严格的审查机制，对确因未予救济而因案出现生活困难的信访申诉人，急需救助的可以予以救助。

2. 完善救助标准体系

参考国家《工伤保险条例》相关处置条款，建立完善救助标准体系，体现差异化救助。坚持救急而非救贫的理念，救助金额要根据当地经济实际状况，以当地公布的上一年度省级最低生活标准为基数，划分救助等级。如参照《无锡市人民检察院开展国家司法救助工作实施细则（试行）》以上一年职工月平均工资为基准，划分三个档次。[②] 用好经济救助与思想疏导、法律援助、心理治疗等措施，建立救助等级，择需选用，明确选用的辅助方式，因势利导，争取救助工作功效的最大化。

3. 建立专业化救助队伍

国家司法救助并不是一项简单工作，是国家司法机关工作中的重要组成部分。国家司法救助工作人员也必须具有专业性、综合性的能力，除了具有一定的沟通协调、心理咨询等技能外，还需要全面的法律知识储备，既能开展释法说理，也能做信访工作。要通过自身的热情融化当事人冰冷的内心，用真诚、耐心引导当事人树立正确的人生观、价值观，帮助其自力更生、摆脱困境。

（三）建立责任机制，有效推动国家司法救助工作的规范性

1. 规范启动程序

切实加大国家司法救助宣传力度。明确告知义务，履行告知义务既是实

---

① 参见尹伊君、马滔《〈人民检察院国家司法救助工作细则（试行）〉的理解与适用》，《人民检察》2016 年第 20 期。

② 参见《无锡市人民检察院开展国家司法救助工作实施细则（试行）》第 24 条。

现公平性原则的必然要求，也是贯彻及时性原则的前提条件。检察机关应当将可申请国家司法救助作为办案中权利义务告知的一项内容，正确引导当事人根据自身情况申请救助，充分保障申请人应有权利。建立国家司法救助线索移送机制，压实救助责任，通过机制推动线索及时准确移送，抓住救助第一时间，确保应当救助的及时予以救助。

2. 规范材料的核实程序

对申请救助材料要从多个方面、多个因素进行整体综合判断。对是否真的因案而造成困难的，其证明不仅仅依赖救助申请人户籍所在地或者经常居住地村（居）民委员会、所在单位，或者民政部门出具的证明，还需要其他有力证明进行综合考量：一是实地的查证，上门走访深入了解生活现状、家庭居住条件，查证是否具有社保、医疗等福利保障，对近年来就业情况进行了解，查证家庭困难的实际情况，困难的原因是否在于缺乏劳动能力等；二是不法侵害造成的人身伤害或者财产损失的程度查证，通过走访医院、公安机关等部门予以掌握了解。

3. 完善资金保障和监管

当地政法委统一管理救助工作，统筹管理地区司法机关专项资金，专款专用。当地政法委负责对救助工作的监督协调，不实行审批，将审批权全部归置到各司法机关，减少中间环节。争取当地政府资金支持是建立专项资金的主要方式，但也要加大国家司法救助的宣传，争取社会民间、公益组织等的支持，不断充实专项资金。在资金发放过程中，要建立监督机制，提前明确告知资金的用途，签署使用保证书，对违反规定的要启动追索程序。同时，在资金使用上也要建立救助回访机制，对资金使用的情况及效果进行评价，确保资金的使用恰当，达到真正的救助目的。

（四）强化内外衔接，突出国家司法救助工作的整体性

1. 司法机关之间无缝对接

国家司法救助工作是一个整体系统性工程。要明确司法机关责任分工，划清阶段、分清责任。检察机关在加强与各司法机关沟通的同时，也要加强

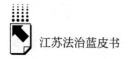
上下级之间的沟通，探索建立横向与纵向的信息共享平台，及时将救助案件线索、救助情况等录入网络平台，实现信息高效流转，让各司法机关均能第一时间了解相关情况，作出处理预案，保证救助措施的连续性。

2. 与社会救助、保障工作相衔接

对于实施救助后仍然面临生活困难的，要通过社会救助途径解决其生活困难。如将其纳入低保范围或为其协调入学、提供技能培训等，采取针对性的衔接措施拓展救助的宽度和可持续性，实现司法救助效果的最大化。[①] 公开促公正，公正促和谐。将国家司法救助工作纳入检务公开范围，适时向社会公示救助工作的开展、救助资金发放使用情况，接受社会监督，引起社会群众关注，提高救助参与度。有效探索国家司法救助公开听证、公开论证等制度，邀请人大代表、政协委员、社区、企业等就申请人是否符合救助条件、困难救济形式等进行讨论，共同制定符合当事人实际情况的救助方式。

[①] 参见李存海、葛晓娟《检察机关司法救助工作实证分析》，《北京政法职业学院学报》2016年第 1 期。

基层法治报告

Reports on the Rule of Law at the Grassroots Level

B.13

城乡融合发展进程中推进"三治融合"
创新乡村治理的实践与启示

——基于扬州市江都区滨江新城的调查

龚晓梅*

摘　要：　加强农村基层的治理与服务，是实施乡村振兴战略的重要内容，是促进城乡融合发展的重要环节，是夯实党的执政基础、巩固基层政权的重要举措。随着城乡融合发展的进程不断加快，群众需求日益多样，农村经济社会转型发展，利益格局更加复杂，乡村治理面临诸多问题与挑战。扬州市江都区滨江新城立足自身发展实际，积极创新，大胆实践，对城乡融合进程中推进自治、法治和德治"三治融合"创新乡村治理进行了有益的探索。

＊　龚晓梅，扬州市江都区委党校高级讲师。

关键词： 城乡融合发展 "三治融合" 乡村治理

党的十九大报告明确提出，健全自治、法治、德治相结合的乡村治理体系。作为实施乡村振兴战略的重要组成部分，"三治融合"的乡村治理体系对发展乡村经济社会、全面推进依法治国、推进国家治理体系和治理能力的现代化都有重要意义。近年来，城镇化的快速推进以及农村改革的不断深入，在给农村发展带来新活力的同时，也给农村基层治理带来了许多新情况，引发了许多新问题。为了切实了解农村基层治理的现状，笔者选取了扬州市江都区滨江新城所辖 12 个村（社区）作为调查样本，通过开展实地调查、座谈、关键人物访谈等方法调查乡村治理出现的新情况新问题，通过对典型村、社区基层推进自治、法治、德治"三治融合"创新乡村治理的实践案例进行分析，得到几点启示。

一 城乡融合发展进程中乡村治理面临的挑战

随着"江广融合"战略的实施，滨江新城成为跨江融合的先导区、江都南部新城建设的主战场。作为扬州东部商业副中心、未来江都城市新中心，一个集行政、商务、居住、会展、体育、文化、旅游功能于一体的具有"生态、宜居、现代"三大特色的新城市片区日趋形成。滨江新城地域面积38.5 平方公里，规划人口 20 万人。随着城市建设的力度加大，滨江新城面临多个项目的征收安置工作，累计拆除各类房屋近 3000 户，面积约 50 万平方米。城乡融合发展对现有村（社区）的治理产生了重大的影响，滨江新城现辖 12 个村（社区），其中纯居民社区 1 个，即商贸城社区，纯农村社区 7 个，"村改居"社区 4 个。

调查发现，目前滨江新城乡村治理面临的挑战主要表现在以下方面。

第一，村居民主动参与度低和村（居）委会角色错位导致自治功能不足。由于城市建设的需要，部分村民在拆迁后，虽然在户籍身份上变为城市居民，但对现居住的社区缺少认同感，自我自治、自我管理、自我服务意识淡薄，弱化了社区自治的能力。调研中发现，滨江新城许多村民进入社区后，有事还是会找原来的村干部。很多村民虽"居"在社区中，但没有真正"生活"在社区中，在心理上还没有完全接受现有的社区治理模式。同时，社区居住的外来人口和流动人口作为社区新的人口群体，打破了原来农村的"熟人"社会格局，居民之间的熟悉感降低。社区居民对现有社区共同利益关心较少，社区共同意识不强，缺乏认同感和归属感。社区的很多活动都是由赋闲在家的老年人参加。居民参与意识不强，再加上参与主体的局限性，导致社区自治能力不强。

村、居委会角色错位，组织群众自治和协助基层政府开展工作主次倒置。随着城市建设的加快，一些村（居）委会的工作重心转向社区管理和公共服务，协助政府的工作增加了许多，主要如社区的计划生育、综合治理、环境卫生工作、社区文化教育、精神文明创建、失地农民的社会保障和再就业服务、"双拥"工作、困难居民的低保与救助、外来人口服务和管理、协助政府开展征地和拆迁工作及其拆迁居民的安置，等等。原本是协助基层政府部门开展的"协管工作"在时日的累积中成为居委会的主要"任务"，而办理自治事务则成了可多可少、可做可不做的事。居委会配合政府做群众的"工作"变为不可推卸的责任，甚至成为一些村（居）委会特定时期工作的"重中之重"。村（居）委会在基层自治中如何发挥作用，如何在做好民主选举的基础上，真正做实民主决策、民主管理、民主监督，以及引导群众自我管理、自我教育、自我服务、自我提高，实现高质量、高水平的基层自治，是该区乡村治理面临的极大挑战。

第二，法治意识淡薄导致法治保障作用不强。虽然与市场经济相配套的中国特色社会主义法律体系已经形成，但是基层社会的法治意识、法治思维还没有较好地树立起来，影响了基层社会法治的效果，阻碍了市场经济的健康运行。滨江新城部分村民在拆迁后，虽然在户籍身份上变为城市居民，却因为缺少新的联系纽带而出现疏离化的倾向。一些社区居民离开了原来的村落，脱离了原来的村委会的管理，对现在的社区缺乏认同感，出现矛盾不能寻求法治的渠道来解决。例如，有的村、社区成员在遇到土地纠纷、拆迁矛盾、社区安全、小区停车管理、社区物资回收、循环使用和环境污染等问题时，不是寻求法治的方式来解决，而是奉行"信访不信法""大闹大解决，小闹小解决，不闹不解决"等错误理念，指望以聚众闹事、采用极端手段等方式达到其不正当目的，使存在的问题更加复杂，矛盾更加激化。当然，目前有的基层干部及执法人员在化解基层社会矛盾、协调基层社区各个利益关系主体、分配经济和社区资源时，存在有法不依、执法不严、违法不究等问题，甚至还出现权大于法、言大于法、徇私枉法、粗暴行政等违法行为。针对这些问题，应该发挥基层社会法治机制的保障作用，包括坚持全民守法，坚持法治精神，坚持法治保障，维护法律尊严和权威。

第三，乡村传统文化衰落严重导致德治基础薄弱。乡村文化是乡村共同体内的一个"精神家园"，它的最大特质是自然、淳朴的文化品格。随着城市建设征地拆迁，滨江新城的传统村落的村域范围不断缩小且边界日益模糊，原村民的社会流动性不断加强，以血缘、亲缘为纽带的乡土社会被以地缘、业缘及小区化的新型集聚区所取代。乡村是一个天然共同体，在这个共同体内，基于人与人、人与自然、人与社会的长期互动和相互统一形成了独特的乡村文化，并规范着人、自然与社会的基本关系结构，维系着人们正常的生产秩序和生活秩序。随着改革开放和工业化、城镇化、市场化的发展，在给乡村带来先进和富裕的同时，也以强势力量改造和解构乡村社会的文化价值，对传统乡村文化形成了强烈的冲击与消解，带来了深刻的文化冲突。随着传统生产生活方式的转变，乡村传统文化的凋敝越来越严重。村庄传统守望相助的价值体系与睦邻友好的社会关联是村庄维系的灵魂，是村庄成为一个社会性村庄的根源所在。随着市场化的侵袭，村庄中人际交往、社会关联都越来越带有明显的功利色彩。村里的红白喜事、人情往来都是以利益为联结与纽带，呈现典型的从熟人社会向"熟悉的陌生人社会"转变的趋势。

二 滨江新城推进"三治融合"创新乡村治理的实践

（一）建乐社区党建引领，探索自治、法治和德治相融合多元主体合作共治的创新实践

1. 现实背景

建乐社区属于典型的城镇化进程中由于城市建设而形成的"村改居"类型的社区，2015 年 12 月由建乐村改为建乐社区，辖原建乐 19 个村民小组，农户 1559 户，人口 5700 多人。辖区面积 5 平方公里，村庄占地面积 680 亩，目前还有未开发征用耕地面积不足 600 亩。辖区新增滨江园、长青御府、观澜庭等商住小区与春和人家、建乐安置区等小区 15 个，金鹰新城市中心、佳源商住综合体、万豪酒店、大润发等形成新的商圈。社区常住人口 3 万人，外来流动人口 6000 余人，共有 400 户（家）个体户与单位。

2. 党建引领多元主体合作共治共建和谐家园的运行机制

建乐社区按照"党建引领、社会协同、公众参与、居民自治、法治保障"的治理格局，不断强化基层党组织的领导核心地位，紧紧围绕"服务发展、服务新城、服务民生"的原则，以共建共治共享为着力点，创新机制体制，立足实际选择突破口和创新点，全面推进基层治理规范化、多元化、精细化和特色化，推进自治、法治、德治"三治融合"，积极构建民主、高效、精准的社区智慧治理和服务体系。

（1）共用一批人

现状：建乐社区现有工作人员共 20 人，其中镇干 11 人，村干 9 人，年龄在 50 周岁以上的 5 人，40 周岁以下的 10 人，大专及以上学历 18 人，具有助理社工师以上资格人员 3 人。主要从事征地拆迁、矛盾调处、经济发展等村务工作。

举措：将村务管理与社区服务相关工作内容进行整合，共用一批人。一是社区工作人员职数依据居民总数比例来确定。在人员选配上，优先录用取

得社工师资格的人员，优先把年轻、学历较高、工作能力较强的人员转为社工，不足人员由管委会公开"选聘"和"招录"，作为兼职或专职社工；二是现有人员不能满足社工要求的，逐步分流到位；三是本着"能进能出""能上能下"的要求，建立考核机制、完善激励办法。

成效：通过实行原村干和社会招录相互补充、专职社工和兼职社工相结合，建立一支既满足村务管理又满足社区治理服务的充满活力的队伍。

（2）共织一张网

现状：社区原有 19 个村民小组，目前 14 个小组已拆除，辖区先后新建了香江滨江园、长青御府、春和人家、碧桂园等 15 个商住小区、安置区，开发商将陆续交付。未来 3 年，小区总建成面积将达到 200 万平方米，新增人口 4 万人左右。文昌东路两侧主要区域，先后落户金鹰、佳源、万豪酒店、大润发等商业综合体，商业体量近 40 万平方米，而上述区域的管理服务体系尚未建立。

举措：原村民、现居民、商户、居委会"四方"，围绕共建共管、共治共享来丰富网格内涵。一是网格内实行"党建＋X"模式。以网格为单位设立党支部，网格长即为支部书记，由社区两委会成员兼任；二是党支部下设党建工作站。鉴于服务对象、人员结构、管理需求存在差异性，以安置小区、商业开发小区、商圈、原村民小组为单元，分设党建工作站；三是依托党建工作站，融入流动党员管理、党建活动开展、居民诉求解决和上报、矛盾调处、属地政府布置的行政事务（民政、计生、人武、安全生产、各类创建等）、协商议事等工作。

成效：在党建引领下，实现流动人口、居民人口治理服务全覆盖、无缝隙。

（3）共管一本账

现状：社区集体资产较为充沛，现有 3000 多万元的集体资金。由于缺乏正常的投资渠道，集体创收不能实现持续增长，大量资金的规范使用有待强化监管。

举措：一是在清产核资的基础上，将集体资产股份量化到户、到人。二是充分用好社区现有资金资源，以服务文昌东路商圈建设、服务居民生活需求为目标，利用小区配建的社区用房，积极兴办幼儿园、邻里中心等配套设施，将资本、资源变为资产。2017年投入200万元完成机关幼儿园建乐分部建设并投入使用。三是在居民监督管理委员会组织框架中，全面推行"民主理财员""审计监督员""法律顾问员""纪检监督员"的"四员"监督制度。

成效：达到产权明晰、管理规范的要求，切实保障村民的合法权益，有效防范腐败风险，进一步提高"三资"管理水平。

（4）共建一个家

现状：虽然城市化进程加快，但城市建设成果未能充分惠及属地百姓。

举措：一是引导金鹰、佳源等辖区企业积极开展社区扶贫帮困、捐资助学等活动；二是针对企业用工需求，社区与辖区企业共建一个培训中心，对失地农民进行菜单式、定制式技能培训，提高他们的就业技能；三是社区组建物业公司，一方面服务于辖区内的商业综合体和商住小区，一方面增加集体和个人收入；四是多形式开展共建活动，进一步增强凝聚力和向心力。

成效：实现社区与入驻辖区内的企业、商户共驻共建共享，增强大家对社区"大家"的归属感和认同感。

小结：探索自治、法治和德治相融合，要培育多元主体共建共治共享的基层治理体系，形成基层治理的内生动力。建乐社区以党建为抓手，致力于民主发动群众、组织扎根群众、产业致富群众、服务凝聚群众、文化引领群众，推进实现从"村"到"社区"，从"村民"到"股民"，从"农民"到"市民"，从"管理"到"服务"的转变，走出了一条以党的建设引领多元主体合作共治共建和谐家园的成功之路，推动了基层社会治理自治、法治和德治的融合。

（二）商贸城社区"六方会谈"，激发村（居）民自治活力的创新实践

1. 现实背景

商贸城社区共有居民2100户，占地700亩，其中鞋类生产销售经营户

1000 户左右，电商 1200 户。户籍人口 800 多人，外来人口 4500 多人。设党总支，下辖 2 个党支部，党员 66 人。设 4 个片区、10 个网格，每个片区由社区副主任或副书记和 1 名工作人员负责，设 10 名网格长、30 名信息员，按城市社区的治理模式。

社区治理面临的主要问题如下。一是村（居）民主动参与不足、自治能力不强。商贸城社区居民由当地村民拆迁和经营户入驻构成，且外来人员居多。外来人口作为城市新的群体，对现有社区共同利益关心较少，共同意识不强，缺乏认同感和归属感。二是人口流动快，服务难度大。由于商贸城社区是无物业管理的社区，一些不属市镇管理的公益事业，如小巷道路、水电维修等，要由社区居委会和业主通过协商才能解决。再加之社区比较老旧，矛盾多协调难。三是安全隐患多，治安管理压力大。商贸城社区是集鞋类生产经营和居住于一体的社区，为数众多的居民户是前店后厂、前店后居，存在一定的生产生活安全隐患。四是资金不足，活动困难。社区所有人员由仙女镇配备，人、财、物都属仙女镇所有，社区开展活动都采取自治模式，由社区组织志愿者队伍自愿出资。

2. "六汇乐治"物业自管规范化处理模式的运行机制

商贸城已建成运行 22 年，是苏中地区规模较大的开放性的鞋类批发市场，长期以来没有物业公司管理服务。2002 年成立社区后，市场居民和经营户经常到社区反映马路破损、下水道不通、化粪池外溢等问题。鉴于社区资金不足，审批处理流程时间跨度较大，居民群众不满意。为了及时化解矛盾，发挥社区居民自治功能，社区开始探索物业自管的规范化模式，在运行实践"六方会谈"的基础上，形成"六汇乐治"——无物管小区服务模式。

服务目标：以社区微自治、楼宇自治、院落自治为方向，形成快捷高效的居民自治新模式，解决无物管小区维护难题。项目致力于解决无物管小区部分公共设施的维护和正常运转，主要是指背街小巷的道路、居民区的排水、排污管道和化粪池的治理。

处理流程：居民或网格长到社区反映问题，或者社区工作人员走访时接到群众诉求；社区及时登记，片长联系网格长、楼栋长到现场查勘，现场拍照记录并留存,掌握需要维护的内容及涉及的居民信息,包括房东和承租户;居民推荐代表,联系附近党员;社区工作人员和施工方到现场,拿出处理初步方案和维护造价;在社区或居民家中召开"六方会谈"("六方"是指网格长、楼栋长、居民代表、党员代表、施工方、社区工作人员)议事会,对维护方案和造价进行商议确定;居民代表与受益人按造价逐户收取分摊费用,多退少补,不足的部分社区在党建为民服务资金中解决。

原则:主干道、主管道由社区承担,支干道和支管道由居民分摊;社区和居民代表全程监督施工质量,提出变更意见;维护结束,现场验收,拍照留存。对低保家庭、困难家庭的分摊费用由社区承担,其他居民的分摊费用根据先易后难的办法逐户收取;对资金较大确有难度的,通过驻区单位、企业赞助和项目资金补贴解决。由社区和居民代表共同监督施工质量、资金使用情况,每个子项目在社区公示栏进行公示。

实施效果:通过"六汇乐治"物业自管规范化处理居民自治模式,2017年以来社区共化解邻里矛盾25起,修缮巷道12条,疏通居民区排水、排污管道近500米,疏浚维修化粪池5座,电力改造近千户。

小结:自治、法治、德治"三治融合"的乡村治理体系必须围绕完善村(居)民自治制度,探索和构建既符合时代发展潮流,又切合乡村治理现实需要,能够广泛形成村(居)民的认同感,调动村(居)民自主性的基层自治秩序。社区开始探索物业自管的规范化模式,在运行实践"六方会谈"的基础上,形成"六汇乐治"——无物管小区服务模式。调动社区各方的积极性,发挥社区居民自治功能。

(三)化市村强化依法治理,探索脱贫致富之路的创新实践

1. 现实背景

化市村由原4个村合并而成,全村4600人,36个自然小组,分为4个片、14个大组,片长和组长全部由村两委成员担任,网格化管理到自然小组,大多数村民在周边企业打工。

乡村治理面临的主要问题是:化市村属经济薄弱村,是市、区挂钩联系

村。由于村集体经济较薄弱，村民收入不高，致富渠道不多，合并后各村村民之间、村民与集体之间、村民与村干部之间产生的矛盾较多，因此维稳和扶贫成为工作重点。在近几年的治理中，该村坚持依法治理，重大决策通过村民代表大会、村民监督委员会，聘请法律顾问参与村级事务，积极发挥村民主理财小组在财务管理中的作用，对村民进行广泛的法律法规宣传。特别是通过创建劳务公司探索扶贫新路子，增加村民收入，减少矛盾摩擦，构建和谐村庄。

2. 创建劳务公司，探索扶贫新路子的创新实践

背景：滨江新城尚在建设中，环境整治、垃圾清运、绿化等公共事业体量大，劳务人员相对缺乏，而化市村富余劳动力较多，但农民增收渠道不多。为早日摘掉化市"经济薄弱村"的帽子，经村民大会通过，在市统计局及相关单位的帮助支持下，化市村于 2017 年 7 月成立了扬州化市环境工程有限公司。公司聘请法律顾问严格依法管理，由村民监督委员和村民主理财小组会依法监督。

成效：公司设立后，招收了 60 多名农村富余劳动力，对外承接环境整治、垃圾清运、绿化管护等工程。一年内，承接了滨江新城范围内的龙川路、纬三路、黄海路、新都路、芒稻河河堤及周边环境的综合治理工程，吸纳低收入家庭劳动力就业 100 余人次，人均月增收近 1000 元，化市村集体创收近 10 万元。村民在收入不断提高的同时，法律意识不断增强，依法处理矛盾纠纷，和谐村庄建设取得成效。

小结：在基层社会治理中，法治不仅指遵守法律条文，更重要的是指体现法治精神的一整套规则体系。关键在于村委会必须依法行政、依法治理，村民必须依法维权。法治既为村委会和群众提供保障，同时也制约着各方的行为，使双方在基层社会治理中形成动态均势，以保证乡村治理规范有序。

（四）新和村建设"阅读驿站"，厚植"德治"基础的创新实践

1. 现实背景

新和村是由 3 个村合并而成的，共有 986 户，近 4000 人，已拆迁 460

户左右，安置人口近2000人，目前拆迁户分别安置在建乐、长红、南部新城3个安置区。新和村是国家级农家书屋示范点，藏书近万册，在加强农村社区先进文化引领、厚植"德治"基础方面，起到重要作用。

2. 新和村"阅读驿站"建设的创新实践

背景：中共江苏省委、江苏省人民政府《关于加强农村社区治理与服务的意见》提出，要加强农村社区文化引领，培育和践行社会主义核心价值观，发展各具特色的农村社区文化。

目标：充分发挥国家级"农家书屋"的辐射作用，在32个村民小组和3个安置区建设"阅读驿站"，让书香文化走进千家万户。

具体措施：拟在32个村民小组选取具有一定文化素养的老党员、退休老干部、老教师和自愿为村民服务的家庭，建立"阅读驿站"，由村"农家书屋"提供有关党报党刊和政治、经济、法治、科技、文化、生活、少儿等方面的书籍，以及书柜等大件设施。制定书刊借阅制度，由"阅读驿站"所在家庭村民自愿提供义务服务。在3个安置区建立图书借阅点，方面居民借阅。

成效：习近平总书记指出，"乡村振兴既要塑形，也要铸魂"。"阅读驿站"成为推进农村文化发展、传递农民致富信息、丰富农民文化生活的平台，营造农民自己的精神家园，努力为农村和城市架起沟通的桥梁。现今的农家书屋，既在发挥"书"的价值，又在凸显"屋"的作用。农家书屋，不仅是农民读书的所在，增添电脑连上互联网就是党员教育的讲堂，请来专家技术人员就是科技知识传播的殿堂，到了寒暑假就成了留守儿童的第二课堂。现在又建起了"三治文化广场""党建同心圆""村史文化墙"等。文化建设的聚集作用使农家书屋越来越成为村级公共文化服务的中心，这些文化功能的不断添加，让农家书屋更有吸引力，也更具魅力。

小结：德治是健全乡村治理体系的情感支撑。在乡村治理中融入德治，能够发挥道德引领、规范、约束的内在作用，增强乡村自治和法治的道德底蕴，为自治和法治赢得情感支持、社会认同，使乡村治理事半功倍。新河村实施"阅读驿站"建设项目，着眼于不断满足农民群众美好文化生活需求，

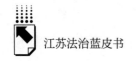

培育文明乡风、良好家风、淳朴民风，不断提高乡村社会文明程度，为自治、法治、德治"三治融合"打下深厚的文化基础。

三 滨江新城在城乡融合发展进程中推进"三治融合"创新乡村治理的几点启示

第一，固"治理"之本，提升乡村治理"核心力"。基层党组织作为党在农村工作的基础，是领导农民群众实现乡村善治的核心力量，一定要配强领导班子，创新领导方式，落实服务宗旨，只有这样，才能使农村基层党组织成为有效实施乡村治理工作的坚强战斗堡垒。乡镇党委要高度重视本地农村经济社会发展中出现的新情况新问题，充分发挥对乡村治理的核心领导作用，全面履行协调、指导、加强创新乡村治理工作的重要职能，整合各方面资源力量，推动解决乡村治理中面临的突出问题。

第二，强"自治"之根，提升乡村治理"源动力"。村民自治制度已经实行 30 多年，经过这些年的民主实践，全国各地农村已经完整地建立了民主治理结构，村民选举也已经普及。但令人困惑的是，民主治理的机器不能在农村地区有效地运转起来。为此，2016 年中央 1 号文件明确指出，要积极探索不同情况下村民自治的有效实现形式，使村民自治有效运转起来。2018 年江苏省委、省政府在《关于加强农村社区治理与服务的意见》中指出，探索"以村民小组或自然村为基本单元的村民自治""院落自治"等微自治形式，有效实现村民自我约束和自我管理。随着城镇化进程的快速推进，新社区就成了新的自治单元。如何以新社区为单元深化村民自治，充分激发村（居）民自治的活力，商贸城社区的"六汇乐治"在实行自我管理、自我服务、民主协商、保障权益方面进行了有益的探索。

第三，夯"法治"之基，提升乡村治理"硬实力"。党的十八届四中全会提出，法律的权威源自人民的内心拥护和真诚信仰。人民权益要靠法律保障，法律权威要靠人民维护。一是坚持全民守法。需要从开展广泛的普法教育着手，尤其是需要宣传《城市居民委员会组织法》《村民委员会组织法》

等法律的要点，开展依法治理活动，努力推动基层社会形成办事依法、遇事找法、解决问题用法、化解矛盾靠法的良好法治环境。二是坚持法治精神。推进法律咨询进基层活动。法律关系到千家万户，关系到每一个家庭，家庭纠纷、邻里矛盾、社区冲突都能够通过法律的途径解决，例如，公证进社区，公证员和基层法律工作者通过法律咨询进社区和家庭，发挥解决家庭纠纷的主导作用。三是坚持法治保障。中国共产党人的宗旨是全心全意为人民服务。因此，法律援助是国家的责任，通过法律援助可以帮助那些弱势群体，维护他们的权益，同时也是社区依法治理的具体表现。维护法律尊严和权威，确保法律面前人人平等。依法治理社区事务，包括村委会选举、居委会选举，充分发挥基层的人民代表大会制度的优势，让老百姓真正当家作主。

第四，树"德治"之魂，提升乡村治理"软实力"。有效的乡村治理必须尊重乡村特点，利用乡村所具有的德治文化和自治传统，挖掘和提升传统优秀文化，把现代法治理念和精神融入乡村价值系统中去，这样才能构建出有效的乡村治理体系。为了适应农村社会治理的新形势需要，各级党委和政府应该不断加强和完善以社会主义核心价值观为主导的农村思想道德文化建设体系。通过多种形式传承优秀的传统乡村文化以及开展健康向上的乡村文化活动，教育、感染和引导农村居民，促进家庭和睦、邻里互助、和谐融洽、乡风文明的乡村文明建设，为加强基层社会治理营造和谐、包容与融合的社会文化环境。新河村"阅读驿站"建设是一个很好的创新实践。

第五，促"三治"融合，实现乡村治理之"善治"。基层社会治理中自治、法治与德治是可以结合而且必须结合的。自治是法治与德治的基础，法治是自治与德治的边界和保障，德治以自治与法治为基石，并对自治与法治形成有力补充。在乡村治理体系中，需要情、理、法的相互配合，自治、法治、德治各有侧重，缺一不可。自治、法治、德治不是三条平行线，而是一张基层社会治理的网络。在乡村治理实践中，必须正确处理好依法治理、基层自治、村民德治与社会共治的关系，要综合运用法律规范、道德约束、舆论引导等多种方式和手段，加强完善以党组织为核心、村民自治为基础、村

民广泛参与、各类社会组织互动合作等多元主体协同参与的乡村治理的组织结构体系。同时，要根据相关法律政策，因地制宜地制定和实施符合村情民意的村民自治章程和村规民约，弘扬公序良俗，促进自治、法治、德治有机融合。

自治固本，法安天下，德润人心。"三治"有机结合并将其贯穿于乡村运行、治理、互动的整个过程中，将有效降低乡村治理成本，提高治理效率，进而推动实现乡村治理之"善治"，确保乡村振兴战略的顺利实施。

B.14
镇江市法治护航乡村振兴
战略调研报告

镇江市依法治市领导小组办公室课题组*

摘　要：　实施乡村振兴战略是党的十九大作出的战略部署，是继统筹城乡发展、建设社会主义新农村之后，在农业农村发展理论和实践上的又一重大飞跃，是新时代高质量推进农业农村工作的总纲领，也是解决"三农"问题、全面激发乡村发展活力的重大举措。镇江运用法治思维和法治方式来护航乡村振兴战略健康有序推进和发展。

关键词：　乡村振兴　"三农"问题　法治保障

镇江市法治办课题组通过组织召开座谈会、实地走访、发放调查问卷等形式，开展镇江市法治护航乡村振兴战略调研工作，具体调研情况如下。

一　镇江市乡村依法治理方面的主要
做法及取得的成效

近年来，镇江市围绕乡村治理法治化水平提升，重点在立法制规、依

＊　课题组负责人：李明洪，镇江市委政法委副书记、市法治办常务副主任。执笔人：刘元平，镇江市委政法委依法治市工作处处长；何瑞，镇江市委政法委依法治市工作处副主任科员。本文中相关数据均来自此次课题调研。

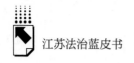

法行政、公正司法和法治宣传等方面，不断夯实工作举措，取得了一些成效。

（一）围绕乡村精准立法，发挥立法引领推动作用

镇江市连续三年开展立法制规"规范年""提升年""巩固年"活动，进一步完善乡村振兴战略立法制规体制机制，以高质量的立法制规来保障高质量的乡村振兴与经济发展。将《镇江市农村公路条例》纳入2018年立法计划，并按照立法程序扎实推进；制定出台了《镇江市饮用水源地保护条例》《镇江市长江岸线资源保护条例》《镇江市内河交通安全管理办法》等有利于乡村振兴发展的地方性法规、政府规章和规范性文件；重新修订了《镇江市征地补偿和被征地农民社会保障办法》。健全涉农地方性法规政府规章起草征求人大代表意见制度，探索建立立法制规协商制度，充分发挥乡村人大代表、政协委员等在立法制规中的作用。对涉及乡村群众切身利益或各方面存在较大意见分歧的，通过座谈会、论证会、听证会、问卷调查等形式广泛听取意见。健全意见分析论证和反馈机制，让乡村群众更加方便地参与立法制规工作。

（二）妥善处理涉农案件，提供有力司法保障和服务

近三年来，全市法院审结破坏农村社会秩序、侵害农民人身财产权益的犯罪案件共计1668件，保障农村社会环境安定有序、农民安居乐业；审结土地承包经营纠纷、民间借贷、道路交通事故损害赔偿、劳务纠纷、婚姻家庭、相邻关系等涉农民商事案件共计31362件，及时化解农村矛盾纠纷，促进案结事了；审结涉农行政案件570件，有效纠正行政机关的不作为、乱作为现象，保障农民正当权益的实现；审结环境资源案件1550件，牢固树立新发展理念，坚持生态优先、绿色发展，将打击破坏生态环境犯罪与恢复性司法有机结合。健全农民工讨薪维权绿色通道，开展涉民生案件专项执行活动，做到优先立案、审理、执行，提高执行兑现率。全市法院选择交通便利的中心城镇设立人民法庭15个，充分发挥人民法庭扎根基层、贴近群众的

"纽带"作用，积极加强与辖区党委和政府、村（居）委会等基层组织沟通协作，建立矛盾预警机制，形成矛盾纠纷化解合力。

（三）加大涉农领域执法，依法保障农业生产安全

积极开展打击涉农侵权假冒行动，市工商局专门制定下发了《全市工商和市场监管部门 2017 年农资打假行动方案》，突出肥料、农膜、农机具及其零配件等重点品种，以农村集贸市场、农资集散地、仓储集中地等为重点场所，组织开展了农资市场打假、农业品牌帮扶等，共抽检农药、化肥等 90 批次，查获了一批假劣农资及农副产品。市农委深入开展农业投入品质量抽检工作，印发了《关于下达 2017 年农资产品质量抽样检测计划的通知》，加大农资产品质量监督抽检力度。2017 年全市共投入抽检经费达 49.45 万元，累计抽检各类农资产品 265 个批次。开展春季农资打假专项督导行动、全市种子"双打"和"白皮包装"专项行动、农药除草剂专项整治行动、夏季百日农资打假专项行动和秋冬季农资打假专项行动，全市共立案查处农业类违法案件 7 件（肥料 3 件，兽药 2 件，农药 2 件），涉案金额 2.15 万元，结案 7 件，共查获农资产品 2042 公斤，为农民挽回经济损失 30 多万元。以乡村日用消费品、儿童用品、农资产品、家用电器等电商产品为重点，抓住"11.11"等电商节，及时处置电商产品举报申诉，积极开展互联网领域侵权假冒专项整治，从源头净化农村电商产品质量。市食药监局全年共查处查办来自农村和城乡接合部的侵权假冒案件 71 件，涉及产品货值金额 53 万元，移送公安机关 4 件。近年来没有发生因农资质量问题而引发的重大坑农害农事件，"红盾护农"在镇江市已经成为一项品牌工作。

（四）不断加强执纪监督，有效遏制涉农腐败问题

针对持续增加的涉农资金投入，加强对各项农业基础设施工程资金、农业补贴资金、农村社会保障资金和扶贫开发资金等涉农专项资金的审计监督。2017 年，镇江市集中开展"三治理一挂牌"专项行动，建成上线运行扶贫工作阳光监管平台，在全省率先完成村、组清产核资工作，优化提升覆

盖全市 592 个村（涉农社区）的"三资"信息监管平台，实现农村产权交易市场建设全覆盖，构建起以"制度化＋信息化＋公开化"为路径的农村扶贫监管体系，确保中央和省、市脱贫攻坚等惠民政策"精准"落地。2016 年以来，交办督办查办扶贫领域问题线索 3 批次 48 件，转立案 18 件，党政纪处分 28 人。查处侵害群众利益的不正之风和腐败问题 161 起 191 人，党政纪处分 130 人。

（五）加强农村自治工作，实施"法治惠民镇村行"工程

有效落实"四民主两公开"等各项制度，依法制定完善村规民约、村民自治章程，实现村民自我服务和自我管理。通过开展形式多样的法治宣传教育活动，实施"法律明白人"工程、组建"法律志愿者"队伍，增强村民遵纪守法意识，理性表达利益诉求，依法依规解决矛盾纠纷。全面推广崇德尚法漫画墙、法治道德讲堂等阵地建设；培育扶持乡贤会、百姓议事堂等社会组织；全面实施村级"法治道德银行"，营造乡村崇德尚法的社会氛围，构筑起自治、德治、法治相结合的基层社会治理新模式。京口区雩山村围绕"利用群众智慧为群众服务"理念，组建农村"众智"议事堂，广泛吸纳有能力、有技术、有威信愿意发挥余热的老党员、专业技术人才等建成"众智"队伍，并运用这个团队为村级发展出谋划策，建立起智囊团队与民主议事的通道。创新全面实施"法治惠民镇村行"工程，精心遴选 775 名具备法学专业背景、政法工作经历的领导干部，分别赴镇（街道）、村（社区）担任法治建设工作指导员，指导镇村两级党组织依法履职、依法决策、依法办事 1356 次，规范基层执法行为 1570 次，化解矛盾纠纷 989 起，推动落实基层法治惠民实事项目 550 件，举办各种类型的法治讲座 1398 场，送法进镇村 2850 次，服务基层群众 10 万余人次。

（六）加大法治宣传力度，不断浓厚乡村法治宣传氛围

全省首创《法治周刊》，集聚法治宣传力量，以农村群众喜闻乐见

的形式，讲好镇江法治故事，截至目前，已出刊 66 期，获得了基层群众特别是农村群众的广泛好评。按照主题鲜明、通俗易懂、因地制宜、注重特色的原则，打造法治主题公园、法治文化广场、法治文化村居等，营造乡村浓厚法治氛围。结合城建、旅游等项目，将法治文化设施建设与乡村环境相协调、与各地自然生态相融合；依托图书馆、文化馆（站）、基层综合性文化服务中心、农家（职工）书屋等，将法治融入公共文化服务，方便群众就近、经常参加法治文化活动。通过省、市级法治文化示范点创建，打造一批具有法治文化内涵、弘扬法治精神、丰富群众文化生活、推动乡村法治文化建设的优秀法治文化阵地。大力开展"法治文艺村村行"活动，鼓励全市乡村以文艺演出为载体，发布政策惠民讯息、宣传民生法律法规、弘扬乡村传统美德，传播社会正能量。镇（街）公共法律服务中心和村（居）司法惠民服务站全面建成，开展法律事务咨询、矛盾纠纷化解、困难群众维权、法律服务指引等便民服务。

（七）深入开展基层法治系列创建，发挥法治创建示范作用

以"法治城市""法治县市区""法治镇街道""法治村社区"创建活动为载体，统筹推进依法治理工作，取得了显著成效。全市法治建设满意度逐年攀升，2015 年达到 96.93%，位居全省第一，所有辖市（区）法治建设满意度全部超过苏南基本现代化建设指标（见表 1）。丹阳市、扬中市、丹徒区和京口区等 4 个辖市区荣获全国"法治县（市、区）创建活动先进单位"，扬中市、润州区和镇江新区荣获全省"法治县（市、区）创建活动示范单位"，实现了省法治创建先进集体"满堂红"；再次荣获全国社会治安综合治理优秀市，捧回了"长安杯"。生态文明建设法治保障荣获环保部（现生态环境部）、中国法学会"生态环境法治保障制度创新奖"。深入推进"法治型、服务型"双型先进党支部创建工程，基层党组织的法治思维和法治能力明显提升，广大党员的法律素养和法治水平进一步提高，涌现出 112 个五星级"双型"先进党支部。

表1　镇江市法治建设满意度情况统计

单位：%

辖市区	2015 年	2016 年	2017 年
丹阳市	97.5	97.5	95
句容市	98	95.02	97
扬中市	95.5	95.5	97.5
丹徒区	95	89	96.5
京口区	97	91.5	96.5
润州区	98	95.5	96.5
新区	97.5	91.96	98.5
全市	96.93	93.71	96.79

二　乡村依法治理方面存在的问题及原因分析

结合调查问卷统计情况和近三年来法治建设满意度调查情况，可以发现当前镇江市乡村依法治理存在以下问题。

（一）乡村依法治理存在的问题

第一，依法办事能力不足。当前基层群众法治意识逐步提高、维权意识日益增强，群众既要求实体处理公正，也要求程序合法。而部分基层党组织领导干部法治水平不高、依法执政能力不强、解决复杂矛盾本领不够；少数基层政府未能及时处理群众的诉求，如对群众申请信息公开的，未能及时回应，存在行政不作为；甚至极少数党员干部在落实当地党委和政府重点工作任务过程中，未能严格依法办事，或者违反法定程序，存在侵犯群众合法权益的行为，导致民告官。

第二，乡村法治制度体系不健全。尽管我国制定和颁布了20多部农业法律、60多部农业行政法规、460多部部门规章，但是与其配套的地方性法规、政府规章和规范性文件依然欠缺。如目前镇江市制定生效的5部地方性法规、5部政府规章和150部政府规范性文件（2014年8月26日以来）中纯粹涉及乡村的规定比较少。又如为了使民主法治向基层延伸，《中华人民共和国村民委员会组织法》为村民依法享受民主选举、民主决策、民主管理、民主监督等权利提供了制度保障，然而与村民自治制度相配套的制度还不够完善，村民自治难以程序化、规范化、制度化。

第三，农村社会治理针对性不强。当前农村社会治理法治化主要在政府推动之下得以实施，基层干部在日常事务处理和推进农村社会治理时以问题为导向还有待加强。如截至 2017 年，全市农村低保 1.86 万人、五保对象 5386 人、困难残疾人约 2.4 万人（占全市残疾人的九成左右）、优抚对象 1.24 万人（其中 4155 名重点优抚对象、7243 名农村退役士兵），如何有针对性地推进农村社会治理法治化，推进"三社联动""政社互动"，在"保障"、"服务"、"利用"和"提高"上下功夫，成为摆在我们面前的一个迫切需要解决的问题。

第四，乡村执法环境有待提升。乡村执法不严、司法不公现象仍然存在，执法机关及其执法人员在执法过程中的不文明、不严格、不公正现象时有发生。有的执法人员在执法过程中缺乏与执法对象沟通、交流，对待事件不问青红皂白，强硬性的执法方式依然存在。更有甚者喊出了"搞定就是稳定、摆平就是水平、妥协就是和谐"的口号。同时现实运行中乡镇与村的关系处境尴尬，就党组织而言，二者是上下级的关系，但就基层自治组织来说，二者则是指导与被指导的关系，容易导致职责冲突、权限交叉。

第五，农民法治信仰意识薄弱。如何更好地普及法律、用好法律，这是农村普法中普遍遇到的难题。乡村普法活动主要有悬挂条幅、发放宣传资料、开办普法讲座三种形式；活动内容枯燥无味，不易理解，不接地气，很难引起村民关注，普法活动受众十分有限。农村没有专职普法工作人员，聘请律师每周只能提供一天的免费法律咨询，农民遇到急事需要法律援助时，往往找不到专业人员。农村普法人员由于没有接受过专业、系统、全面的法律培训，在帮助农民解决法律问题时常常一知半解，无法满足农民法律需求，导致村民遇到问题耗费大量的人力物力财力打官司、寻求法律途径解决

热情不高，更多的是借助传统信访办法，通过宗族有威望的人从中调解、协商解决。

（二）制约乡村依法治理的原因分析

第一，基层党政组织法治化建设水平不高。火车跑得快，全靠车头带。乡村基层党政干部岗位缺乏足够的吸引力，村干部后备人才匮乏，一些地方班子人员严重老化，缺乏公信力、号召力、凝聚力，也缺乏执行力，既无动力也无能力实行村民自治，还停留在传统的管理模式上，面对纷繁复杂、变化迅速的农村社会环境，缺乏应对挑战的能力，很多乡村只能当"二传手""传声筒"，从某种意义上讲，只是停留在守土、守业、守旧层面。基层领导者在法治观念和相关政策理论方面有所欠缺，导致在实际的决策和事务处理中产生偏差，造成一系列问题。此外理论联系实际不够，学用脱节，运用法治思维指导实践的意识不强，导致在基层管理过程中缺乏法治理念。少数人对依法治理工作的重要性和艰巨性认识不够，认为法治是虚事情、软工作，可有可无，因而工作时搞形式、走过场，应付差事，致使乡村法治建设工作开展不平衡。

第二，对乡村法治建设顶层设计重视不够。近年来，随着法治化的不断推进，国家颁布了多部与农村发展相关的法律法规，对农村法治建设起到了积极的作用。但伴随着经济社会的不断发展，一些新的问题和矛盾出现，如农村环境问题、农村养老保险问题、留守儿童问题等，而目前我国的立法还是空白，因此，就需要不断地完善农村法律制度。同时一些现行的法律法规已经不能适应新农村发展的需要，这部分法律法规就需要修改和完善。如农村公路立法方面的问题，目前镇江市就没有有关农村公路的自主性规定，沿用的上级规定较为笼统，弹性空间有余，刚性约束不足，缺少针对性和操作性。

第三，基层特别是乡村干群法治意识不强。基层干部是党和国家路线、方针、政策的具体执行者，但部分农村基层干部法律意识淡薄，存在抓治安就是抓法治的思想，甚至仍然具有人治的思维。如有些基层干部只知道服从上级指示和命令，解决问题也主要是依靠上级领导指示或依靠一些"土办法"。有的不重视法律知识的学习，对一些基本的法律法规，尤其是一些涉农法律法规，更是知之甚少。有的习惯使用行政命令，不善于依照法律法规办事。还有个别的农村基层干部目无法纪，以权谋私，严重危害农民合法权益。有的乡村农民在处理纠纷的过程中，不是求助于法律，而是依赖家族的力量来解决问题，以家族势力对抗基层政权、干涉执法司法，甚至出现家族式、集团化犯罪。

第四，传统观念、传统思维对法治乡村建设构成消极影响。当今我国农村仍然具有传统乡土社会的基本特征。维系中国农村社会存在和运转的主要机制是以血缘、家族为核心建立起来的乡村伦理关系和道德生活样式，这种观念在基层执法过程中也不断显现出来。在执法过程中往往出现执法不公、执法不严，甚至违法不究的现象，不仅严重损害了法治的权威，而且也容易产生矛盾和纠纷。此外，基层执法人员在执法过程中存在特权思想，"不给好处不办事"、没"关系"不好办事的情况依然存在。

第五，经济社会结构的变化对法治乡村建设构成新的挑战。从农村人口结构来看，"未富先老"现象相当突出，青壮年农民进城打工的多，留守老人、留守妇女、留守儿童面临许多生产、生活甚至生存的难题，进城的农民工为城市经济发展做出了巨大贡献，但长期以来被城市拒之门外，主要表现在就业机会少、劳动收入低、劳动环境恶劣、子女教育没有保障和社会保障缺少等；特别是新生代农民工更加向往城市的生活方式，他们对尊重、平等和社会认知等城市主人翁地位有更多期盼，但是在现实生活中，他们得不到平等的待遇与尊重。从农村经济结构来看，产业形态既有农业，又有工业，还有服务业，已经远远超出了第一产业的范畴，经营方式既有国有，又有集体，也有个体私营，已经走出了家庭联产承包双层经营基本制度的范畴，公司制、股权化、股份合作化进入农村，已经形成了城乡互动、行业互联。从农村的形态来看，镇江市农村大部分村庄都已经拆迁安置，村庄变得空心化，农民的分化、村庄的分化比较明显，农民"上楼"成了一种常态，这些变化导致开展依法治村工作难度加大。

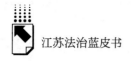

三 镇江市法治护航乡村振兴战略的对策与建议

农业农村农民问题是关系国计民生的根本性问题。现就立足镇江市农业农村农民等农情实际，拟举全市法治建设工作者之力，以更大的决心、更明确的目标、更有力的举措，顺势而为，切实增强责任感、使命感、紧迫感，运用法治思维和法治方式高质量推动农业全面升级、农村全面进步、农民全面发展，谱写新时代法治护航乡村全面振兴新篇章，提出如下意见与建议。

（一）进一步强化法治思维，提升乡村依法执政水平

实行乡村振兴战略，关键在党。镇江市各级党委要切实提高对实施乡村振兴战略重大意义的认识，真正把运用法治思维和法治方式推进乡村振兴战略摆在优先位置，把依法执政各项要求在乡村落地生根、遍地开花。

第一，建立法治护航乡村振兴领导机制。建立健全党委统一领导、政府负责、党委工作部门统筹协调和法治部门参与的农村工作领导体制。在市委乡村振兴工作领导小组下面增设法治护航工作小组，法治护航工作小组与"三高"农业发展、美丽乡村建设、乡村治理、农民增收、人才培育、改革创新和资金保障等七个工作小组齐头并进、齐抓共管，形成乡村振兴战略整体合力。法治护航工作小组由各级依法治理领导小组及其办公室负责运行，切实将法治护航乡村振兴战略纳入各级党政主要负责人履行推进法治建设第一责任人职责规定和年度述法考评，制定下发《镇江市关于法治护航乡村振兴战略的实施意见》。

第二，提高基层党组织建设法治化水平。党支部是党全部工作和战斗力的基础，是党联系服务群众的"神经末梢"。按照市委《关于实施法治型、服务型先进党支部建设工程的意见》（镇发〔2015〕20号）文件要求，进一步深化"双型"先进党支部建设工程，动态实施五星评定，开展法治文化培育、"领头雁"素质提升、党内生活规范、法治为民实践和"亚夫精神"扎根等五大行动，进一步促进基层党组织要有牢固的遵法守法理念、

全面的依规管理能力、严格的党内制度执行、务实的法治为民作风和公认的服务群众业绩。扎实推进抓党建促乡村振兴，突出政治功能，提升组织力，抓镇促村，把农村基层党组织建成坚强战斗堡垒，出台镇江市《实行双重管理加强村党组织书记队伍建设的暂行办法》，持续选派优秀机关干部在集体经济薄弱村、软弱后进村担任"第一书记"。

第三，推进乡村党务公开。认真贯彻落实《中国共产党党务公开条例（试行）》精神，建立完善相关制度，统筹用好各类载体平台，分类确立联系点，加强面上工作指导，将乡村党务公开工作情况作为乡村党组织履行全面从严治党政治责任的重要内容，促进党务公开各项工作落地见效，推进乡村振兴。

第四，深入开展乡村腐败问题依法治理。深入推进农村基层不正之风和腐败问题"三治理一挂牌"专项行动，健全完善扶贫领域信访举报"绿色通道"，针对群众反映的突出问题，继续实施多轮次、滚动式挂牌督办。推行村级小微权力清单制度，开展村级财务审计，选择信访量大、矛盾集中的村进行延伸巡察，加大基层小微权力腐败惩处力度。加大对贪污挪用、虚报冒领、截留私分、优亲厚友等侵害群众利益问题的查纠力度，严肃查处民生资金、"三资"管理、征地拆迁、教育医疗、工程建设等领域的突出问题，对失职失责的党委和纪委"双问责"，加大对农村典型案例点名道姓通报曝光力度。坚决惩治放纵、包庇黑恶势力甚至充当"保护伞"的农村党员干部。

第五，把社会主义核心价值观融入乡村法治建设。根植于村民心中的法治精神，是农村社会主义核心价值观建设的基本内容和重要基础。结合省级民主法治示范村（社区）创建活动，在乡村大力弘扬社会主义法治精神，推进农村社会主义法治文化建设，引导群众成为法治的忠实崇尚者、核心价值观的自觉践行者。结合道德风尚高地建设，倡导契约精神，弘扬公序良俗，广泛开展各类道德典型学习宣传活动，积极倡导助人为乐、见义勇为、诚实守信、敬业奉献、孝老爱亲等美德善行，不断增强法治的道德底蕴。深入开展农村移风易俗主题教育活动，对大操大办、厚葬薄养、人情攀比、封建迷信等陈规陋习进行正面引导和专门教育。

（二）进一步健全立法制规体系，强化乡村振兴制度设计

推进乡村振兴战略，重在顶层设计。把行之有效的乡村振兴政策法定化，充分发挥立法制规在乡村振兴中的引领和推动作用。

一是强化顶层设计。从镇江市乡村发展实际需要出发，在促进乡村振兴的城乡建设与管理、环境保护、历史文化保护等方面制定具有执行性、地方事务性和创制性的地方性法规、地方政府规章和规范性文件，及时研究制定《镇江市乡村振兴工作考核细则》《镇江市农村公路管理条例》《关于深化农村集体产权制度改革的实施意见》《关于发展"三高"农业的意见》等。

二是开展执法检查。大力开展涉及阻碍乡村振兴战略方面的执法监督检查，认真督促各地各部门切实贯彻落实中央和省在乡村振兴战略方面的法律法规和规范性文件，在经济领域落实《农村集体资产管理条例》《不动产登记条例》，在环保领域落实《城乡生活垃圾处理条例》，在社会领域落实《家庭教育促进条例》《职业教育校企合作条例》《妇女权益保障法》等，检查结果要进行书面通报，并抄报市委、市政府和市纪委监察委。集中清理上级对村级组织考核评比多、创建达标多、检查督查多等突出问题。

三是清理涉农文件。围绕镇江市乡村振兴战略，进一步清理文件制定主体，对地方各级党委和政府设立的非常设机构，以及党委和政府内设机构、下设机构和派出机构，一律不得制定涉农方面的规范性文件。加强文件监督管理，坚持立改废释并举，对不符合上位法规定、滞后乡村发展需求的规范性文件，进行全面清理，保障规范性文件的合法性、时效性、严肃性，维护法治的统一。组织对满两年且涉及乡村建设治理重要计划、规划管理、土地和矿产资源与环境保护管理、征收土地房屋、乡村住房建设和社会保障等方面的文件，组织实施效果评估，根据评估情况及时进行修改或废止。并将清理以后的涉农方面法律法规和规范性文件编印成册赠送给广大乡村干部群众。加大对辖市区政府和市级部门报备涉农规范性文件的审查力度，及时纠正存在的问题。

（三）进一步加强依法依规办事，高质量推进乡村振兴

充分把握镇江市乡村发展的差异性，遵循乡村发展规律，分类指导、突出重点、典型引路、以点带面。既尽力而为、量力而行，又依法办事、依规办事，不搞形式主义，不搞"一刀切"。

第一，依法规划引领乡村振兴。建立乡村规划编制联席会议制度，推进城乡规划一体化，指导市区（1088 平方公里）9 个镇人民政府修编总体规划和控制性详规并完成规划报批工作；编制镇总体规划，尽快实现全市所有乡村控制性详规和有发展需要的村土地利用规划编制实现全覆盖。加强乡村基础设施建设，每年编制农村基础设施建设项目计划，与重大项目同等考核。出台人居环境治理三年行动实施方案、深化农村公共基础设施运行维护管理的意见等，全面实施河长制、实现河湖长治，加强农村生活河塘清淤，加大对传统村落的保护力度，建立湿地保护修复制度。

第二，依法自治夯实基层基础。以自治为基础，实施百村善治行动，提升乡村治理体系和治理能力现代化水平。推动村党组织书记通过选举担任村委会主任。发挥村民的主观能动性，完善村民自治机制，逐步推行"一规五制"工作方式，探索以"两组四会"为主要内容的村民小组自治。充分发挥村务监督委员会作用，加强和规范村务监督工作。依法完善村规民约，配齐村人民调解员，做到"小事不出组、大事不出村、疑难问题不出镇"。积极培育服务性、公益性、互助性农村社会组织，探索农村社区协商的有效形式。出台镇江市《关于加强农村社区治理与服务的实施意见》。2020 年，基本形成以乡镇党委、农村社区党组织为领导核心，基层政府为主导，村民委员会、村民小组为基础，村民为主体，村务监督委员会、农村集体经济组织、农民合作经济组织、驻村单位等各类主体共同参与的乡村治理架构。丰富乡村法治文化生活，推动基层民主法治创建，2020 年底省级"民主法治示范村"创成率达 60% 以上，法治文化阵地覆盖率 100%；2022 年，省级法治文化示范点创成率达 10% 以上。

第三，依法管理确保政策落地。坚持质量兴农、绿色兴农，深入推进农

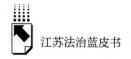
业供给侧结构性改革，积极发展高端、高新、高效"三高"农业，促进农业经济高质量发展。支持优势特色农产品创建农产品地理标志、国家地理标志证明商标、国家地理标志保护产品等区域公用品牌。出台加快民宿经济发展的意见，推动民宿业良性规范发展。坚持扶贫与扶智、扶志相结合，打好精准帮扶攻坚战。落实好《镇江市服务农民工行动计划（2017—2020 年）》（镇政办发〔2017〕124 号）文件精神，增加农民就业渠道，稳步提升农民收入。探索农村土地和农村宅基地"三权"分置多种实现形式，推进集体经营性资产股份制改革，促进农民财产性收入较快增长；落实各项支农惠农政策，促进农民转移性收入持续增长。落实城乡基本公共服务均等化要求，推动教育、医疗卫生、社会保障、社会救助等向农村倾斜。推进公共教育资源优先向农村、经济薄弱地区和薄弱学校倾斜，提高农村学校教育质量。降低农民个人实际医疗费用负担比例；将被征地农民刚性纳入社保体系。加强社会求助制度和扶贫开发政策的衔接，完善困难群体医疗救助，缩小城乡差距和相对贫困比例。

第四，依法改革增强发展动能。研究制定镇江市加强农村人才队伍建设的意见，加快培塑新型职业农民、"三农"干部、专业人才三支农村人才队伍法律素养，强化乡村振兴人才支撑，为乡村振兴注入法治新动能。以完善农村产权制度和推进要素市场化配置为重点，统筹推进城乡配套依法改革创新，巩固完善农村基本经营制度。深化供销合作社综合改革，组织实施新供销服务"三农"综合平台建设工程，增强供销合作社为农服务能力和综合实力。整合镇江市"镇农贷""助农贷""镇农保贷"资金资源，提高服务水平。开展农业保险创新试点，完善农业保险功能、拓展保险项目，鼓励引导保险机构创新气象指数保险、收入保险等金融产品。提升农业政策保险作用，开展土地承包经营权、林木所有权、宅基地资格权抵押贷款试点。完善村民一事一议制度，合理确定筹资筹劳限额，加大财政奖补力度。

（四）进一步推进公正廉洁执法，提高乡村振兴执法公信力

健全完善乡村执法管理体制和执法运行机制，规范基层执法行为，加强

对基层执法活动的监督，努力让人民群众在每一个执法案件中感受到公平正义。

第一，落实司法便民为民。妥善审理乡村振兴战略实施过程中的各类涉农案件，为乡村振兴发展提供良好的司法环境。综合运用审判执行手段，提升乡村绿色发展的制度化、法治化水平，以绿色发展引领乡村振兴。通过司法审判弘扬社会主义核心价值观，传承发展提升农村优秀传统文化，不断提高乡村社会文明程度。通过巡回审判、发布典型案例、法治主题宣传、乡村法治宣传栏等宣传法治，引领农村尊法、守法风尚。落实各项司法为民便民利民措施，及时回应人民群众的合法利益诉求。采取多种措施加大涉农案件执行力度，确保农民合法权益及时得到实现；加大司法救助力度，对经济确有困难的当事人给予必要帮助。依托乡村治理新体系，多渠道化解社会矛盾纠纷。高度重视并认真研判实施乡村振兴战略案件中出现的新情况、新问题，及时向党委、人大报送专项报告，向政府及其他相关部门提出司法建议。

第二，开展乡村法律监督。主动加强与纪检监察、组织人事、公安、民政等部门的协作配合，充分发挥惩治、教育、预防、监督、服务等多元法律监督职能，多措并举，综合施治，依法严厉打击危害农村和谐稳定的违法犯罪，坚决铲除"村霸"和宗族恶势力"毒瘤"。对于办案过程中遇到的因干群关系、土地征用、环境污染、移民搬迁、集体资产处置、村务公开、邻里纠纷和宗族问题等引发的矛盾纠纷，要积极协助相关单位和部门依法及时妥善处理，避免矛盾激化，防止被一些别有用心的人员和势力利用。积极开展乡村生态环境领域的法律监督工作，探索环境保护公益诉讼制度，及时追究破坏乡村生态环境的民事侵权责任。

第三，建设平安乡村。深入开展乡村扫黑除恶专项斗争，形成扫黑除恶长效工作机制，严厉打击农村黑恶势力、宗族恶势力，严厉打击黄赌毒盗拐骗等违法犯罪。健全落实社会治安综合治理领导责任制，加强人民调解工作，大力推进农村社会治安防控体系建设，推动社会治安防控力量下沉。创新乡村技防建设，行政村技防三年内达到标准要求，探索以网格化管理为抓

手、以现代信息技术为支撑，实现基层服务和管理精细化精准化。推进农村"雪亮工程"建设。组织城乡社区民警和包村民警至少每半个月开展一次矛盾纠纷滚动排查，开展"警民恳谈"，面对面收集矛盾纠纷信息。积极推动警力下沉和警务前移，最大限度地提高农村地区社会面见警率、管事率。建立健全以派出所、刑警中队、交警中队为主的农村区域联勤联动警务机制。夯实农村地区交通安全源头管理工作基础，推动交通安全向乡镇、行政村延伸，为广大农村群众出行创造安全畅通文明的道路交通环境。

（五）进一步培塑法治信仰，浓厚乡村振兴法治氛围

加大乡村普法力度，提高农民法治素养，引导广大农民增强尊法学法守法用法意识。增强基层干部法治观念、法治为民意识。健全农村公共法律服务体系，加强对农民的法律援助和司法救助。

第一，培塑村民法治信仰。鼓励将普法项目大众化，将法治元素融入美丽乡村建设，让村民在潜移默化中接受法治文化的熏陶。大力开展法治宣传进乡村活动，充分利用农村文化礼堂等阵地开展普法宣传。聘请市内外专家组建法治乡村普法讲师团，加大基层专业普法力度。完善一村（社区）一法律顾问服务机制和相关考核制度，注重村（社区）法律顾问履职能力培训，充分发挥其专业优势，创新服务载体和形式，帮助提升基层法治水平。加强"关键少数"普法，完善基层领导干部、工作人员学法用法制度，提高基层依法治理的能力和水平。

第二，完善公共法律服务体系。强化镇（街道）公共法律服务中心和村（社区）司法惠民服务站建设，加大对农民法律援助力度，积极为群众提供法律咨询、纠纷调解、公证预约等法律服务。以"12348镇江法网"为依托，进一步强化公共法律服务网运用，方便乡村群众实现网上申请法律服务，让群众少跑腿。同时开拓创新，在探索中不断完善"互联网＋"工作新模式，为公共法律服务站点建设提质增效，让群众有更多幸福感和获得感。

第三，推动法治德治融合。出台"镇江最美乡村"评选细则，把乡村

法治教育纳入文明村镇等系列创建活动，把法治教育与道德教育结合起来，从最能达成共识的"爱、敬、诚、善"入手，深入开展社会公德、职业道德、家庭美德、个人品德教育，以道德滋养法治精神。注重家风家教家训培育，制定出台《镇江市关于推进移风易俗、树立文明乡风的实施细则》，开展"传家训、立家规、扬家风"活动，建设农民活动广场、乡风明德文化墙、文化讲堂、道德讲堂等乡村文明阵地，拓展标准型"善行义举榜"建榜范围；弘扬"新乡贤"文化，持续组织评选"好婆婆、好儿媳、好妯娌"等先进典型活动。

（六）进一步完善工作机制，增强法治护航乡村振兴合力

实施乡村振兴战略是党和国家的重大决策部署，各级党委和政府要提高对法治护航乡村振兴战略重大意义的认识，切实为乡村振兴提供坚强有力的法治保障。

第一，落实乡村法治建设领导责任制。根据中央和省委的规定，强化法治建设责任，建立书面述职、定期督查等常态化工作机制。把依法办事作为乡村干部履职的"硬要求"，采用乡村党政主要负责人对履行推进法治建设第一责任人职责情况进行年度述法、开展民主测评等形式深入推进，强化对乡村领导干部遵守法律、依法办事方面的考核，并将考核结果作为乡村干部选拔任用的重要依据。将法治建设作为开展新一轮基层党组织书记集中培训的重要内容，作为书记抓基层党建工作述职评议考核的重要内容。

第二，健全基层法治系列创建活动机制。在乡村大力开展省级民主法治示范村（社区）和法治型学校、医院、企业等创建活动，切实提升全社会法治意识和法律信仰。推动乡村组织实施年度法治惠民办实事项目，开展法治实事项目实施情况的检查验收。法治系列创建活动评选表彰向乡村倾斜。深入开展"法治惠民镇村行"工程，适时组织开展法治指导员集中培训，探索推广团队指导等经验做法。

第三，强化乡村法治建设协调指导机制。市依法治市领导小组办公室要切实加强对法治护航乡村振兴战略的部署、指导、检查，推动工作落实。要

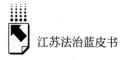

及时对《镇江市关于法治护航乡村振兴战略的实施意见》落实情况督促检查，开展法治护航乡村振兴战略中期检查和专项督查，通过督查掌握各地创建进展和不足，发掘典型经验，形成督查报告并通报有关情况。法治镇江建设各协调指导办公室要积极发挥作用，有效抓好落实，形成上下联动、左右协调、统筹推进的工作机制，把法治护航乡村振兴战略的各项任务落实到各行各业、各个部门。各地各部门要把法治护航乡村振兴战略作为一项重要政治任务，按照部署要求，抓紧制定完善年度工作任务清单和项目实施方案，加强组织领导，周密部署安排，突出重点，狠抓落实。牵头单位要统筹协调，参与单位要积极配合，及时沟通协商，形成工作合力。

附　　录

Appendix

B.15

2017～2018年江苏法治事件概览

逯鑫赫* 整理

法规、规章及规范性文件的出台与实施

第一，江苏省人民代表大会常务委员会会议：

1. 江苏省第十二届人民代表大会常务委员会第二十八次会议批准《南京市清真食品管理条例》《徐州市港口条例》《徐州市市容和环境卫生管理条例》《常州市历史文化名城保护条例》，通过《江苏省民用航空条例》，修订通过《江苏省实施〈中华人民共和国农业技术推广法〉办法》（来源：江苏人大网 2017 年 1 月 24 日）

2. 江苏省第十二届人民代表大会常务委员会第二十九次会议批准《南京市院前医疗急救条例》《宿迁市制定地方性法规条例》《南通市城市建筑

---

* 逯鑫赫，南京师范大学法学院 2018 级经济法硕士研究生。

垃圾管理条例》《苏州市制定地方性法规条例》《无锡市制定地方性法规条例》，通过《江苏省预防未成年人犯罪条例》《江苏省消费者权益保护条例》《江苏省医疗纠纷预防与处理条例》（来源：江苏人大网 2017 年 4 月 6 日）

3. 江苏省第十二届人民代表大会常务委员会第三十次会议批准《南京市法律援助条例》《苏州市禁止燃放烟花爆竹条例》，修订通过《江苏省固体废物污染环境防治条例》《江苏省统计条例》《江苏省档案管理条例》《江苏省防震减灾条例》《江苏省实施〈中华人民共和国人民防空法〉办法》《江苏省文物保护条例》《江苏省特种行业治安管理条例》《江苏省发展中医条例》《江苏省行业协会条例》《江苏省实施〈中华人民共和国职业教育法〉办法》《江苏省药品监督管理条例》《江苏省气候资源保护和开发利用条例》《江苏省气象灾害防御条例》《江苏省动物防疫条例》《江苏省道路运输条例》《江苏省机动车维修管理条例》《江苏省内河交通管理条例》《江苏省水利工程管理条例》《江苏省防洪条例》《江苏省水资源管理条例》《江苏省水库管理条例》《江苏省水文条例》《江苏省水土保持条例》《江苏省生态公益林条例》《江苏省实施〈中华人民共和国森林法〉办法》《江苏省野生动物保护条例》（来源：江苏人大网 2017 年 6 月 7 日）

4. 江苏省第十二届人民代表大会常务委员会第三十一次会议批准《关于修改〈南京市公路路政管理条例〉等十件地方性法规的决定》《南京市人民代表大会常务委员会关于废止〈南京市国有企业法定代表人离任经济责任审计条例〉等二件地方性法规的决定》《南京市人民代表大会常务委员会关于南京江北新区行政管理事项的决定》《南京市房屋使用安全管理条例》《淮安市地下管线管理条例》《镇江市非物质文化遗产项目代表性传承人条例》，通过《江苏省财政监督条例》《江苏省献血条例》，修订通过《江苏省人民代表大会常务委员会讨论、决定重大事项的规定》（来源：江苏人大网 2017 年 7 月 27 日）

5. 江苏省第十二届人民代表大会常务委员会第三十二次会议批准《南通市水利工程管理条例》《连云港市市容和环境卫生管理条例》《扬州市公园条例》《泰州市绿化条例》《宿迁市户外广告设施和店招标牌管理条例》，

通过《江苏省河道管理条例》（来源：江苏人大网 2017 年 9 月 30 日）

6. 江苏省第十二届人民代表大会常务委员会第三十三次会议通过《江苏省水域治安管理条例》《江苏省慈善条例》《苏南国家自主创新示范区条例》《江苏省人民代表大会常务委员会关于大气污染物和水污染物环境保护税适用税额的决定》，修订通过《江苏省邮政条例》（来源：江苏人大网 2017 年 12 月 8 日）

7. 江苏省第十二届人民代表大会常务委员会第三十三次会议批准《南京市旅游条例》《南京市排水条例》《南京市献血条例》《无锡市安全生产条例》《徐州市旅游条例》《常州市天目湖保护条例》《常州市电梯安全管理条例》《苏州国家历史文化名城保护条例》《苏州市古城墙保护条例》《连云港市滨海湿地保护条例》《淮安市文物保护条例》《盐城市城乡规划条例》《镇江市长江岸线资源保护条例》《泰州市道路交通安全条例》《宿迁市住宅物业管理条例》（来源：江苏人大网 2017 年 12 月 11 日）

8. 江苏省第十二届人民代表大会常务委员会第三十四次会议批准《苏州市人民代表大会常务委员会关于修改〈苏州市公共汽车客运管理条例〉等八件地方性法规和废止〈苏州市渔业管理条例〉的决定》《南通市人才发展促进条例》《淮安市周恩来纪念地保护条例》《盐城市畜禽养殖污染防治条例》《泰州市市区烟花爆竹燃放管理条例》，通过《江苏省开发区条例》《江苏省广播电视管理条例》《江苏省测绘地理信息条例》，修订通过《江苏省太湖水污染防治条例》（来源：江苏人大网 2018 年 2 月 5 日）

9. 江苏省第十三届人民代表大会常务委员会第二次会议通过《江苏省实施宪法宣誓制度办法》（来源：江苏人大网 2018 年 3 月 28 日）

10. 江苏省第十三届人民代表大会常务委员会第二次会议批准《南京市人民代表大会常务委员会关于废止〈南京市紫金科技人才创业特别社区条例〉的决定》《徐州市制定地方性法规条例》《连云港市地方立法条例》《淮安市制定地方性法规条例》，通过《江苏省实施宪法宣誓制度办法》《江苏省人民代表大会常务委员会关于修改〈江苏省大气污染防治条例〉等十六件地方性法规的决定》《江苏省妇女权益保障条例》（来源：江苏人大网

2018 年 4 月 2 日)

11. 江苏省第十三届人民代表大会常务委员会第三次会议批准《苏州市节约用水条例》《苏州市人民代表大会常务委员会讨论、决定重大事项的规定》《无锡市不动产登记条例》，通过《江苏省农村集体资产管理条例》（来源：江苏人大网 2018 年 6 月 7 日）

12. 江苏省第十三届人民代表大会常务委员会第四次会议批准《关于修改〈南京市城市绿化条例〉等六件地方性法规的决定》《南京市管线管理条例》《徐州市停车场管理条例》《苏州市房屋使用安全管理条例》《连云港市文明行为促进条例》《淮安市文明行为促进条例》，修订通过《江苏省授予荣誉居民称号条例》（来源：江苏人大网 2018 年 8 月 7 日）

13. 江苏省第十三届人民代表大会常务委员会第五次会议批准《无锡市人民代表大会常务委员会关于修改〈无锡市排水管理条例〉等三件地方性法规的决定》《徐州市质量促进条例》《常州市公共汽车客运条例》《盐城市革命遗址和纪念设施保护条例》《宿迁市古黄河马陵河西民便河水环境保护条例》《泰州市电力保护条例》《镇江市消防条例》《苏州市养犬管理条例》，通过《江苏省地方志工作条例》（来源：江苏人大网 2018 年 9 月 27 日）

14. 江苏省第十三届人民代表大会常务委员会第六次会议批准《南京市地下文物保护条例》《南京市国家公祭保障条例》《无锡市文明行为促进条例》《徐州市人民代表大会常务委员会关于修改〈徐州市市容和环境卫生管理条例〉和〈徐州市无偿献血条例〉的决定》《苏州市旅游条例》《苏州市人民代表大会常务委员会关于修改〈苏州市禁止猎捕陆生野生动物条例〉等五件地方性法规和废止〈苏州市航道管理条例〉的决定》《南通市烟花爆竹燃放管理条例》《连云港市集中式饮用水水源保护条例》《连云港市海洋牧场管理条例》《淮安市市容管理条例》《扬州市非物质文化遗产保护条例》《镇江市农村公路条例》《泰州市历史文化名城名镇保护条例》《宿迁市社会信用条例》，通过《江苏省人民代表大会常务委员会议事规则》《江苏省奖励和保护见义勇为人员条例》《江苏省人民代表大会常务委员会关于修改〈江苏省湖泊保护条例〉等十八件地方性法规的决定》《江苏省人民代表大

会常务委员会关于废止〈江苏省环境保护条例〉的决定》（来源：江苏人大网2018年11月28日）

第二，南京市人民政府：

15. 南京市政府发布《南京市网络预约出租汽车管理暂行办法》《南京市人民政府关于深化出租汽车行业改革的实施意见》（来源：南京政府网2017年1月19日）

16. 南京市政府办公厅印发《关于促进乡村民宿业规范发展的实施办法》（来源：南京政府网2017年1月22日）

17. 南京市政府第一百一十五次常务会议审议通过《南京市国有土地上房屋征收与补偿办法》，自2017年3月10日起施行（来源：南京政府网2017年2月6日）

18. 南京市政府办公厅印发《南京市安全生产工作考核办法》（来源：南京政府网2017年2月23日）

19. 南京市政府发布《南京市政府关于加快发展先进制造业振兴实体经济若干政策措施的意见》（来源：南京政府网2017年4月18日）

20. 南京市政府发布《南京市人才安居办法（试行）》（来源：南京政府网2017年4月24日）

21. 南京市政府第一百二十二次常务会议审议通过《南京市城市地下综合管廊管理暂行办法》，自2017年6月1日起施行（来源：南京政府网2017年5月3日）

22. 南京市政府发布《南京市政府关于进一步扩大对外开放加快利用外资若干措施的意见》（来源：南京政府网2017年5月19日）

23. 南京市政府发布《南京市蓝线管理办法》（来源：南京政府网2017年5月22日）

24. 南京市政府发布《南京市建设项目建筑面积管理办法》（来源：南京政府网2017年5月23日）

25. 南京市政府发布《南京市物业服务第三方评估管理暂行办法》《南京市住宅物业保修金管理暂行办法》《南京市住宅专项维修资金管理办法》

《南京市政府关于加快发展体育产业促进体育消费的实施意见》（来源：南京政府网2017年5月27日）

26. 南京市政府发布《南京市简易建设项目规划管理办法》（来源：南京政府网2017年6月2日）

27. 南京市政府发布《南京市招标投标不良行为认定及处理办法》（来源：南京政府网2017年7月3日）

28. 南京市政府发布《南京市政府关于加快科技金融体系建设促进科技创新创业的若干意见》（来源：南京政府网2017年7月6日）

29. 南京市政府发布《南京市政府关于加快完善特困人员救助供养制度的实施意见》（来源：南京政府网2017年8月1日）

30. 南京市政府发布《南京市政府关于深入推进全市化工行业转型发展的实施意见》（来源：南京政府网2017年8月12日）

31. 南京市政府发布《南京市主体功能区实施规划的通知》（来源：南京政府网2017年8月22日）

32. 南京市政府发布《南京市"互联网＋"公共资源交易实施细则（2017—2018年）》（来源：南京政府网2017年8月31日）

33. 南京市政府发布《南京市农贸市场提档升级精细化长效管理工作行动计划》（来源：南京政府网2017年9月30日）

34. 南京市政府发布《南京市低价值可回收物回收处理暂行办法》（来源：南京政府网2017年10月19日）

35. 南京市政府发布《南京市政府关于批转南京市劳动模范评选和管理工作办法》（来源：南京政府网2017年10月26日）

36. 南京市政府第一百三十八次常务会议审议通过《南京市防洪办法》，自2017年12月1日起施行（来源：南京政府网2017年10月30日）

37. 南京市政府发布《南京市人民政府关于积极稳妥降低企业杠杆率的实施意见》（来源：南京政府网2017年10月31日）

38. 南京市政府发布《南京市政府关于进一步加强和改进与市各民主党派工商联联系的意见》（来源：南京政府网2017年11月9日）

39. 南京市政府发布《南京市政府关于加强口岸建设工作的意见》（来源：南京政府网 2017 年 12 月 5 日）

40. 南京市政府发布《南京市人民政府议事决策规则》（来源：南京政府网 2018 年 2 月 6 日）

41. 南京市政府第三次常务会议审议通过《南京市长江岸线保护办法》，自 2018 年 4 月 10 日起施行（来源：南京政府网 2018 年 2 月 28 日）

42. 南京市政府第五次常务会议审议通过《南京市城市地下空间开发利用管理办法》，自 2018 年 5 月 14 日起施行（来源：南京政府网 2018 年 4 月 14 日）

43. 南京市政府发布《南京市政府关于取消和承接行政权力事项的通知》（来源：南京政府网 2018 年 4 月 21 日）

44. 南京市政府发布《南京市人民政府关于淘汰燃油助力车的通告》（来源：南京政府网 2018 年 4 月 24 日）

45. 南京市政府发布《南京市证照分离改革试点工作方案》《南京市政府关于公布国家级开发区全链审批赋权清单的通知》《南京市政府关于印发赋予高新园区全链审批权限指导目录的通知》（来源：南京政府网 2018 年 5 月 2 日）

46. 南京市政府发布《南京市城乡居民基本医疗保险办法》（来源：南京政府网 2018 年 5 月 7 日）

47. 南京市政府发布《南京市政府关于组建南京市创新投资集团有限责任公司的决定》（来源：南京政府网 2018 年 5 月 21 日）

48. 南京市政府发布《南京市见义勇为评审和奖励办法》（来源：南京政府网 2018 年 6 月 4 日）

49. 南京市政府发布《南京市人民政府关于明确涉税政府规章规范性文件实施主体的通知》（来源：南京政府网 2018 年 7 月 30 日）

50. 南京市政府发布《南京市政府关于全面放开养老服务市场提升养老服务质量的实施意见》（来源：南京政府网 2018 年 7 月 31 日）

51. 南京市政府发布《南京市政府关于高质量推进"四好农村路"建设

的实施意见》（来源：南京政府网 2018 年 8 月 29 日）

52. 南京市政府第二十三次常务会议审议通过《南京市生活垃圾处置监督管理办法》，自 2018 年 12 月 10 日起施行（来源：南京政府网 2018 年 11 月 6 日）

53. 南京市政府发布《南京市烟草制品零售点布局管理规定》（来源：南京政府网 2018 年 11 月 27 日）

54. 南京市政府发布《南京市政府关于加快推进标准化建设工作的实施意见》（来源：南京政府网 2018 年 12 月 20 日）

第三，无锡市人民政府：

55. 无锡市政府第一次常务会议审议通过《无锡市居民住宅二次供水管理办法》，自 2017 年 5 月 1 日起施行（来源：中国无锡网 2017 年 3 月 2 日）

56. 无锡市政府第一次常务会议审议通过《无锡市特种设备安全管理办法》，自 2017 年 5 月 1 日起施行（来源：中国无锡网 2017 年 3 月 28 日）

57. 无锡市政府发布《市政府关于调整 2017 年度市区住房保障标准的通知》（来源：中国无锡网 2017 年 5 月 5 日）

58. 无锡市政府第一次常务会议审议通过《无锡市机关事务管理办法》，自 2017 年 7 月 1 日起施行（来源：中国无锡网 2017 年 5 月 19 日）

59. 无锡市政府发布《无锡市超标粮食处置管理办法》（来源：中国无锡网 2017 年 6 月 15 日）

60. 无锡市政府第十次常务会议审议通过《无锡市民用无人驾驶航空器管理办法》，自 2017 年 9 月 1 日起施行（来源：中国无锡网 2017 年 7 月 31 日）

61. 无锡市政府发布《市政府关于进一步加强地方政府性债务管理创新城市建设发展方式的意见》（来源：中国无锡网 2017 年 8 月 25 日）

62. 无锡市政府发布《市政府关于扩大对外开放积极利用外资的实施意见》（来源：中国无锡网 2017 年 10 月 16 日）

63. 无锡市政府发布《市政府关于做好我市积极稳妥降低企业杠杆率工作的意见》《市政府关于切实减轻企业负担的实施意见》（来源：中国无锡网 2017 年 11 月 13 日）

64. 无锡市政府发布《市政府关于促进快递业持续健康发展培育经济新

增长点的实施意见》（来源：中国无锡网2017年12月7日）

65. 无锡市政府发布《无锡市市长质量奖评定管理办法》（来源：中国无锡网2017年12月20日）

66. 无锡市政府发布《无锡市人民政府向市人大常委会提请审议和报告重大事项实施办法（修订稿）》（来源：中国无锡网2018年1月5日）

67. 无锡市政府发布《市政府关于做好当前和今后一段时期就业创业工作的实施意见》（来源：中国无锡网2018年1月8日）

68. 无锡市政府发布《无锡市家庭经济困难学生认定办法》（来源：中国无锡网2018年1月30日）

69. 无锡市政府第十九次常务会议审议通过《无锡市事业单位机构编制管理办法》，自2018年4月1日起施行（来源：中国无锡网2018年2月2日）

70. 无锡市政府发布《无锡市"证照分离"改革试点实施方案》（来源：中国无锡网2018年4月20日）

71. 无锡市政府发布《市政府关于全面放开养老服务市场提升养老服务质量的实施意见》《市政府关于进一步加强农机安全生产工作的通知》（来源：中国无锡网2018年5月16日）

72. 无锡市政府发布《无锡市本级政府专项资金管理办法》（来源：中国无锡网2018年6月12日）

73. 无锡市政府发布《市政府关于开展优美环境合格区建设全面提升城市精细化管理水平的实施意见》（来源：中国无锡网2018年6月7日）

74. 无锡市政府发布《无锡市人民政府关于推进普惠金融发展的实施意见》（来源：中国无锡网2018年10月25日）

75. 无锡市政府发布《市政府关于进一步加快现代服务业提质增效的若干政策意见》（来源：中国无锡网2018年12月29日）

第四，苏州市人民政府：

76. 苏州市政府发布《苏州市家庭医生执业管理办法（试行）的通知》（来源：苏州市政府信息网2017年2月27日）

77. 苏州市政府第四次常务会议审议通过《苏州市地下管线管理办法》，

自 2017 年 6 月 1 日起施行（来源：苏州市政府信息网 2017 年 5 月 8 日）

78. 苏州市政府第十五次常务会议审议通过《苏州市人口与计划生育办法》，自 2017 年 10 月 1 日起施行（来源：苏州市政府信息网 2017 年 7 月 24 日）

79. 苏州市政府发布《苏州市社会医疗救助办法（修订稿)》（来源：苏州市政府信息网 2017 年 11 月 30 日）

80. 苏州市政府第二十七次常务会议审议通过《苏州市江南水乡古镇保护办法》，自 2018 年 3 月 1 日起施行（来源：苏州市政府信息网 2018 年 1 月 3 日）

81. 苏州市政府发布《苏州市人民政府关于对"黑车"、"黑驾培"进行专项整治的通告》《苏州市人民政府关于加强农村公路管理养护的实施意见》《苏州市人民政府关于对道路客运非法经营行为进行专项整治的通告》（来源：苏州市政府信息网 2018 年 1 月 22 日）

82. 苏州市政府发布《关于加强全市饮用水水源地保护和管理工作的实施意见》（来源：苏州市政府信息网 2018 年 4 月 10 日）

83. 苏州市政府第三十二次常务会议审议通过《苏州市燃气管理办法》，自 2018 年 6 月 1 日起施行（来源：苏州市政府信息网 2018 年 4 月 23 日）

84. 苏州市政府发布《苏州市金融支持制造业发展若干具体政策》（来源：苏州市政府信息网 2018 年 4 月 25 日）

85. 苏州市政府发布《加强智能制造生态体系建设的若干措施》（来源：苏州市政府信息网 2018 年 5 月 9 日）

86. 苏州市政府发布《苏州市区域性养老服务中心建设实施意见》（来源：苏州市政府信息网 2018 年 7 月 11 日）

87. 苏州市政府发布《关于全面放开养老服务市场提升养老服务质量实施意见》（来源：苏州市政府信息网 2018 年 7 月 12 日）

88. 苏州市政府发布《苏州市湿地保护修复制度实施意见》（来源：苏州市政府信息网 2018 年 7 月 30 日）

89. 苏州市政府发布《关于进一步扩大住房公积金制度覆盖范围的实施意见》（来源：苏州市政府信息网 2018 年 8 月 13 日）

90. 苏州市政府发布《苏州市非物质文化遗产生产性保护促进办法》

（来源：苏州市政府信息网 2018 年 8 月 31 日）

91. 苏州市政府发布《实施工业企业资源集约利用差别化电价政策》（来源：苏州市政府信息网 2018 年 9 月 22 日）

92. 苏州市政府发布《关于加快推进先进制造业集群发展的实施意见》（来源：苏州市政府信息网 2018 年 12 月 18 日）

第五，常州市人民政府：

93. 常州市政府发布《常州市进一步深化质量强市工作的决定》《常州市质量工作考核办法》（来源：中国常州网 2017 年 1 月 9 日）

94. 常州市政府发布《市政府关于鼓励和引导企业兼并重组的实施意见》（来源：中国常州网 2017 年 1 月 10 日）

95. 常州市政府发布《常州市华侨归侨侨眷权益保护办法》（来源：中国常州网 2017 年 2 月 21 日）

96. 常州市政府发布《常州市专利奖奖励办法》（来源：中国常州网 2017 年 6 月 7 日）

97. 常州市政府发布《常州市地质资料管理办法》（来源：中国常州网 2017 年 6 月 8 日）

98. 常州市政府发布《常州市轨道交通控制保护区管理暂行规定》（来源：中国常州网 2017 年 6 月 28 日）

99. 常州市政府发布《关于扩大对外开放积极利用外资若干措施的意见》（来源：中国常州网 2017 年 7 月 5 日）

100. 常州市政府发布《市政府关于深化学前教育综合改革的若干意见（2017—2020 年）》（来源：中国常州网 2017 年 9 月 1 日）

101. 常州市政府发布《市政府关于进一步规范土地储备工作的若干意见》（来源：中国常州网 2017 年 9 月 7 日）

102. 常州市政府第九次常务会议审议通过《常州市非物质文化遗产保护办法》，自 2018 年 1 月 1 日起施行（来源：中国常州网 2017 年 11 月 18 日）

103. 常州市政府发布《市政府关于实施与污染物排放总量挂钩财政政策的通知》（来源：中国常州网 2017 年 11 月 29 日）

104. 常州市政府发布《常州市环境空气质量功能区划分规定（2017）》（来源：中国常州网 2017 年 11 月 30 日）

105. 常州市政府第九次常务会议审议通过《常州市餐饮业污染防治管理办法》，自 2018 年 1 月 1 日起施行（来源：中国常州网 2017 年 12 月 13 日）

106. 常州市政府发布《常州市政府合同管理办法》（来源：中国常州网 2017 年 12 月 27 日）

107. 常州市政府发布《市政府关于特色小镇培育创建的实施意见》（来源：中国常州网 2017 年 12 月 29 日）

108. 常州市政府发布《关于加快推进先进制造业集群发展的实施意见》（来源：中国常州网 2018 年 1 月 22 日）

109. 常州市政府发布《关于促进常州市中小企业健康发展的实施意见》（来源：中国常州网 2018 年 2 月 1 日）

110. 常州市政府第十五次常务会议审议通过《常州市房屋安全管理办法》，自 2018 年 4 月 10 日起施行（来源：中国常州网 2018 年 4 月 10 日）

111. 常州市政府第十六次常务会议审议通过《常州市禽类交易管理办法》，自 2018 年 7 月 1 日起施行（来源：中国常州网 2018 年 5 月 4 日）

112. 常州市政府发布《关于加快发展康复辅助器具产业的实施意见》（来源：中国常州网 2018 年 5 月 10 日）

113. 常州市政府发布《常州市信息基础设施建设管理办法》（来源：中国常州网 2018 年 8 月 17 日）

114. 常州市政府发布《常州市市级政府投资项目管理办法》（来源：中国常州网 2018 年 9 月 7 日）

115. 常州市政府第二十次常务会议审议通过《常州市寄递安全管理办法》，自 2018 年 12 月 1 日起施行（来源：中国常州网 2018 年 9 月 8 日）

116. 常州市政府第二十三次常务会议审议通过《常州市生活垃圾分类管理办法》，自 2019 年 1 月 1 日起施行（来源：中国常州网 2018 年 11 月 23 日）

117. 常州市政府发布《市政府关于完善住房保障政策的实施意见》（来源：中国常州网 2018 年 12 月 5 日）

118. 常州市政府发布《市政府关于进一步降低企业负担促进实体经济高质量发展的实施意见》（来源：中国常州网 2018 年 12 月 10 日）

119. 常州市政府发布《市政府关于支持乡村振兴战略的若干财政金融政策意见（2018 — 2022 年)》《市政府关于加快推进全市技术转移体系建设的实施意见》（来源：中国常州网 2018 年 12 月 29 日）

第六，宿迁市人民政府：

120. 宿迁市政府发布《鼓励和支持台湾青年来宿迁就业创业意见》（来源：中国宿迁网 2017 年 3 月 18 日）

121. 宿迁市政府发布《宿迁市人民政府突发事件应急处置规程》（来源：中国宿迁网 2017 年 3 月 21 日）

122. 宿迁市政府发布《市政府关于建立低收入家庭残疾人照护体系的意见（试行）》（来源：中国宿迁网 2017 年 3 月 31 日）

123. 宿迁市政府发布《宿迁市整合城乡居民基本医疗保险制度实施方案》（来源：中国宿迁网 2017 年 4 月 27 日）

124. 宿迁市政府发布《关于加强医养融合发展的若干意见》《关于加强农村留守儿童关爱保护工作的实施意见》（来源：中国宿迁网 2017 年 5 月 12 日）

125. 宿迁市政府发布《宿迁市促进中心城市房地产业健康发展意见》（来源：中国宿迁网 2017 年 6 月 9 日）

126. 宿迁市政府发布《宿迁市深化工业企业投资项目"多评合一"改革实施方案》（来源：中国宿迁网 2017 年 9 月 30 日）

127. 宿迁市政府发布《市政府关于实施与污染物排放总量挂钩财政政策的通知》（来源：中国宿迁网 2017 年 11 月 10 日）

128. 宿迁市政府发布《宿迁市提升畜禽养殖生态化水平扶持政策》（来源：中国宿迁网 2017 年 11 月 11 日）

129. 宿迁市政府发布《宿迁市城乡居民基本医疗保险办法》（来源：中国宿迁网 2017 年 12 月 22 日）

130. 宿迁市政府发布《关于推动开发区绿色发展的意见》（来源：中国宿迁网 2017 年 12 月 29 日）

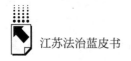

131. 宿迁市政府发布《宿迁市政府关于支持纺织服装产业加快发展的实施意见》（来源：中国宿迁网 2018 年 2 月 2 日）

132. 宿迁市政府发布《宿迁市政府关于印发宿迁市人民政府工作规则的通知》（来源：中国宿迁网 2018 年 3 月 20 日）

133. 宿迁市政府发布《宿迁市政府关于支持和规范社会办医疗机构高质量发展的实施意见》（来源：中国宿迁网 2018 年 4 月 4 日）

134. 宿迁市政府发布《宿迁市支持服务业发展的若干政策措施的通知》（来源：中国宿迁网 2018 年 12 月 14 日）

135. 宿迁市政府发布《宿迁市政府关于进一步加强"四好农村路"建设的实施意见》（来源：中国宿迁网 2018 年 12 月 24 日）

136. 宿迁市政府发布《宿迁市政府关于加快推进装配式建筑发展的实施意见》（来源：中国宿迁网 2018 年 12 月 27 日）

第七，扬州市人民政府：

137. 扬州市政府发布《市政府关于在市场体系建设中建立公平竞争审查制度的实施意见》（来源：中国扬州网 2017 年 1 月 9 日）

138. 扬州市政府发布《市政府关于推进健康城市健康村镇建设的实施意见》（来源：中国扬州网 2017 年 4 月 27 日）

139. 扬州市政府发布《市政府关于促进先进制造业加快发展的政策意见》《进一步支持软件和互联网、机械及特色高端装备、汽车、食品产业加快发展的政策意见》《市政府关于进一步推进利用外资工作的实施意见》（来源：中国扬州网 2017 年 5 月 10 日）

140. 扬州市政府发布《市政府关于加快创建特色小镇的实施意见》（来源：中国扬州网 2017 年 5 月 11 日）

141. 扬州市政府发布《市政府关于统筹推进城乡义务教育一体化促进优质均衡发展的实施意见》（来源：中国扬州网 2017 年 5 月 19 日）

142. 扬州市政府发布《扬州市土壤污染防治工作方案》（来源：中国扬州网 2017 年 7 月 4 日）

143. 扬州市政府发布《加快推进知识产权强市建设的若干政策措施》

（来源：中国扬州网 2017 年 8 月 31 日）

144. 扬州市政府发布《关于利用综合标准依法依规推动落后产能退出实施方案》（来源：中国扬州网 2017 年 10 月 17 日）

145. 扬州市政府发布《市政府关于加强文物保护利用工作的实施意见》（来源：中国扬州网 2018 年 4 月 12 日）

146. 扬州市政府发布《扬州市电信设施建设与保护办法》（来源：中国扬州网 2018 年 5 月 4 日）

147. 扬州市政府发布《扬州市加强政务诚信建设的实施意见》（来源：中国扬州网 2018 年 6 月 23 日）

148. 扬州市政府发布《市政府关于激励制造业企业加快发展的政策意见》《进一步促进全市电子商务发展实施意见》（来源：中国扬州网 2018 年 7 月 14 日）

149. 扬州市政府发布《市政府关于进一步加强审计整改工作的意见》（来源：中国扬州网 2018 年 10 月 16 日）

150. 扬州市政府发布《扬州市水土保持管理办法》（来源：中国扬州网 2018 年 11 月 20 日）

151. 扬州市政府发布《扬州市市区集中供热管理办法》《市政府关于培育先进制造业集群的实施意见》（来源：中国扬州网 2018 年 11 月 27 日）

152. 扬州市政府发布《市政府关于全面推进国土资源节约集约利用的意见》《在全市推开"证照分离"改革实施方案》（来源：中国扬州网 2018 年 12 月 13 日）

153. 扬州市政府发布《扬州市城市房屋安全管理办法》（来源：中国扬州网 2018 年 12 月 30 日）

公安侦查、司法审判和检察工作

1. 江苏宣判 10 件电信网络诈骗犯罪案件（来源：江苏法院网 2017 年 1 月 3 日）

2. 江苏钟楼检察行政执法不"任性" 两年发民生建议书 31 份（来源：人民法治网 2017 年 1 月 4 日）

3. 江苏高邮检察官热情细致服务获律师"点赞"（来源：人民法治网 2017 年 1 月 4 日）

4. 江苏连云港赣榆：信息共享个案沟通 两法衔接实现互赢效应（来源：人民法治网 2017 年 1 月 5 日）

5. 江苏沛县警方突出"三个方面"提升群众安全感和满意度（来源：人民法治网 2017 年 1 月 6 日）

6. 江苏宿城法院召开中层干部述责述廉工作会议（来源：人民法治网 2017 年 1 月 9 日）

7. 江苏昆山推行司法警察综合管理平台 已受理办案申请 802 次（来源：人民法治网 2017 年 1 月 9 日）

8. 江苏泗阳检察院：延伸检察职能开展系列"共建"活动（来源：人民法治网 2017 年 1 月 11 日）

9. 谁办案谁负责 江苏南京落实检察权运行新机制提升司法公信力（来源：人民法治网 2017 年 1 月 12 日）

10. 江苏法院公布 2016 年度十大典型案例（来源：人民法治网 2017 年 1 月 17 日）

11. 江苏省检察院党组传达学习省委常委会会议精神 牢固树立"四个意识" 坚持全面从严治检（来源：人民法治网 2017 年 1 月 17 日）

12. 南京苏州成立知识产权法庭跨区域集中审理省内案件（来源：江苏法院网 2017 年 1 月 20 日）

13. 江苏扬州邗江：听取代表心声，问计检察工作（来源：人民法治网 2017 年 1 月 23 日）

14. 江苏省两办联合 45 个部门惩戒失信被执行人（来源：中国法院网 2017 年 2 月 7 日）

15. 江苏新沂法院：严格安检 把好诉讼安全第一关（来源：中国法院网 2017 年 2 月 10 日）

16. 江苏宜兴法院召开金融审判工作新闻发布会（来源：中国法院网 2017 年 2 月 10 日）

17. 徐州丰县警方"四抓并用" 加强辖区流动人口管理（来源：江苏公安网 2017 年 2 月 13 日）

18. 为依法保障律师执业权利 江苏京口检察"三化"保障（来源：人民法治网 2017 年 2 月 14 日）

19. 江苏沛县警方全力打造忠诚勇敢干净担当的铁军队伍（来源：人民法治网 2017 年 2 月 15 日）

20. 江苏泗阳县检察院"四个结合"服务社会信用体系建设（来源：人民法治网 2017 年 2 月 16 日）

21. 江苏睢宁检察"三个零"提升群众满意度（来源：人民法治网 2017 年 2 月 16 日）

22. 入额必须办案 江苏仪征强化员额检察官办案主体责任（来源：人民法治网 2017 年 2 月 23 日）

23. 江苏公布 2016 年"家事"审判典型案例（来源：人民法治网 2017 年 2 月 28 日）

24. 适应以审判为中心诉讼制度改革 江苏仪征提高公诉人证据意识（来源：人民法治网 2017 年 2 月 28 日）

25. "暴力讨债"如何解？江苏灌南检察公安探索侦捕衔接（来源：人民法治网 2017 年 3 月 6 日）

26. 江苏南京首发执行悬赏令 举报"老赖"最高奖 40 多万（来源：人民法治网 2017 年 3 月 10 日）

27. 江苏连云港赣榆检察聚焦规范化在司法办案中找准风险点（来源：人民法治网 2017 年 3 月 15 日）

28. 邳州法院：多方联动促执行 多元合作解纠纷（来源：中国法院网 2017 年 3 月 16 日）

29. 江苏镇江全架构预防和减少青少年违法犯罪结硕果（来源：人民法治网 2017 年 3 月 20 日）

30. 东台法院四个到位打造"小额速执"机制显成效（来源：中国法院网 2017 年 3 月 20 日）

31. "一项目一档案"江苏涟水检察专项预防实行全程监督（来源：人民法治网 2017 年 3 月 21 日）

32. 江苏泰兴检察落实司法责任制　让检察长办案成常态（来源：人民法治网 2017 年 3 月 22 日）

33. 江苏泰兴检察挂牌成立驻市场监督管理局检察官办公室（来源：人民法治网 2017 年 3 月 24 日）

34. 江苏检察出台 60 条职业禁语为"雷人雷语"划红线（来源：法制网江苏频道 2017 年 3 月 28 日）

35. 江苏淮安淮阴法院召开婚姻家庭案件审理工作新闻发布（来源：人民法治网 2017 年 3 月 30 日）

36. 江苏省法院探索家事审判专门化审理程序（来源：中国法院网 2017 年 4 月 5 日）

37. 江苏泗阳县检察院三项措施推进禁止令检察监督工作（来源：人民法治网 2017 年 4 月 11 日）

38. 宿城法院创新举措促进审判信息化建设（来源：人民法治网 2017 年 4 月 17 日）

39. 江苏新沂法院：敲响远程视频开庭第一槌（来源：中国法院网 2017 年 4 月 18 日）

40. 苏州吴江法院出台司法礼仪规范　提升职业形象（来源：中国法院网 2017 年 4 月 20 日）

41. 无锡发布 2016 知识产权年报和司法保护十大案例（来源：中国法院网 2017 年 4 月 26 日）

42. 江苏沭阳：自主研发检察官司法办案业绩管理系统（来源：人民法治网 2017 年 5 月 5 日）

43. 江苏首家驻法院"民行检察室"挂牌（来源：人民法治网 2017 年 6 月 14 日）

44. 无锡法院全面部署法院信息化 3.0 版建设（来源：中国法院网 2017 年 6 月 29 日）

45. 第二批员额指标怎么投放？江苏检察让大数据说话（来源：《检察日报》2017 年 8 月 6 日）

46. 泗阳县检察院：从宽快速处理加快办案流程，推进权益保护（来源：人民法治网 2017 年 7 月 25 日）

47. 武进检察院"三个＋"确保行政检察监督实效（来源：法制网江苏频道 2017 年 8 月 15 日）

48. 吴江检察院加大刑事检察办案区规范化建设（来源：法制网江苏频道 2017 年 8 月 25 日）

49. 沭阳县检察院与县司法局联合强化民行联络员制度（来源：人民法治网 2017 年 9 月 5 日）

50. 江苏高院就悔拍后"补差价"统一尺度（来源：法制网江苏频道 2017 年 9 月 13 日）

51. 苏州吴江检察院纪检"电子眼"织密"防控网"（来源：法制网江苏频道 2017 年 9 月 15 日）

52. 苏州吴江检察院和环保局建立公益诉讼协作机制（来源：法制网江苏频道 2017 年 9 月 25 日）

53. 吴江检院推动检务保障信息系统工作落地见效（来源：法制网江苏频道 2017 年 10 月 16 日）

54. 泗洪检察院推进党风廉政建设主体责任落实（来源：法制网江苏频道 2017 年 10 月 24 日）

55. 江阴法院协助异地法院执行　维护司法权威（来源：法制网江苏频道 2017 年 11 月 2 日）

56. 虎丘法院联合邮政提高邮寄送达质量新途径（来源：法制网江苏频道 2017 年 11 月 7 日）

57. 盱眙法院多措并举健全案件诉外分流机制（来源：法制网江苏频道 2017 年 11 月 8 日）

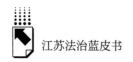

58. 沭阳未检品牌："金色花"法治·守护爱预防救助"通道"（来源：法制网江苏频道 2017 年 11 月 10 日）

59. 淮安中院出台《关于保障和服务全市"生态优先、绿色发展"的实施意见》（来源：法制网江苏频道 2017 年 11 月 10 日）

60. 连云法院组织干警赴监狱开展警示教育活动（来源：法制网江苏频道 2017 年 11 月 14 日）

61. 响水法院积极推动"无讼企业"建设（来源：法制网江苏频道 2017 年 11 月 15 日）

62. 连云港开发区法院打通诉调对接"最后一公里"（来源：法制网江苏频道 2017 年 11 月 15 日）

63. 太仓法院探索破产案件差异化审理新路（来源：法制网江苏频道 2017 年 11 月 17 日）

64. 南通通州法院石港巡回审判庭揭牌成立（来源：法制网江苏频道 2017 年 11 月 17 日）

65. 启东法官走进企业开展沙龙活动（来源：法制网江苏频道 2017 年 11 月 21 日）

66. 泗阳县检察院联合多家单位开展不捕不诉未成年人跟踪回访帮教专项行动（来源：法制网江苏频道 2017 年 11 月 22 日）

67. 沛县法院成立全市首家书记员管理工作委员会（来源：法制网江苏频道 2017 年 11 月 23 日）

68. 邳州创新推动派驻机构履职"提档升级"（来源：法制网江苏频道 2017 年 11 月 28 日）

69. 新沂法院搭建群众"看得见"信息公开平台（来源：法制网江苏频道 2017 年 11 月 29 日）

70. 润州出台《检察官联席会议实施办法（试行）》（来源：法制网江苏频道 2017 年 11 月 29 日）

71. 太仓法院劳动争议案件连续五年下降（来源：法制网江苏频道 2017 年 12 月 1 日）

72. 宿迁宿城法院出台非法采矿罪量刑指南（来源：法制网江苏频道2017年12月4日）

73. 连云港开发区法院一揽子调结近亿元烂尾楼纠纷案（来源：法制网江苏频道2017年12月5日）

74. 淮阴法院公安召开联席会议推动执行工作（来源：法制网江苏频道2017年12月15日）

75. 泗阳检察多措并举助力新型检律关系（来源：法制网江苏频道2017年12月19日）

76. 扬中法院"三个注重"做好涉诉信访工作（来源：法制网江苏频道2017年12月20日）

77. 太仓检察院设立"彩虹桥工作室"（来源：法制网江苏频道2017年12月21日）

78. 镇江中院联合开发区法院召开打击专项行动（来源：法制网江苏频道2017年12月27日）

79. 盱眙法院高效审判保游客玩的"有滋有味"（来源：法制网江苏频道2017年12月28日）

80. 苏州：创新财产处置机制 虎丘法院巧执骨头案（来源：法制网江苏频道2018年1月3日）

81. 吴江精选年度十大案例发出法官提醒（来源：江苏法院网2018年1月3日）

82. 吴中法院运用测谎技术打击不诚信诉讼行为（来源：人民法治网2018年1月10日）

83. 洪泽法院获批成立速裁庭、旅游巡回法庭（来源：法制网江苏频道2018年1月10日）

84. 无锡智慧法院电子送达平台上线（来源：法制网江苏频道2018年1月22日）

85. 连云法院推动刑事司法与行政执法有效衔接（来源：法制网江苏频道2018年1月16日）

86. 吴江法院开展"腊月除冰"集中执行行动（来源：江苏法院网 2018 年 2 月 6 日）

87. 太仓检院成立派驻市场监督管理局检察室（来源：法制网江苏频道 2018 年 2 月 6 日）

88. 泰兴检察院联合市司法局对未成年社区服刑人员开展集中教育活动（来源：法制网江苏频道 2018 年 2 月 8 日）

89. 第二个江苏省法官权益保障日努力破解法官权益保障现实难题（来源：人民法治网 2018 年 2 月 25 日）

90. 3 月 1 日起江苏将实施水域治安管理《条例》常州警方积极应对（来源：人民法治网 2018 年 2 月 28 日）

91. 滨湖检察院与公安机关开展不捕说理机制（来源：法制网江苏频道 2018 年 3 月 2 日）

92. 江苏公安挂牌督办 6 部门联合打击整治长江流域江苏段八市污染环境违法犯罪（来源：人民法治网 2018 年 3 月 16 日）

93. 江苏智慧法院建设扎实推进（来源：江苏法院网 2018 年 3 月 19 日）

94. 江苏三级法院全面开展庭审网络直播（来源：江苏法院网 2018 年 4 月 8 日）

95. 泰州法院 2.5 万件庭审直播"播"出两个全国第一（来源：江苏法院网 2018 年 4 月 9 日）

96. 释放资源要素：江苏各级法院以优化营商环境推进第一要务（来源：人民法治网 2018 年 4 月 13 日）

97. 全国首个"一带一路"巡回法庭在连云港揭牌成立（来源：江苏法院网 2018 年 4 月 25 日）

98. 沛县组织暂予监外执行人员诊断鉴别活动（来源：法制网江苏频道 2018 年 5 月 21 日）

99. 张家港：人民法庭与村委召开定期联席会议（来源：江苏法院网 2018 年 5 月 23 日）

100. 海门启动环境执法联动机制（来源：法制网江苏频道 2018 年 5 月 28 日）

101. 徐州中院与新沂法院共建实行"双联双促"（来源：江苏法院网2018年5月28日）

102. 沭阳县院建立公益诉讼案件线索双向移送机制（来源：法制网江苏频道2018年6月6日）

103. 连云港中院首次微博直播生态修复执行活动（来源：法制网江苏频道2018年6月6日）

104. 丹徒法院涉金融案件专项执行活动正式启动（来源：江苏法院网2018年6月7日）

105. 沛县建立未成年案件快速办案机制（来源：法制网江苏频道2018年6月20日）

106. 首家沿长江生态环境保护巡回审判站设立启动（来源：江苏法院网2018年6月29日）

107. 淮安检方创新探索以案释法多元路径（来源：法制网江苏频道2018年6月29日）

108. 连云法院"全心"服务助创"全域"旅游城（来源：法制网江苏频道2018年7月9日）

109. 沭阳检察"三实举措"力促精准扶贫更精准（来源：法制网江苏频道2018年7月9日）

110. 虎丘法院为刑事被害人撑起"法律保护伞"（来源：江苏法院网2018年7月11日）

111. 淮安洪泽法院探索"诉讼保全模式"（来源：法制网江苏频道2018年7月16日）

112. 沛县检察院预防关口前移加强未成年人保护（来源：法制网江苏频道2018年7月16日）

113. 吴江检察院打造"一站式"检察服务平台（来源：法制网江苏频道2018年7月19日）

114. 江苏高院发布环境类案件两份审理指南（来源：江苏法院网2018年7月24日）

115. 苏州法院狠抓司法作风建设（来源：法制网江苏频道 2018 年 7 月 26 日）

116. 江苏江阴警方着力构筑一流营商环境为实体经济高质量发展保驾护航（来源：人民法治网 2018 年 7 月 30 日）

117. 苏州中院为完善农村产权流转交易建言献策（来源：法制网江苏频道 2018 年 8 月 2 日）

118. 新沂法院完善法庭诉讼服务站（来源：法制网江苏频道 2018 年 8 月 3 日）

119. 金湖多措并举推进民事行政检察工作（来源：法制网江苏频道 2018 年 8 月 14 日）

120. 沛县检察院构建青少年法治教育网络有成效（来源：法制网江苏频道 2018 年 8 月 14 日）

121. 润州"四转四变"培育服务群众检察新产品（来源：法制网江苏频道 2018 年 8 月 27 日）

122. 无锡滨湖检方源头把控方能综合治理（来源：法制网江苏频道 2018 年 8 月 28 日）

123. 太仓法院联合市妇联开展家事调查员制度（来源：江苏法院网 2018 年 9 月 5 日）

124. 江苏海安公检法一体化管理涉案财物破解保管交接（来源：人民法治网 2018 年 9 月 5 日）

125. 宜兴法院：交通事故"网上数据一体化处理"（来源：法制网江苏频道 2018 年 9 月 10 日）

126. 网络信息技术为公益诉讼提供保障（来源：法制网江苏频道 2018 年 9 月 10 日）

127. 滨湖法院"庭所对接"实现诉讼效益最大化（来源：法制网江苏频道 2018 年 9 月 19 日）

128. 润州法院推动司法警察"两进"工作（来源：法制网江苏频道 2018 年 9 月 19 日）

129. 镇江润州法院第三方辅拍机构正式运行（来源：法制网江苏频道2018年9月21日）

130. 江苏法院公布十大被执行人"执行不能"典型案例（来源：人民法治网2018年9月26日）

131. 无锡检察严惩金融领域犯罪护航区域发展（来源：法制网江苏频道2018年9月27日）

132. 南京溧水法院建立破产审判府院联动机制（来源：法制网江苏频道2018年10月15日）

133. 溧水法院建立破产审判府院联动机制（来源：法制网江苏频道2018年10月16日）

134. 沛县检察院司法警察大练兵提高专业技能（来源：法制网江苏频道2018年10月16日）

135. 连云港开发区法院服务优化营商环境（来源：法制网江苏频道2018年11月9日）

136. 常熟法院利用网络查控破解执行难（来源：江苏法院网2018年11月12日）

137. 苏州相城法院坚持效率导向办案竞赛成效初显（来源：法制网江苏频道2018年12月3日）

138. 江苏法院八大举措为民营经济发展提供强有力司法保障（来源：人民法治网2018年12月4日）

139. 太仓建立预防监护侵害未成年人协作机制（来源：法制网江苏频道2018年12月12日）

140. 江苏扬州探索警务工作与社会调节居民自治良性互动"警网一体化"全新社会治理格局（来源：人民法治网2018年12月18日）

141. 江苏省高院发布保险纠纷十大典型案例（来源：人民法治网2018年12月26日）

142. 句容法院关爱助推失足少年回归（来源：江苏法院网2018年12月29日）

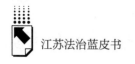
荣誉表彰、消费者维权、律师工作、安全生产

1. 无锡市新吴区评选"十佳普法师表"（来源：江苏司法行政网 2017 年 1 月 4 日）

2. 南通连续五年发布律师行业社会责任担当报告（来源：法制网江苏频道 2017 年 1 月 4 日）

3. 苏州全省率先完成律师事务所统一社会信用代码存量转换工作（来源：法制网江苏频道 2017 年 2 月 7 日）

4. 南京监狱给十佳警嫂颁奖（来源：江苏司法行政网 2017 年 2 月 21 日）

5. 宿迁市司法局大力推进律师行业改革发展（来源：江苏司法行政网 2017 年 2 月 23 日）

6. 宜兴法律工作者协会被评为 AAA 级社会组织（来源：江苏司法行政网 2017 年 2 月 28 日）

7. 公务员＋律师，依法行政添"守门人"（来源：《新华日报》2017 年 3 月 3 日）

8. 江苏成立律师维权中心、投诉中心（法制网江苏频道 2017 年 3 月 6 日）

9. 苏州吴中司法局补强短板实现律师队伍风清气正（法制网江苏频道 2017 年 3 月 15 日）

10. 苏州稳步推进公职律师制度来源（法制网江苏频道 2017 年 3 月 16 日）

11. 宿迁 2 家律师事务所被命名为 2015～2016 年度江苏省"青少年维权岗"（来源：法制网江苏频道 2017 年 3 月 16 日）

12. 江苏部署"法企同行"活动提升公共法律服务精准度（法制网江苏频道 2017 年 3 月 21 日）

13. 无锡市新吴区律师陈波荣获全国"司法行政系统劳动模范"（法制网江苏频道 2017 年 5 月 2 日）

14. 连云港赣榆司法局积极推动名优律师"以案释法"工作常态化（法

制网江苏频道 2017 年 5 月 17 日）

15. 江苏首届律师法律产品宣讲大赛吸引 23 万网友关注（来源：法制网江苏频道 2017 年 5 月 19 日）

16. 镇江丹徒检察院组织召开律师诉权保障座谈会（法制网江苏频道 2017 年 6 月 7 日）

17. 宜兴为从业 30 年的基层法律服务工作者颁发荣誉奖牌（来源：江苏司法行政网 2017 年 6 月 7 日）

18. 江苏省集中曝光 14 家安全生产违法违规企业（法制网江苏频道 2017 年 6 月 7 日）

19. 海安县律师协会党建工作获省司法厅厅长肯定性批示（来源：法制网江苏频道 2017 年 6 月 9 日）

20. 句容监狱 2 名民警被聘为全省监狱系统首批公职律师（来源：法制网江苏频道 2017 年 6 月 16 日）

21. 海安县曲塘镇多部门联合开展安全生产宣传咨询日活动（来源：法制网江苏频道 2017 年 6 月 19 日）

22. 南京高淳开展驻镇公职律师"回头看"工作（来源：法制网江苏频道 2017 年 6 月 26 日）

23. 南京鼓楼成立江苏首家区级消保委（来源：中国消费网江苏频道 2017 年 7 月 10 日）

24. 江苏部署安全生产和化工"四个一批"专项行动（来源：法制网江苏频道 2017 年 7 月 13 日）

25. 苏州姑苏区消保委举办消费教育夏令营（来源：中国消费网江苏频道 2017 年 7 月 17 日）

26. 南京溧水：律师与法官座谈职业共同体软环境建设举措（来源：法制网江苏频道 2017 年 7 月 27 日）

27. 省厅安置帮教工作"前置化、协议制、社会化"改革获优秀创新成果一等奖（来源：江苏司法行政网 2017 年 7 月 27 日）

28. 阜宁《律师说法》栏目开播 助推文明城市创建（来源：法制网江

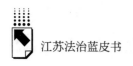
苏频道 2017 年 8 月 1 日）

29. 省司法厅再次被评为综治工作（平安建设）先进集体（来源：江苏司法行政网 2017 年 8 月 2 日）

30. 江苏律协助力青年律师成长打造"千人领军人才"（来源：法制网江苏频道 2017 年 8 月 9 日）

31. 泗阳正式启用"律师人才库自助触摸查询系统"（来源：法制网江苏频道 2017 年 8 月 14 日）

32. 南京江宁司法局召开全区律师事务所主任工作会议（来源：法制网江苏频道 2017 年 8 月 14 日）

33. 宿迁市司法局多元化加强名优律师培养（来源：法制网江苏频道 2017 年 8 月 18 日）

34. 金湖县司法局"三结合"推进律师队伍意识形态建设（来源：法制网江苏频道 2017 年 8 月 28 日）

35. 南京江宁成立"名优工程"专业律师团（来源：法制网江苏频道 2017 年 8 月 29 日）

36. 省监狱局开展安全生产培训（来源：江苏司法行政网 2017 年 8 月 31 日）

37. 省厅新闻宣传工作连续 11 年获司法部表彰（来源：江苏司法行政网 2017 年 9 月 11 日）

38. 贾汪区司法局荣获全国社会治安综合治理先进集体（来源：江苏司法行政网 2017 年 9 月 20 日）

39. 女子戒毒所获第二届江苏志愿服务优秀项目奖（来源：江苏司法行政网 2017 年 9 月 27 日）

40. 淮安市金湖县荣获"全国青少年普法教育示范区"称号（来源：江苏司法行政网 2017 年 10 月 13 日）

41. 江苏东台：预防约谈促进安全生产（来源：法制网江苏频道 2017 年 10 月 25 日）

42. 江苏律协举办"江苏律师参政议政研修班"（来源：法制网江苏频

道 2017 年 11 月 6 日）

43. 常州市编印律师工作成果丛书（来源：法制网江苏频道 2017 年 11 月 6 日）

44. 第三届北京、广东、江苏、浙江四地律师参政议政论坛在南京成功举办（来源：法制网江苏频道 2017 年 11 月 7 日）

45. 射阳法院执行局荣获先进集体称号（来源：法制网江苏频道 2017 年 11 月 16 日）

46. 江苏工商研讨推进 12315 消费维权工作（来源：中国消费网江苏频道 2017 年 11 月 23 日）

47. 我省 10 部宪法微视频作品在全国获奖（来源：江苏司法行政网 2017 年 12 月 5 日）

48. 南通评选第三届"江海普法名嘴"（来源：江苏司法行政网 2017 年 12 月 8 日）

49. 江苏丰县开展食品药品和消费维权"五走进"系列活动（来源：中国消费网江苏频道 2017 年 12 月 11 日）

50. 连云港市连云区检察院多措并举保障律师依法执业权利取得良好成效（来源：法制网江苏频道 2017 年 12 月 12 日）

51. 江苏首次发布"互联网律师事务所"（来源：法制网江苏频道 2017 年 12 月 18 日）

52. 近 4 万名律师入驻"互联网律所"（来源：法制网江苏频道 2017 年 12 月 19 日）

53. 司法警校全国法律实务技能大赛获佳绩（来源：法制网江苏频道 2017 年 12 月 20 日）

54. 淮安"三引领"推动"律企同行"提质增效（来源：江苏司法行政网 2017 年 12 月 22 日）

55. 南京成立国内首个律师水权法务中心（来源：法制网江苏频道 2017 年 12 月 22 日）

56. 省司法厅、公安厅等依法保障和规范律师会见工作（来源：法制网

江苏频道 2017 年 12 月 24 日）

57. 全省已有 537 个党政机关申请设立公职律师（来源：法制网江苏频道 2017 年 12 月 27 日）

58. 吴中区涉企普法项目获评市级优秀（来源：法制网江苏频道 2017 年 12 月 27 日）

59. 徐州举办"一带一路"涉外法律服务峰会（来源：法制网江苏频道 2017 年 12 月 28 日）

60. 扬中市"聚准促"服务小微企业（来源：法制网江苏频道 2017 年 12 月 28 日）

61. 省司法厅标准化建设获法制创新奖（来源：江苏司法行政网 2017 年 12 月 29 日）

62. 盐城律师行业七举措落实"贴心"行动（来源：江苏司法行政网 2017 年 12 月 29 日）

63. "实时保"获评司法行政青年"创客行动"一等奖（来源：江苏司法行政网 2018 年 1 月 8 日）

64. "连云港互联网律师事务所"入选年度中国十大律师新闻（来源：江苏司法行政网 2018 年 1 月 12 日）

65. 无锡外企获评法治文化建设示范点（来源：江苏司法行政网 2018 年 1 月 22 日）

66. 涟水引领"互联网＋"律师服务新时代（来源：江苏司法行政网 2018 年 1 月 29 日）

67. 常州市发布律师行业社会责任报告（来源：江苏司法行政网 2018 年 2 月 2 日）

68. "江苏司法行政在线"再获大奖（来源：江苏司法行政网 2018 年 2 月 7 日）

69. 江苏 12315 春节受理诉求近 3000 件网络预订和租赁服务成新热点（来源：中国消费网江苏频道 2018 年 2 月 23 日）

70. 吴江区"六进"引导律师发挥法律服务主力军作用（来源：江苏司

法行政网 2018 年 2 月 28 日）

71. 昆山组建妇女法律援助律师团精准维权（来源：江苏司法行政网 2018 年 3 月 7 日）

72. 无锡市出台首部安全生产地方性法规（来源：江苏司法行政网 2018 年 3 月 12 日）

73. 多方协作　创新监管　南京工商营造安全放心消费环境（来源：中国消费网江苏频道 2018 年 3 月 14 日）

74. 我省启动县域律师业发展三年行动（来源：江苏司法行政网 2018 年 3 月 22 日）

75. 常州法援"青果维权吧"获评未成年人思想道德建设标兵项目（来源：江苏司法行政网 2018 年 4 月 8 日）

76. 南京监狱被评为反恐先进单位（来源：江苏司法行政网 2018 年 4 月 9 日）

77. 苏蒙共商双语青年律师培养工作（来源：江苏司法行政网 2018 年 4 月 16 日）

78. 江苏 12315 成为工商部门与消费者良性互动平台（来源：中国消费网江苏频道 2018 年 4 月 19 日）

79. 江苏工商：加强商品抽检　开启大数据监管新体系（来源：中国消费网江苏频道 2018 年 4 月 25 日）

80. 扬州宝应粮食局获评全国粮食流通执法督查创新示范单位（来源：江苏司法行政网 2018 年 4 月 28 日）

81. 吴中区三举措推进律师公益法律服务（来源：江苏司法行政网 2018 年 5 月 2 日）

82. 我省多举措加强律师维权惩戒工作（来源：江苏司法行政网 2018 年 5 月 7 日）

83. 镇江"双下沉"优化县域律师资源配置（来源：江苏司法行政网 2018 年 6 月 15 日）

84. 省司法厅参与"平安医院"创建获全国表彰（来源：江苏司法行政

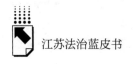

网 2018 年 6 月 20 日）

85. 苏州启动"垃圾分类绿色消费品质生活"系列活动（来源：中国消费网江苏频道 2018 年 6 月 30 日）

86. 普法志愿者陈连红荣获"中国好人"称号（来源：江苏司法行政网 2018 年 7 月 4 日）

87. 我省 21 部法治文化作品在全国大赛获奖（来源：江苏司法行政网 2018 年 7 月 18 日）

88. 江苏律师全程服务中阿（联酋）重大合作项目（来源：江苏司法行政网 2018 年 7 月 24 日）

89. 苏州市政府法制办获 2017 年度苏州市综治工作（平安建设）先进单位（来源：江苏司法行政网 2018 年 7 月 30 日）

90. 苏州市高新区获全国法治区创建活动先进单位（来源：江苏司法行政网 2018 年 7 月 31 日）

91. 泰州市多部门联动保障律师执业权利（来源：江苏司法行政网 2018 年 8 月 7 日）

92. 金坛区"三定"建立律师调解工作模式（来源：江苏司法行政网 2018 年 8 月 8 日）

93. 宝应消协组织开展"为江苏优质商品点赞活动"（来源：中国消费网江苏频道 2018 年 8 月 10 日）

94. 苏州律师行业"三对接"开展法律扶贫（来源：江苏司法行政网 2018 年 8 月 10 日）

95. 栖霞区成立首个律师调解工作室（来源：江苏司法行政网 2018 年 8 月 15 日）

96. 苏州消保委开展"品质消费　快乐成长"青少年消费维权教育夏令营活动（来源：中国消费网江苏频道 2018 年 8 月 20 日）

97. 崇川区成立物业纠纷律师调解工作室（来源：江苏司法行政网 2018 年 8 月 20 日）

98. 昆山律师助力城市管理执法（来源：江苏司法行政网 2018 年 9 月 4 日）

99. 张家港律师多维度维护青少年合法权益（来源：江苏司法行政网 2018年9月7日）

100. 我省举办律师事务所主任综合能力提升研修班（来源：江苏司法行政网 2018年9月18日）

101. 我省法律扶贫助力脱贫攻坚行动获评全国精准扶贫优秀案例（来源：江苏司法行政网 2018年9月21日）

102. 响水"三全"提升"e律师"运用管理质效（来源：江苏司法行政网 2018年9月28日）

103. 南京"三强三高"推进律师参与社会矛盾化解工作（来源：江苏司法行政网 2018年9月30日）

104. 宝应柳堡分局：关爱"夕阳红"护航老年消费（来源：中国消费网江苏频道 2018年10月9日）

105. 淮安市淮安区安监局获批设立公职律师为安全生产工作保驾护航（来源：江苏司法行政网 2018年10月16日）

106. 苏州三路径推进律师服务管理信息化（来源：江苏司法行政网 2018年10月18日）

107. 司法行政系统两项目被列为省级机关党建示范（来源：江苏司法行政网 2018年10月26日）

108. 仪征"三平台"助力青年律师成长（来源：江苏司法行政网 2018年10月29日）

109. 苏州市"重大行政决策目录化管理与网上运行工作"项目获"中国法治政府提名奖"（来源：江苏司法行政网 2018年11月2日）

110. 南京鼓楼推出"惠民律师在线"平台（来源：江苏司法行政网 2018年11月5日）

111. 射阳"三个一"打造律师业服务民生品牌（来源：江苏司法行政网 2018年11月9日）

112. 苏州市财政局获评全省法治财政标准化管理成绩突出单位（来源：江苏司法行政网 2018年11月19日）

113. 我省出台意见推动律师行业服务保障民营企业发展（来源：江苏司法行政网 2018 年 11 月 20 日）

114. 南京江宁省内首创第三方专业排查食品生产风险显成效（来源：中国消费网江苏频道 2018 年 11 月 20 日）

115. 邳州律师工作站进驻法院诉讼服务中心（来源：中国消费网江苏频道 2018 年 11 月 26 日）

116. 新沂"法治书记＋律师"服务乡村振兴（来源：江苏司法行政网 2018 年 11 月 29 日）

117. 我省成立民营企业法治体检律师服务团（来源：江苏司法行政网 2018 年 12 月 3 日）

118. 南京举办青年律师模拟仲裁庭大赛（来源：江苏司法行政网 2018 年 12 月 6 日）

119. 江苏省级党政机关公职律师配备率达 95.6%（来源：江苏司法行政网 2018 年 12 月 11 日）

120. 清江浦"法润民生"智慧普法工程获评全国最佳案例（来源：江苏司法行政网 2018 年 12 月 13 日）

121. 我省 3 个专业律师人才库首批成员产生（来源：江苏司法行政网 2018 年 12 月 17 日）

122. 苏州 3 部宪法微视频获国家级奖项（来源：江苏司法行政网 2018 年 12 月 18 日）

123. 海门推出律师业"三引三联三促"举措（来源：江苏司法行政网 2018 年 12 月 18 日）

124. 溧阳"百姓议事堂"获评全国十大社会治理创新项目（来源：江苏司法行政网 2018 年 12 月 21 日）

125. 江苏律师执业感人瞬间获得全国律师协会特等奖（来源：江苏司法行政网 2018 年 12 月 25 日）

126. 南通抓住"三环节"提升律师执业诚信度（来源：江苏司法行政网 2018 年 12 月 27 日）

127. 南京普法官方微博获评全国优秀政法新媒体（来源：江苏司法行政网 2018 年 12 月 28 日）

128. 盐城三举措推进医调纠纷"专家库"建设（来源：江苏司法行政网 2018 年 12 月 29 日）

社会综治、法律援助、普法宣传、人民调解

1. 淮安市借助"三下乡"送法进乡村（来源：江苏司法行政网 2017 年 1 月 17 日）

2. 连云港"对症下药"送法进农贸市场（来源：江苏司法行政网 2017 年 2 月 6 日）

3. 姜堰区打造社区矫正"掌上教育平台"（来源：江苏司法行政网 2017 年 2 月 22 日）

4. 兴化市细化法律援助案件质量评估办法（来源：江苏司法行政网 2017 年 3 月 9 日）

5. 宜兴市成立人民调解协会（来源：江苏司法行政网 2017 年 3 月 10 日）

6. 宜兴市"七五"普法子规划研讨会走进企业（来源：江苏司法行政网 2017 年 3 月 20 日）

7. 常熟市启动社区矫正"阳光加油站"教育管理项目（来源：江苏司法行政网 2017 年 3 月 30 日）

8. 常熟市举办社区矫正季度评审观摩会（来源：江苏司法行政网 2017 年 4 月 7 日）

9. 海陵区五举措强化社区矫正档案标准化管理（来源：江苏司法行政网 2017 年 4 月 7 日）

10. 江苏法律援助对象和范围将扩容 婚姻教育医疗等纳入范围（来源：《扬子晚报》2017 年 4 月 8 日）

11. 白甸镇送法进少数民族家庭（来源：江苏司法行政网 2017 年 5 月

11 日）

12. 苏州市首次发放法律援助社会组织创新创意资助（来源：江苏司法行政网 2017 年 5 月 22 日）

13. 启东市编印《优秀家庭普法站风采录》（来源：江苏司法行政网 2017 年 5 月 26 日）

14. 徐州市开展法律援助"进村入户大服务"活动（来源：江苏司法行政网 2017 年 6 月 6 日）

15. 润州利用"街巷剧场"送法进工地（来源：江苏司法行政网 2017 年 6 月 14 日）

16. 我省两家戒毒所成立法律援助站（来源：江苏司法行政网 2017 年 6 月 16 日）

17. 江都区司法局与公安机关联合开发社区矫正信息比对系统（来源：江苏司法行政网 2017 年 6 月 19 日）

18. 我省启动社区矫正损害修复理论研讨创新试点（来源：江苏司法行政网 2017 年 6 月 21 日）

19. 海州区"提、研、扩、筑"推进公共法律服务中心标准化建设（来源：江苏司法行政网 2017 年 6 月 28 日）

20. 海门市社区矫正适用前调查评估全流程标准化（来源：江苏司法行政网 2017 年 7 月 11 日）

21. 2016"江苏省法律援助十大优秀案例"揭晓（来源：江苏司法行政网 2017 年 7 月 13 日）

22. 沭阳县"送法进教堂"百余场（来源：江苏司法行政网 2017 年 7 月 14 日）

23. 吴中区"345"工程推进社区矫正标准化（来源：江苏司法行政网 2017 年 7 月 20 日）

24. 邳州市送法进警营（来源：江苏司法行政网 2017 年 8 月 1 日）

25. 苏州市规范建设人民调解案例库（来源：江苏司法行政网 2017 年 8 月 3 日）

26. 江宁区出台专项补贴方案推进社区矫正标准化试点工作（来源：江苏司法行政网 2017 年 8 月 8 日）

27. 南通市成立食品行业法律服务团（来源：江苏司法行政网 2017 年 8 月 9 日）

28. 我省出台国家机关"谁执法谁普法"责任清单（来源：江苏司法行政网 2017 年 8 月 16 日）

29. 沛县公证四项措施助力小微企业发展（来源：江苏司法行政网 2017 年 8 月 18 日）

30. 广陵区"强、新、创、实"推进法律援助标准化建设（来源：江苏司法行政网 2017 年 8 月 24 日）

31. 淮安区"三老普法调解室"发挥名人效应服务社会群众（来源：江苏司法行政网 2017 年 8 月 28 日）

32. 南京部署危险驾驶类社区服刑人员教育矫正工作（来源：江苏司法行政网 2017 年 9 月 4 日）

33. 沭阳县将公共法律服务纳入富民增收工程总盘子（来源：江苏司法行政网 2017 年 9 月 8 日）

34. 江阴市成立社区矫正和安置帮教工作协会（来源：江苏司法行政网 2017 年 9 月 12 日）

35. 金坛推进公证参与法院司法辅助事务（来源：江苏司法行政网 2017 年 9 月 12 日）

36. 常州市开展"一带一路"法律服务专访（来源：江苏司法行政网 2017 年 9 月 12 日）

37. 启东搭建社区矫正 4G 平台（来源：江苏司法行政网 2017 年 9 月 19 日）

38. 金坛区启动名优律师法律援助案件质量评估工作（来源：江苏司法行政网 2017 年 9 月 20 日）

39. 常州成立银行业服务纠纷人民调解委员会（来源：江苏司法行政网 2017 年 9 月 21 日）

40. 高港区推行"1＋1＋N"法律援助流动服务（来源：江苏司法行政网 2017 年 9 月 22 日）

41. 秦淮区家事调解纳入政府购买服务（来源：江苏司法行政网 2017 年 9 月 22 日）

42. 宜兴监狱《正念健心成长手册》助科学矫正（来源：江苏司法行政网 2017 年 9 月 27 日）

43. 鼓楼区建立刑事法律援助"三库"（来源：江苏司法行政网 2017 年 10 月 15 日）

44. 港闸区借助巡回审判送法进校园（来源：江苏司法行政网 2017 年 10 月 19 日）

45. "无锡智慧普法"平台上线（来源：江苏司法行政网 2017 年 10 月 24 日）

46. 高港区开设"老丁讲坛"精准普法（来源：江苏司法行政网 2017 年 10 月 25 日）

47. 省司法厅召开购买律师服务法律援助工作试点座谈会（来源：江苏司法行政网 2017 年 11 月 6 日）

48. 沛县开展基层模拟调解知识技能竞赛（来源：江苏司法行政网 2017 年 11 月 13 日）

49. 镇江市普法微公益创投项目集中签约（来源：江苏司法行政网 2017 年 11 月 15 日）

50. 连云港市全面启动行政调解规范化建设（来源：江苏司法行政网 2017 年 11 月 22 日）

51. 盐城提前完成法律援助为民办实事项目（来源：江苏司法行政网 2017 年 11 月 23 日）

52. 相城区成立农村土地承包纠纷调解委员会（来源：江苏司法行政网 2017 年 11 月 23 日）

53. 苏州公证大数据应用服务平台上线（来源：江苏司法行政网 2017 年 11 月 27 日）

54. 贾汪区重视以法治文艺增强普法感染力（来源：江苏司法行政网 2017 年 11 月 27 日）

55. 鼓楼区探索建立楼道法律维权驿站（来源：江苏司法行政网 2017 年 11 月 27 日）

56. 秦淮区利用社会服务助推社区矫正损害修复工作（来源：江苏司法行政网 2017 年 11 月 29 日）

57. 盐城开展农民工法律援助维权专项行动（来源：江苏司法行政网 2017 年 12 月 4 日）

58. 南通市以"四新四跑"推进公共法律服务体系建设（来源：江苏司法行政网 2017 年 12 月 4 日）

59. 铜山区"网络对话"快速调解矛盾纠纷（来源：江苏司法行政网 2017 年 12 月 5 日）

60. 沭阳县探索建设"法治文化大院"（来源：江苏司法行政网 2017 年 12 月 5 日）

61. 苏州市独立设置知识产权法律服务机构（来源：江苏司法行政网 2017 年 12 月 6 日）

62. 秦淮区法律顾问团送法进园区（来源：江苏司法行政网 2017 年 12 月 8 日）

63. 南京女子监狱成立服刑人员金牌调解特训营（来源：江苏司法行政网 2017 年 12 月 13 日）

64. 滨湖区四举措强化未成年人法律援助工作（来源：江苏司法行政网 2017 年 12 月 14 日）

65. 仪征市送法进人才市场（来源：江苏司法行政网 2017 年 12 月 14 日）

66. 常州市扩大刑事法律援助覆盖面（来源：江苏司法行政网 2017 年 12 月 14 日）

67. 邳州市试点设立校园调解室成效初显（来源：江苏司法行政网 2017 年 12 月 14 日）

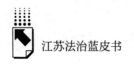

68. 泰兴"6＋1"精准矫正未成年社区服刑人员（来源：江苏司法行政网 2017 年 12 月 18 日）

69. 我省开通公证婚姻登记信息查询平台（来源：江苏司法行政网 2017 年 12 月 18 日）

70. 2017 年度"江苏省十大公证案例"（来源：江苏司法行政网 2017 年 12 月 25 日）

71. 南京女子监狱送法进军营（来源：江苏司法行政网 2017 年 12 月 25 日）

72. 无锡成立人才创新创业法律服务驿站（来源：江苏司法行政网 2017 年 12 月 25 日）

73. 我省举办高校法律援助"紫金"论坛（来源：江苏司法行政网 2017 年 12 月 26 日）

74. 清江浦区积极打造全媒体普法新格局（来源：江苏司法行政网 2017 年 12 月 26 日）

75. 响水做好农民工留守子女法律服务（来源：江苏司法行政网 2017 年 12 月 27 日）

76. 南京市出台"谁执法谁普法"实施办法（来源：江苏司法行政网 2017 年 12 月 27 日）

77. 南通市在全国率先开展行政诉讼法律援助工作（来源：江苏司法行政网 2018 年 1 月 29 日）

78. 新沂试行社区矫正社区服务派单制（来源：江苏司法行政网 2018 年 2 月 1 日）

79. 法律援助让农民工感受法治阳光（来源：江苏司法行政网 2018 年 2 月 2 日）

80. 江宁区"123"推动法律援助工作新发展（来源：江苏司法行政网 2018 年 2 月 24 日）

81. 通州区 12348 法律服务队送法进车站（来源：江苏司法行政网 2018 年 3 月 2 日）

82. 如皋市"三微"模式助力社区矫正工作（来源：江苏司法行政网 2018 年 3 月 5 日）

83. 无锡监狱送法进校园（来源：江苏司法行政网 2018 年 3 月 13 日）

84. 淮安"律企同行"法律服务团送法进企（来源：江苏司法行政网 2018 年 3 月 14 日）

85. 常熟吴江实施法律援助"双城惠八"计划（来源：江苏司法行政网 2018 年 4 月 17 日）

86. 镇江市公共法律服务中心成省级标准化试点（来源：江苏司法行政网 2018 年 5 月 16 日）

87. 徐州精准送法进企业（来源：江苏司法行政网 2018 年 5 月 18 日）

88. 铜井司法所送法进老年学校（来源：江苏司法行政网 2018 年 5 月 28 日）

89. 我省全面加强中国法律服务网驻场服务管理工作（来源：江苏司法行政网 2018 年 5 月 28 日）

90. 宿豫区因地制宜推进社区矫正调查评估标准化（来源：江苏司法行政网 2018 年 5 月 9 日）

91. 扬中"点线面"推进公共法律服务体系建设（来源：江苏司法行政网 2018 年 6 月 4 日）

92. 我省六部门联合推动公证服务金融风险防控（来源：江苏司法行政网 2018 年 6 月 11 日）

93. 沭阳优化涉农法律援助成效明显（来源：江苏司法行政网 2018 年 6 月 14 日）

94. 太仓发布"全生命周期"公共法律服务产品清单（来源：江苏司法行政网 2018 年 6 月 19 日）

95. 金湖打造标准化公共法律服务中心（来源：江苏司法行政网 2018 年 6 月 21 日）

96. 太仓成立未成年人社区矫正检察工作室（来源：江苏司法行政网 2018 年 6 月 27 日）

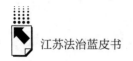

97. 昆山优化升级公证服务推动经济社会高质量发展（来源：江苏司法行政网2018年7月4日）

98. 苏州成立省内首个民办非企业民商事调解中心（来源：江苏司法行政网2018年7月4日）

99. 苏州公证大数据应用服务平台优势初显（来源：江苏司法行政网2018年7月13日）

100. 盐城公证积极服务防范化解金融风险（来源：江苏司法行政网2018年7月13日）

101. 常熟制定老年人公共法律服务项目清单（来源：江苏司法行政网2018年7月17日）

102. 南京市"三强三高"加快推进公共法律服务平台建设（来源：江苏司法行政网2018年7月25日）

103. 邳州规范运行社区矫正"一中心两基地"（来源：江苏司法行政网2018年7月26日）

104. 我省开展公证体制改革机制创新"回头看"活动（来源：江苏司法行政网2018年7月26日）

105. 镇江举办首届人民调解技能竞赛（来源：江苏司法行政网2018年7月31日）

106. 镇江制定社区矫正档案工作标准（来源：江苏司法行政网2018年8月1日）

107. 我省加快推动公共法律服务跨越发展（来源：江苏司法行政网2018年8月3日）

108. 溧水"互联网＋"推进公共法律服务体系建设（来源：江苏司法行政网2018年8月10日）

109. 赣榆"道德模范进讲堂"宣传人民调解（来源：江苏司法行政网2018年8月13日）

110. 江苏省优化公证服务推出公证证明材料清单（来源：江苏司法行政网2018年8月17日）

111. 南京公证处积极运用智能手段提供服务（来源：江苏司法行政网2018年8月20日）

112. 盱眙县综合发力推动公共法律服务实现"三新"（来源：江苏司法行政网2018年8月23日）

113. 常熟市"两规范一突出一明确"推进公共法律服务（来源：江苏司法行政网2018年8月27日）

114. 江苏首个省级法律援助理论研究与实务社会组织在宁成立（来源：江苏司法行政网2018年8月28日）

115. 铜山区组织公共法律服务平台建设现场会（来源：江苏司法行政网2018年8月30日）

116. 海安三项机制优化公共法律服务供给（来源：江苏司法行政网2018年9月5日）

117. 社区矫正教育管理"江苏经验"被司法部推广（来源：江苏司法行政网2018年9月10日）

118. 无锡打造"十五分钟"公共法律服务圈（来源：江苏司法行政网2018年9月13日）

119. 东台高标准建成社区矫正指挥中心（来源：江苏司法行政网2018年9月14日）

120. 苏州工业园区推进公共法律服务标准化建设（来源：江苏司法行政网2018年9月19日）

121. 张家港青年普法志愿团助力"法律扶贫"（来源：江苏司法行政网2018年9月19日）

122. 泉山组建三支队伍开展精准公共法律服务（来源：江苏司法行政网2018年9月21日）

123. 吴中区社会组织"三助力"深化公共法律服务（来源：江苏司法行政网2018年9月27日）

124. 省司法厅要求强化改革创新推动社区矫正工作高质量发展（来源：江苏司法行政网2018年9月27日）

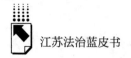

125. 靖江"三化"打造村（社区）法律顾问服务"升级版"（来源：江苏司法行政网 2018 年 10 月 9 日）

126. 泗阳积极利用"小助手"提升人民调解功效（来源：江苏司法行政网 2018 年 10 月 10 日）

127. 海门十举措推动公共法律服务接地气（来源：江苏司法行政网 2018 年 10 月 11 日）

128. 昆山"一二三四"推进老年人法律援助（来源：江苏司法行政网 2018 年 10 月 11 日）

129. 江阴打好"互联网 +"公共法律服务"三张牌"（来源：江苏司法行政网 2018 年 10 月 18 日）

130. 姜堰"三规范"推动镇（街）公共法律服务中心建设落地见效（来源：江苏司法行政网 2018 年 10 月 22 日）

131. 梁溪"三突出"推进"公共法律服务社区行"（来源：江苏司法行政网 2018 年 10 月 29 日）

132. 扬州市打造公共法律服务特色品牌（来源：江苏司法行政网 2018 年 10 月 31 日）

133. 苏州工业园区"三化"推进社区矫正标准化建设（来源：江苏司法行政网 2018 年 10 月 31 日）

134. 高港三举措提升公共法律服务质效（来源：江苏司法行政网 2018 年 11 月 5 日）

135. 扬中三举措推进社区矫正中心规范化建设（来源：江苏司法行政网 2018 年 11 月 5 日）

136. 泉山区"四化"管理优化社区法律顾问工作（来源：江苏司法行政网 2018 年 11 月 6 日）

137. 海州公证放管服改革打通服务群众最后一公里（来源：江苏司法行政网 2018 年 11 月 6 日）

138. 睢宁着力提升公共法律服务质量（来源：江苏司法行政网 2018 年 11 月 7 日）

139. 坚持司法为民全力打造江苏公共法律服务普惠工程（来源：江苏司法行政网2018年11月8日）

140. 邳州"六式"服务推进法律扶贫出实效（来源：江苏司法行政网2018年11月14日）

141. 盱眙"三倾斜"推进乡村公共法律服务（来源：江苏司法行政网2018年11月15日）

142. 常州："三化"加强台企法律服务（来源：江苏司法行政网2018年11月15日）

143. 高淳"五化"提升社区矫正中心实战化水平（来源：江苏司法行政网2018年11月15日）

144. 清江浦全面打造公共法律服务普惠工程（来源：江苏司法行政网2018年11月16日）

145. 泉山公证"三服务"助民营企业健康发展（来源：江苏司法行政网2018年11月19日）

146. 宜兴"4＋"提升社区矫正实效（来源：江苏司法行政网2018年11月19日）

147. 泰兴三举措推动公共法律服务全覆盖（来源：江苏司法行政网2018年11月21日）

148. 镇江多措并举推进妇女法律援助工作（来源：江苏司法行政网2018年11月22日）

149. 沛县公共法律服务"三多"满足群众需求（来源：江苏司法行政网2018年11月23日）

150. 我省多部门共同推进行业性专业性人民调解工作（来源：江苏司法行政网2018年11月27日）

151. 徐州"公共法律服务村村行"成效明显（来源：江苏司法行政网2018年11月29日）

152. 省司法厅举办社区矫正和安置帮教工作培训班（来源：江苏司法行政网2018年12月3日）

153. 我省县级社区矫正中心远程视频督察系统（视频监控）全联通（来源：江苏司法行政网 2018 年 12 月 5 日）

154. 六合力促公共法律服务平台从"规范建"到"有效用"（来源：江苏司法行政网 2018 年 12 月 6 日）

155. 泰州启动"百日维薪"法律援助专项行动（来源：江苏司法行政网 2018 年 12 月 6 日）

156. 江苏创新"体验式"普法加强青少年法治教育（来源：江苏司法行政网 2018 年 12 月 7 日）

157. 扬州聚焦矛盾多发领域推进行业性专业性调解组织建设（来源：江苏司法行政网 2018 年 12 月 10 日）

158. 响水村居法律顾问"四式"服务获好评（来源：江苏司法行政网 2018 年 12 月 11 日）

159. 江苏省"恒爱－真情与正义"大学生法律援助论坛成功举办（来源：江苏司法行政网 2018 年 12 月 11 日）

160. 如皋优化公共法律服务标准化建设（来源：江苏司法行政网 2018 年 12 月 17 日）

161. 大丰四举措深化公共法律服务体系建设（来源：江苏司法行政网 2018 年 12 月 17 日）

162. 东台四举措推进刑事法律援助全覆盖（来源：江苏司法行政网 2018 年 12 月 17 日）

163. 昆山"五个一"推进流动人口普法工作（来源：江苏司法行政网 2018 年 12 月 17 日）

164. 港闸区司法局"双懂双促"服务民营企业人才战略（来源：江苏司法行政网 2018 年 12 月 18 日）

165. 泉山司法"私人订制"服务民营企业健康成长（来源：江苏司法行政网 2018 年 12 月 20 日）

166. 江宁人民调解化解矛盾创新高（来源：江苏司法行政网 2018 年 12 月 20 日）

167. 沭阳涉农法律援助工作成效明显（来源：江苏司法行政网 2018 年 12 月 21 日）

168. 南京市司法局 18 条措施服务保障民营企业发展（来源：江苏司法行政网 2018 年 12 月 24 日）

169. 沛县"三化"推进社区矫正高标准建设（来源：江苏司法行政网 2018 年 12 月 24 日）

170. 鼓楼"四机制"助推法律服务互联直通（来源：江苏司法行政网 2018 年 12 月 25 日）

171. 南通市崇川区成立保障民企发展法律服务联盟（来源：江苏司法行政网 2018 年 12 月 26 日）

172. 江宁：成立企业红色法律服务工作室（来源：江苏司法行政网 2018 年 12 月 26 日）

173. 大丰"互联网 + 调解"成效明显（来源：江苏司法行政网 2018 年 12 月 29 日）

174. 金坛四举措深化公共法律服务出实效（来源：江苏司法行政网 2018 年 12 月 29 日）

175. 全省司法行政系统开展多样化服务帮扶"迎新年"（来源：江苏司法行政网 2018 年 12 月 29 日）

重要会议、干部任免、反腐倡廉、调研检查

1. 李强带队检查落实党风廉政建设和意识形态工作（来源：江苏司法行政网 2017 年 1 月 6 日）

2. 省十二届人大常委会举行第五十五次主任会议（来源：江苏人大网 2017 年 1 月 10 日）

3. 省十二届人大常委会第二十八次会议开幕（来源：江苏人大网 2017 年 1 月 17 日）

4. 省十二届人大常委会举行第五十六次主任会议（来源：江苏人大网

2017 年 1 月 18 日）

5. 省人大法制委召开医疗纠纷预防与处理条例草案征求意见座谈会（来源：江苏人大网 2017 年 1 月 23 日）

6. 省人大常委会党组召开 2016 年度民主生活会（来源：江苏人大网 2017 年 1 月 24 日）

7. 省十二届人大五次会议开幕（来源：江苏人大网 2017 年 2 月 6 日）

8. 李强主持召开省人大常委会党组扩大会议　研究部署贯彻省"两会"精神和省人大常委会党组工作（来源：江苏人大网 2017 年 2 月 11 日）

9. 全国人大来苏州开展《产品质量法》执法检查前期调研（来源：江苏司法行政网 2017 年 3 月 2 日）

10. 我省召开律协理事会暨律师工作座谈会　柳玉祥要求发挥职能作用服务"两聚一高"（来源：江苏司法行政网 2017 年 3 月 6 日）

11. 全省人大内务司法工作座谈会在淮安召开（来源：江苏人大网 2017 年 3 月 8 日）

12. 省人大常委会 2017 年立法计划实施推进会在宁召开（来源：江苏人大网 2017 年 3 月 15 日）

13. 省十二届人大常委会召开第五十七次主任会议（来源：江苏人大网 2017 年 3 月 23 日）

14. 江苏：持续深化自身改革　建设廉洁高效政府（来源：江苏司法行政网 2017 年 3 月 6 日）

15. 全省人大教科文卫工作座谈会在南通召开（来源：江苏人大网 2017 年 3 月 24 日）

16. 省十二届人大常委会第二十九次会议开幕（来源：江苏人大网 2017 年 3 月 28 日）

17. 省十二届人大常委会召开第五十八次主任会议（来源：江苏人大网 2017 年 3 月 30 日）

18. 南京市政府法制办召开 2017 年度市政府立法项目交办暨立法基层联系点成立会议（来源：江苏司法行政网 2017 年 4 月 10 日）

19. 徐州市人大专题调研沛县多元调解工作（来源：江苏司法行政网 2017 年 4 月 12 日）

20. 李强主持召开省国家安全领导小组成员会议（来源：江苏司法行政网 2017 年 4 月 17 日）

21. 省质监局召开地方立法工作研讨会（来源：江苏司法行政网 2017 年 4 月 18 日）

22. 全省人大民宗侨台工作座谈会在泰州召开（来源：江苏人大网 2017 年 4 月 26 日）

23. 史和平主持召开省人大常委会主任办公会（来源：江苏人大网 2017 年 5 月 4 日）

24. 吕振霖主持召开农民增收和农村扶贫工作征求意见座谈会（来源：江苏人大网 2017 年 5 月 5 日）

25. 省司法厅召开矛盾纠纷排查调处全覆盖转型增效推进会　柳玉祥要求把握发展趋势　推动转型增效（来源：江苏司法行政网 2017 年 5 月 8 日）

26. 省司法厅召开"两学一做"座谈会　柳玉祥要求强化示范引领　推动学习教育常态长效（来源：江苏司法行政网 2017 年 5 月 16 日）

27. 省十二届人大常委会召开第五十九次主任会议（来源：江苏人大网 2017 年 5 月 16 日）

28. 省法制办调研组到镇江市开展《江苏省道路交通事故社会救助基金管理办法》立法调研（来源：江苏司法行政网 2017 年 5 月 17 日）

29. 扬州市召开全市法治政府建设工作会议（来源：江苏司法行政网 2017 年 5 月 17 日）

30. 省十二届人大常委会第三十次会议在南京开幕　李强主持会议　决定任命吴政隆为江苏省副省长、代理省长（来源：江苏人大网 2017 年 5 月 31 日）

31. 国家林业局湿地保护管理中心王志高主任一行来我省调研湿地公园建设和管理工作（来源：江苏司法行政网 2017 年 5 月 31 日）

32. 发展涉外法律服务业联席会议第一次会议召开（来源：江苏司法行

政网 2017 年 5 月 31 日）

33. 南通市召开市政府规章制定推进座谈会（来源：江苏司法行政网 2017 年 5 月 31 日）

34. 省十二届人大常委会召开第六十一次主任会议（来源：江苏人大网 2017 年 6 月 3 日）

35. 李强主持召开省委全面深化改革领导小组第二十三次会议（来源：江苏司法行政网 2017 年 6 月 13 日）

36. 我省召开扩大有效投入暨重大项目推进会（来源：江苏司法行政网 2017 年 6 月 15 日）

37. 全省不见面审批服务改革现场推进会召开（来源：江苏司法行政网 2017 年 6 月 23 日）

38. 省人大常委会党组召开扩大会议学习贯彻省委十三届二次全会精神（来源：江苏人大网 2017 年 6 月 29 日）

39. 苏州市政府法制办对部分市级依法行政示范点项目进行督查调研（来源：江苏司法行政网 2017 年 6 月 29 日）

40. 全省司法行政刑罚执行一体化建设会议召开 打造完善刑罚执行"探路工程"（来源：《江苏法制报》2017 年 6 月 30 日）

41. 省司法厅召开司法行政审批工作改革部署会（来源：江苏司法行政网 2017 年 7 月 3 日）

42. 中国共产党江苏省代表会议在宁召开选举产生我省出席党的十九大代表（来源：江苏司法行政网 2017 年 7 月 4 日）

43. 省政府法制办开展省广播电视管理立法调研（来源：江苏司法行政网 2017 年 7 月 7 日）

44. 省委常委会召开会议听取关于全省集中开工重大项目实地督查情况汇报（来源：江苏司法行政网 2017 年 7 月 10 日）

45. 省十二届人大常委会召开第六十二次主任会议（来源：江苏人大网 2017 年 7 月 11 日）

46. 省司法厅开展"1 间房"司法所整改情况专项调研（来源：江苏司

法行政网 2017 年 7 月 11 日）

47. 全省市县人大常委会负责同志座谈会在宁召开（来源：江苏人大网 2017 年 7 月 13 日）

48. 扬州市政府法制办召开《扬州古城历史建筑修缮管理办法（草案）》征求意见座谈会（来源：江苏司法行政网 2017 年 7 月 14 日）

49. 南京市委领导调研指导司法行政工作（来源：江苏司法行政网 2017 年 7 月 14 日）

50. 省委召开领导干部会议传达全国金融工作会议精神（来源：江苏司法行政网 2017 年 7 月 18 日）

51. 省十二届人大常委会第三十一次会议开幕（来源：江苏人大网 2017 年 7 月 20 日）

52. 省十二届人大常委会召开第六十三次主任会议（来源：江苏人大网 2017 年 7 月 21 日）

53. 李强主持召开省委全面深化改革领导小组第二十四次会议（来源：江苏司法行政网 2017 年 7 月 27 日）

54. 省十二届人大六次会议闭幕（来源：江苏人大网 2017 年 7 月 29 日）

55. 省厅召开部分县（市、区）司法局进位争先座谈会（来源：江苏司法行政网 2017 年 8 月 1 日）

56. 省监狱局召开机关复员转业军人座谈会（来源：江苏司法行政网 2017 年 8 月 2 日）

57. 省司法厅联合省检察院开展社区矫正安全稳定专项检查（来源：江苏司法行政网 2017 年 8 月 4 日）

58. 我省召开电视电话会议部署出租房屋安全隐患集中整治工作（来源：江苏司法行政网 2017 年 8 月 16 日）

59. 省司法厅党委专题研究党风廉政建设和反腐败工作（来源：江苏司法行政网 2017 年 8 月 21 日）

60. 全省司法鉴定投诉处理工作会议在镇江召开（来源：江苏司法行政网 2017 年 8 月 21 日）

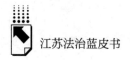

61. 司法部召开部分省份公证改革工作座谈会强调切实增强执行力 确保公证改革任务落实落地（来源：江苏司法行政网 2017 年 8 月 22 日）

62. 省戒毒局召开局党委党风廉政建设和反腐败工作情况分析会（来源：江苏司法行政网 2017 年 8 月 28 日）

63. 司法行政服务"一带一路"建设研讨会召开（来源：江苏司法行政网 2017 年 8 月 28 日）

64. 省司法厅会同省检察院调研人民监督员制度改革工作（来源：江苏司法行政网 2017 年 9 月 4 日）

65. 省戒毒局召开后续照管工作推进会（来源：江苏司法行政网 2017 年 9 月 11 日）

66. 省十二届人大常委会召开第六十四次主任会议（来源：江苏人大网 2017 年 9 月 12 日）

67. 苏州市财政系统召开创建全国法治财政建设示范点推进大会（来源：江苏司法行政网 2017 年 9 月 12 日）

68. 南京中医药大学专家赴句东所、女所开展中医药临床戒毒工作调研（来源：江苏人大网 2017 年 9 月 13 日）

69. 省领导检查指导监狱系统十九大安保工作（来源：江苏司法行政网 2017 年 9 月 18 日）

70. 全省人大常委会秘书长办公厅（室）主任学习会在宁召开（来源：江苏人大网 2017 年 9 月 20 日）

71. 党风正、政风清：第八届江苏廉洁文化周开幕（来源：江苏司法行政网 2017 年 9 月 20 日）

72. 省十二届人大常委会第三十二次会议开幕（来源：江苏人大网 2017 年 9 月 21 日）

73. 通州区规范暂予监外执行罪犯诊断检查鉴别工作标准（来源：江苏司法行政网 2017 年 9 月 22 日）

74. 公丕祥参加第二届中美省州立法机关合作论坛（来源：江苏人大网 2017 年 9 月 26 日）

75. 盐城市司法局召开十九大维稳工作推进会（来源：江苏司法行政网 2017 年 9 月 28 日）

76. 张亦军副厅长督查泰州公证执业"五不准"落实情况（来源：江苏司法行政网 2017 年 9 月 29 日）

77. 国家发改委来苏州市调研军民融合立法（来源：江苏人大网 2017 年 9 月 30 日）

78. 江苏省人大法制委在苏州市召开《江苏省城乡生活垃圾处理条例（草案）》立法调研座谈会（来源：江苏人大网 2017 年 9 月 30）

79. 司法部督查组肯定厅直系统纪检监察工作（来源：江苏司法行政网 2017 年 10 月 13 日）

80. 省厅召开"共庆党的十九大，薪火相传话司法"座谈会（来源：江苏司法行政网 2017 年 10 月 20 日）

81. 省人大机关举行离退休老同志情况通报会（来源：江苏人大网 2017 年 10 月 27 日）

82. 省司法厅召开司法鉴定登记管理相关文件专家论证会（来源：江苏司法行政网 2017 年 10 月 27 日）

83. 全省地方立法工作座谈会在南京召开（来源：江苏人大网 2017 年 11 月 7 日）

84. 常州市政府常务会议审议通过两部地方政府规章（来源：江苏司法行政网 2017 年 11 月 8 日）

85. 省司法厅召开 12348 江苏法网 2.0 智慧版上线新闻发布会（来源：江苏司法行政网 2017 年 11 月 10 日）

86. 省十二届人大常委会召开第六十六次主任会议（来源：江苏人大网 2017 年 11 月 15 日）

87. 省人大刘永忠副主任带队调研粮食立法工作（来源：江苏司法行政网 2017 年 11 月 22 日）

88. 省句东戒毒所组织科大队以上领导赴东部战区检察院预防职务犯罪警示教育基地接受廉政教育（来源：江苏人大网 2017 年 11 月 22 日）

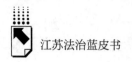

89. 省人大来南通开展《江苏省开发区条例》立法调研（来源：江苏司法行政网 2017 年 11 月 24 日）

90. 省水利厅在扬州高邮市开展立法调研（来源：江苏司法行政网 2017 年 11 月 27 日）

91. 省十二届人大常委会第三十三次会议开幕（来源：江苏人大网 2017 年 11 月 28 日）

92. 省十二届人大常委会召开第六十七次主任会议（来源：江苏人大网 2017 年 12 月 1 日）

93. 省司法厅举办全省司法行政新闻宣传工作会议暨新媒体运营人员培训班（来源：江苏司法行政网 2017 年 12 月 8 日）

94. 省局邀请公正文明执法监督员赴省方强戒毒所开展集中检查监督活动（来源：江苏司法行政网 2017 年 12 月 11 日）

95. 省人大常委会召开系列座谈会征求对工作报告稿意见建议（来源：江苏人大网 2017 年 12 月 19 日）

96. 省局组织召开中医药戒毒工作座谈会（来源：江苏司法行政网 2017 年 12 月 19 日）

97. 魏钟林书记专题调研泗洪"法律扶贫"工作（来源：江苏司法行政网 2017 年 12 月 21 日）

98. 省人大常委会党组召开扩大会议学习贯彻省委十三届三次全会精神（来源：江苏人大网 2017 年 12 月 28 日）

99. 东海举办迎新春"廉政法治版画展"（来源：江苏司法行政网 2018 年 1 月 2 日）

100. 省人大常委会领导视察调研检察工作（来源：江苏人大网 2018 年 1 月 5 日）

101. 省人大常委会领导视察调研检察工作（来源：江苏人大网 2018 年 1 月 5 日）

102. 省十二届人大常委会举行第六十八次主任会议（来源：江苏人大网 2018 年 1 月 10 日）

103. 苏州监狱连续第七年开展"廉洁反思日"活动（来源：江苏司法行政网2018年1月11日）

104. 吴政隆主持召开经济企业和科教文卫体界座谈会　集思广益　凝聚共识　在高质量发展中改善民生（来源：江苏司法行政网2018年1月16日）

105. 省人大常委会机关党组召开2017年度民主生活会（来源：江苏人大网2018年1月17日）

106. 省十二届人大常委会第三十四次会议开幕（来源：江苏人大网2018年1月22日）

107. 省十二届人大常委会召开第六十九次主任会议（来源：江苏人大网2018年1月24日）

108. 省十三届人大一次会议开幕（来源：江苏人大网2018年1月26日）

109. 省十三届人大常委会第一次会议在南京召开（来源：江苏人大网2018年2月1日）

110. 省人大常委会党组召开扩大会议（来源：江苏人大网2018年2月8日）

111. 全国人大常委会法工委调研江苏规范性文件备案审查信息平台建设工作（来源：江苏人大网2018年2月9日）

112. 宿迁：发放廉洁倡议书（来源：江苏司法行政网2018年2月12日）

113. 连云港：以十九大精神开展春节廉政教育（来源：江苏司法行政网2018年2月13日）

114. 省人大机关召开作风建设大会（来源：江苏人大网2018年2月26日）

115. 苏州市建立化工（危化品）企业常态化系统化监督检查制度（来源：江苏司法行政网2018年3月6日）

116. 江苏代表团举行全体会议，审议宪法修正案草案建议表决稿等（来源：江苏人大网2018年3月11日）

117. 省太湖所召开少数民族戒毒人员座谈会（来源：江苏司法行政网2018年3月14日）

118. 省十三届人大常委会第二次会议开幕（来源：江苏人大网2018年

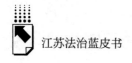
3 月 27 日）

119. 省十三届人大常委会举行第四次主任会议（来源：江苏人大网 2018 年 3 月 28 日）

120. 全省人大财经工作座谈会在连云港召开（来源：江苏人大网 2018 年 4 月 19 日）

121. 刘捍东在盐城淮安调研新能源汽车产业发展情况（来源：江苏人大网 2018 年 4 月 23 日）

122. 省十三届人大常委会举行第五次主任会议（来源：江苏人大网 2018 年 5 月 3 日）

123. 省十三届人大常委会举行第六次主任会议（来源：江苏人大网 2018 年 5 月 11 日）

124. 省司法厅召开苏北五市保障机制建设座谈会（来源：江苏司法行政网 2018 年 5 月 14 日）

125. 秦淮区司法局廉政短信"精、准、广"（来源：江苏司法行政网 2018 年 5 月 15 日）

126. 吉炳轩副委员长率全国人大常委会执法检查组来苏开展统计法执法检查（来源：江苏司法行政网 2018 年 5 月 21 日）

127. 全国人大宪法和法律委来苏开展土壤污染防治立法调研（来源：江苏人大网 2018 年 5 月 23 日）

128. 省人大常委会启动专利法和省专利促进条例执法检查（来源：江苏人大网 2018 年 5 月 24 日）

129. 省人大常委会机关召开第二次党员代表大会（来源：江苏人大网 2018 年 5 月 25 日）

130. 苏州市探索法治政府建设督查新机制 率先在省内取消依法行政年底考核方式（来源：江苏司法行政网 2018 年 5 月 25 日）

131. 省十三届人大常委会举行第七次主任会议（来源：江苏人大网 2018 年 5 月 31 日）

132. 省十三届人大常委会举行第八次主任会议（来源：江苏人大网

2018 年 6 月 1 日）

133. 丁仲礼副委员长率队来苏开展大气污染防治法执法检查（来源：江苏人大网 2018 年 6 月 14 日）

134. 省十三届人大常委会举行第九次主任会议（来源：江苏人大网 2018 年 6 月 15 日）

135. 扬州市召开《扬州市农贸市场管理条例（草案）》征求意见座谈会（来源：江苏司法行政网 2018 年 6 月 20 日）

136. 南通监狱举办党风廉政建设专题讲座（来源：江苏司法行政网 2018 年 6 月 25 日）

137. 省司法厅召开淮安区"五方结对"帮扶座谈会（来源：江苏司法行政网 2018 年 6 月 25 日）

138. 全国人大常委会预算工委来我省调研预算审查监督改革举措落实情况（来源：江苏司法行政网 2018 年 6 月 27 日）

139. 省十三届人大常委会举行第十次主任会议（来源：江苏人大网 2018 年 6 月 29 日）

140. 省人大常委会启动《江苏省旅游条例》执法检查（来源：江苏人大网 2018 年 7 月 3 日）

141. 省直无锡徐州组省人大代表到徐州调研环境保护工作（来源：江苏人大网 2018 年 7 月 4 日）

142. 司法部对我省"访调对接"试点工作开展第二轮督查（来源：江苏人大网 2018 年 7 月 9 日）

143. 省人大常委会启动档案法和省档案管理条例执法检查（来源：江苏人大网 2018 年 7 月 9 日）

144. 省十三届人大常委会举行第十一次主任会议（来源：江苏人大网 2018 年 7 月 13 日）

145. 省戒毒局召开纪检监察工作座谈会（来源：江苏司法行政网 2018 年 7 月 16 日）

146. 全国人大常委会副委员长曹建明来苏调研法院执行工作（来源：

江苏人大网 2018 年 7 月 23 日）

147. 省十三届人大常委会第四次会议开幕（来源：江苏人大网 2018 年 7 月 25 日）

148. 省十三届人大常委会举行第十二次主任会议（来源：江苏人大网 2018 年 7 月 27 日）

149. 省十三届人大常委会举行第十三次主任会议（来源：江苏人大网 2018 年 7 月 31 日）

150. 省厅出台公路水运品质工程创建工作督查办法（来源：江苏司法行政网 2018 年 8 月 2 日）

151. 省人大常委会深入沿海三市开展近岸海域水环境保护工作暗访检查（来源：江苏司法行政网 2018 年 8 月 8 日）

152. 南京市政府专项督查司法所管理体制落实情况（来源：江苏司法行政网 2018 年 8 月 10 日）

153. 省十三届人大常委会举行第十四次主任会议（来源：江苏人大网 2018 年 8 月 15 日）

154. 我省组织开展文书鉴定专项执法检查（来源：江苏人大网 2018 年 8 月 17 日）

155. 司法部再次督查我省坚持发展"枫桥经验"试点工作（来源：江苏司法行政网 2018 年 8 月 20 日）

156. 魏国强带队到泗洪开展基层人大工作调研和农产品质量安全执法检查（来源：江苏人大网 2018 年 8 月 28 日）

157. 省十三届人大常委会举行第十五次主任会议（来源：江苏人大网 2018 年 9 月 3 日）

158. 省十三届人大常委会举行第十六次主任会议（来源：江苏人大网 2018 年 9 月 10 日）

159. 省直单位全国人大代表专题调研现代综合交通运输体系建设（来源：江苏人大网 2018 年 9 月 12 日）

160. 我省开展"七五"普法中期检查验收工作（来源：江苏人大网

2018 年 9 月 17 日）

161. 省司法厅召开环境损害司法鉴定专题座谈会（来源：江苏司法行政网 2018 年 9 月 17 日）

162. 省十三届人大常委会第五次会议开幕（来源：江苏人大网 2018 年 9 月 18 日）

163. 省十三届人大常委会举行第十七次主任会议（来源：江苏人大网 2018 年 9 月 20 日）

164. 省司法厅开展遗嘱公证服务专项督查（来源：江苏司法行政网 2018 年 9 月 20 日）

165. 全国人大社会建设委员会来我省开展社会保险法实施情况调研（来源：江苏人大网 2018 年 9 月 26 日）

166. 省局召开后续照管与社区康复融合发展试点工作座谈会（来源：江苏司法行政网 2018 年 9 月 26 日）

167. 省人大常委会党组召开扩大会议（来源：江苏人大网 2018 年 9 月 28 日）

168. 我省开展"七五"普法中期考核暨宪法学习宣传督查工作（来源：江苏司法行政网 2018 年 10 月 8 日）

169. 省人大常委会在连云港开展海洋环境保护法执法检查（来源：江苏司法行政网 2018 年 10 月 11 日）

170. 全国人大财经委在苏调研海洋经济发展情况（来源：江苏人大网 2018 年 10 月 12 日）

171. 省人大常委会启动《江苏省农村扶贫开发条例》执法检查（来源：江苏人大网 2018 年 10 月 12 日）

172. 邢春宁在南通调研建筑产业现代化工作情况（来源：江苏人大网 2018 年 10 月 19 日）

173. 曲福田在无锡淮安调研检察公益诉讼工作（来源：江苏人大网 2018 年 10 月 19 日）

174. 全国人大调研我省监察体制改革进展和监察法实施情况（来源：

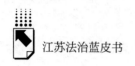

江苏人大网 2018 年 10 月 20 日）

175. 省十三届人大常委会举行第二十次主任会议（来源：江苏人大网 2018 年 10 月 29 日）

176. 省十三届人大常委会举行第二十一次主任会议（来源：江苏人大网 2018 年 11 月 12 日）

177. 无锡开展卫生计生法制许可专项督查（来源：江苏司法行政网 2018 年 11 月 15 日）

178. 省十三届人大常委会第六次会议开幕（来源：江苏人大网 2018 年 11 月 19 日）

179. 省十三届人大常委会举行第二十三次主任会议（来源：江苏人大网 2018 年 11 月 23 日）

180. 省司法厅召开仲裁机构规范化建设座谈会（来源：江苏司法行政网 2018 年 11 月 26 日）

181. 省十三届人大常委会举行第二十四次主任会议（来源：江苏人大网 2018 年 11 月 27 日）

182. 我省召开政府法律顾问工作座谈会（来源：江苏司法行政网 2018 年 12 月 7 日）

183. 省十三届人大常委会举行第二十五次主任会议（来源：江苏人大网 2018 年 12 月 11 日）

184. 机构改革后江苏省政府领导最新分工出炉（来源：法制网江苏频道江苏频道 2018 年 12 月 14 日）

185. 省十三届人大常委会举行第二十六次主任会议（来源：江苏人大网 2018 年 12 月 19 日）

186. 陈震宁带队调研省"两院"工作（来源：江苏人大网 2018 年 12 月 25 日）

187. 邢春宁调研街道人大立法工作（来源：江苏人大网 2018 年 12 月 26 日）

188. 省十三届人大常委会举行第二十七次主任会议（来源：江苏人大网 2018 年 12 月 28 日）

权威报告·一手数据·特色资源

皮书数据库
ANNUAL REPORT(YEARBOOK)
DATABASE

分析解读当下中国发展变迁的高端智库平台

所获荣誉

● 2019年，入围国家新闻出版署数字出版精品遴选推荐计划项目

● 2016年，入选"'十三五'国家重点电子出版物出版规划骨干工程"

● 2015年，荣获"搜索中国正能量 点赞2015""创新中国科技创新奖"

● 2013年，荣获"中国出版政府奖·网络出版物奖"提名奖

● 连续多年荣获中国数字出版博览会"数字出版·优秀品牌"奖

成为会员

　　通过网址www.pishu.com.cn访问皮书数据库网站或下载皮书数据库APP，进行手机号码验证或邮箱验证即可成为皮书数据库会员。

会员福利

● 已注册用户购书后可免费获赠100元皮书数据库充值卡。刮开充值卡涂层获取充值密码，登录并进入"会员中心"—"在线充值"—"充值卡充值"，充值成功即可购买和查看数据库内容。

● 会员福利最终解释权归社会科学文献出版社所有。

数据库服务热线：400-008-6695
数据库服务QQ：2475522410
数据库服务邮箱：database@ssap.cn
图书销售热线：010-59367070/7028
图书服务QQ：1265056568
图书服务邮箱：duzhe@ssap.cn

社会科学文献出版社 皮书系列
SOCIAL SCIENCES ACADEMIC PRESS (CHINA)
* 卡号：124198195368
密码：

S 基本子库
SUB DATABASE

中国社会发展数据库（下设 12 个子库）

整合国内外中国社会发展研究成果，汇聚独家统计数据、深度分析报告，涉及社会、人口、政治、教育、法律等 12 个领域，为了解中国社会发展动态、跟踪社会核心热点、分析社会发展趋势提供一站式资源搜索和数据服务。

中国经济发展数据库（下设 12 个子库）

围绕国内外中国经济发展主题研究报告、学术资讯、基础数据等资料构建，内容涵盖宏观经济、农业经济、工业经济、产业经济等 12 个重点经济领域，为实时掌控经济运行态势、把握经济发展规律、洞察经济形势、进行经济决策提供参考和依据。

中国行业发展数据库（下设 17 个子库）

以中国国民经济行业分类为依据，覆盖金融业、旅游、医疗卫生、交通运输、能源矿产等 100 多个行业，跟踪分析国民经济相关行业市场运行状况和政策导向，汇集行业发展前沿资讯，为投资、从业及各种经济决策提供理论基础和实践指导。

中国区域发展数据库（下设 6 个子库）

对中国特定区域内的经济、社会、文化等领域现状与发展情况进行深度分析和预测，研究层级至县及县以下行政区，涉及地区、区域经济体、城市、农村等不同维度，为地方经济社会宏观态势研究、发展经验研究、案例分析提供数据服务。

中国文化传媒数据库（下设 18 个子库）

汇聚文化传媒领域专家观点、热点资讯，梳理国内外中国文化发展相关学术研究成果、一手统计数据，涵盖文化产业、新闻传播、电影娱乐、文学艺术、群众文化等 18 个重点研究领域。为文化传媒研究提供相关数据、研究报告和综合分析服务。

世界经济与国际关系数据库（下设 6 个子库）

立足"皮书系列"世界经济、国际关系相关学术资源，整合世界经济、国际政治、世界文化与科技、全球性问题、国际组织与国际法、区域研究 6 大领域研究成果，为世界经济与国际关系研究提供全方位数据分析，为决策和形势研判提供参考。

法律声明

"皮书系列"（含蓝皮书、绿皮书、黄皮书）之品牌由社会科学文献出版社最早使用并持续至今，现已被中国图书市场所熟知。"皮书系列"的相关商标已在中华人民共和国国家工商行政管理总局商标局注册，如LOGO（ ）、皮书、Pishu、经济蓝皮书、社会蓝皮书等。"皮书系列"图书的注册商标专用权及封面设计、版式设计的著作权均为社会科学文献出版社所有。未经社会科学文献出版社书面授权许可，任何使用与"皮书系列"图书注册商标、封面设计、版式设计相同或者近似的文字、图形或其组合的行为均系侵权行为。

经作者授权，本书的专有出版权及信息网络传播权等为社会科学文献出版社享有。未经社会科学文献出版社书面授权许可，任何就本书内容的复制、发行或以数字形式进行网络传播的行为均系侵权行为。

社会科学文献出版社将通过法律途径追究上述侵权行为的法律责任，维护自身合法权益。

欢迎社会各界人士对侵犯社会科学文献出版社上述权利的侵权行为进行举报。电话：010-59367121，电子邮箱：fawubu@ssap.cn。

社会科学文献出版社